志愿至美

北京市西城区志愿服务发展模式研究

北京市西城区志愿服务联合会/编著

图书在版编目（CIP）数据

志愿至美——北京市西城区志愿服务发展模式研究/北京市西城区志愿服务联合会编著．—北京：经济管理出版社，2018.3

ISBN 978－7－5096－5649－5

Ⅰ.①志… Ⅱ.①北… Ⅲ.①志愿者—社会服务—服务模式—研究—西城区 Ⅳ.①D669.3

中国版本图书馆 CIP 数据核字(2018)第 015837 号

组稿编辑：曹　靖
责任编辑：曹　靖
责任印制：黄章平
责任校对：赵天宇

出版发行：经济管理出版社
（北京市海淀区北蜂窝 8 号中雅大厦 A 座 11 层　100038）
网　　址：www.E－mp.com.cn
电　　话：（010）51915602
印　　刷：北京晨旭印刷厂
经　　销：新华书店
开　　本：720mm×1000mm/16
印　　张：16.5
字　　数：296 千字
版　　次：2018 年 3 月第 1 版　　2018 年 3 月第 1 次印刷
书　　号：ISBN 978－7－5096－5649－5
定　　价：58.00 元

编委会

序　言

我国现代志愿服务是伴随着改革开放和市场经济的深入发展而兴起的，既受到西方志愿精神的影响，也是中华传统慈善文化的延续与复苏。20世纪60年代，学雷锋活动为志愿服务事业的发展奠定了良好基础。进入80年代，伴随着改革开放和市场经济的深入发展，我国志愿服务活动开始蓬勃发展。1983年，北京市西城区大栅栏街道率先发起“综合包户”志愿服务；1987年，广州市诞生了全国第一条志愿者服务热线电话；1989年，天津市和平区朝阳里居委会成立了第一个社区志愿者协会，这些事件标志着现代志愿服务在我国逐步兴起。在2008年北京奥运会、汶川地震等重要事件的影响下，“志愿者”与“志愿服务”概念逐渐被社会认同，志愿服务发展成为一项具有广泛公众基础的社会事业。

党的十八大以来，在以习近平同志为核心的党中央的高度重视下，志愿服务被纳入了全面深化改革的大局之中，上升为国家战略。2014年，中央文明委印发《关于推进志愿服务制度化的意见》，要求建立完善志愿服务长效工作机制和活动运行机制，推进志愿服务制度化；2016年6月，中央宣传部、中央文明办、民政部等8部门联合印发《关于支持和发展志愿服务组织的意见》，明确提出到2020年，基本建成布局合理、管理规范、服务完善、充满活力的志愿服务组织体系；2016年12月，中宣部、中央文明办等7部门印发《关于公共文化设施开展学雷锋志愿服务的实施意见》，明确提出到2020年，基本建成公共文化设施志愿服务组织体系、志愿服务项目体系和志愿服务管理制度体系。2016年9月1日，《中华人民共和国慈善法》正式实施，志愿服务成为我国慈善事业的重要组成部分；2017年12月1日，国务院《志愿服务条例》正式实施，这是我国国家层面首个志愿服务条例，将进一步推动志愿服务制度化、常态化发展。截至2017年底，我国实名注册志愿者总人数已超过6700万；全国31个省级行政区（不含港澳台地区）中已制定志愿服务条例或办法的达24个，各地制定的志愿服务条例或义工条例达48个；全国共有30个省市区的46个城市开展“志愿之城”试点工作；共青团中央发起的“中国青年志愿服务项目大赛暨志愿服务交流会”已经成功举办四届。我国志愿服务事业逐步形成政府推动、行业引领、社会参与、国际合作“四位一体”的发展格局。

党的十九大报告明确提出“推进诚信建设和志愿服务制度化，强化社会责任意识、规则意识、奉献意识”，对志愿服务事业进行了新部署。在此背景下，结合中华民族的传统美德和社会主义核心价值观，科学总结我国志愿服务的传统、现状和经验，从中得出规律性的认识，并对未来志愿服务事业的发展提出展望，具有重要的理论意义和现实意义。作为我国慈善事业建设的第一部基础性和综合性的法律，《中华人民共和国慈善法》明确提出“国家采取措施弘扬慈善文化，培育公民慈善意识”，“支持高等学校和科研机构开展慈善理论研究”；《关于支持和发展志愿服务组织的意见》（文明办〔2016〕10号）明确指出“坚持立足中国国情，体现中国特色，讲好中国故事，积极支持有利于志愿服务发展的研究、交流与合作”。

站在新的历史起点上，北京市西城区志愿服务联合会联合和众泽益志愿服务中心编写了《志愿至美—北京市西城区志愿服务发展模式研究》一书，根据志愿服务制度化的总体要求，系统总结和梳理了改革开放以来，特别是1983年“综合包户”以来，西城区志愿服务事业在理念引领、政策支持、实践创新和文化培育等方面取得的成就和经验。在理念引领方面，西城区基于天然的地理优势和独特的人文环境，创新性地以“红墙意识”引领志愿服务发展，为西城特色的志愿服务事业提供强大的精神动力和道德支撑；在政策支持方面，西城区将相关政策配套作为推动志愿服务可持续发展的根本保障，先后制定并出台了章程类、制度类、通知类、意见类、方案类、倡议类六大类政策文件，覆盖了志愿服务体制机制建设、组织协调、志愿服务组织孵化、志愿服务品牌项目塑造、志愿者星级评定、志愿服务信息化等方方面面；在实践创新方面，1983年大栅栏街道签订的第一份“综合包户”协议开启了中国青年志愿服务新模式，西城区志愿服务事业从社区志愿服务逐步扩展到综治志愿服务、医院志愿服务、学生志愿服务、家庭志愿服务、文化志愿服务等领域，涌现出了一批志愿服务典型；在文化培育方面，西城区创新性地开展了形式多样的志愿服务文化宣传推广活动，如区四套班子领导带头参加志愿服务，开展年度优秀志愿者、优秀志愿服务团队、优秀志愿服务项目评选，推出志愿服务主题的舞台剧、微电影、诗朗诵、快板等，将志愿服务打造成为社会时尚，推动志愿服务走进生活。

西城区的志愿服务工作具有鲜明的时代特征、中国特色和西城特点。本书创新性地对西城区志愿服务的发展现状、运行机制、经验模式、典型事迹进行了经验总结和理论探索，这本身就是加强思想道德建设、坚定文化自信的一项重大成果，必将为全国志愿服务制度化发展和创新发展提供重要借鉴！

魏娜
中国人民大学公共管理学院教授
北京志愿服务发展研究会副会长
2018 年 1 月

目　录

第一部分　历史与概况

第二部分　模式与创新

第三部分　事迹与典型

第一部分　历史与概况

第一章　西城区志愿服务缘起

〔引言〕

1963年3月5日，《人民日报》发表毛泽东主席亲笔题词："向雷锋同志学习。"西城区人民迅速在全区掀起学习雷锋先进事迹的热潮。

1978年党的十一届三中全会召开以后，学雷锋活动逐步恢复。"学雷锋、树新风"活动作为一项经常性的志愿服务活动在西城全区范围内开展起来。

1983年2月27日，第一份"综合包户"协议书在大栅栏街道签订。当时，这里的共青团员们或许不知道，他们的这个创新举动将开启中国现代意义上志愿服务的新时代。

2008年7月1日，西城区城市志愿者率先上岗开展奥运志愿服务。3万余名城市志愿者在全区38个志愿者服务站点上岗服务100天，志愿者们用笑容书写了一幅最美的城市奥运画卷，成为西城区最好的城市名片。

从"学雷锋、树新风"活动到奥运志愿者，从"西城大妈"到"志愿家庭"，西城区在开展志愿服务过程中总是率先响应、不断创新、敢为天下先。这种创新精神、奉献精神和荣誉感来源于西城区特殊的地理位置、悠久的历史文化、独特的人文环境，也来源于西城区紧跟时代发展步伐、创新社会治理的探索精神。

第一节　西城区的资源禀赋

北京市西城区是党中央、全国人大、国务院、全国政协等党和国家首脑机关的办公所在地，是国家最高层次对外交往活动的主要发生地；辖区内皇家宫苑、王府私邸、故居会馆、寺观坛庙、民俗市井星罗棋布，是皇城文化、民俗文化、宗教文化、缙绅文化等各种文化高度融合的区域。根据《北京城市总体规划(2016~2035年)》，西城作为首都核心区，是政治中心、文化中心的核心承载区，历史文化名城保护的重点地区，体现国家形象和国际交往的重要窗口地区。独特的地理区位是西城特色志愿服务发展的土壤。

一、西城历史沿革

根据《北京市西城区志》记载，今日的西城区在五代梁、唐之前，地为幽州（蓟）城东北郊野；辽为南京城东北郊；金为中都城东北隅和东北郊；元为大都城西半部和城近西郊；明、清为北京内城西半部、皇城西半部和西郊、北郊之一部。1928年，北京改名为北平并置北平特别市后，城内与近郊始有行政区设置。北平和平解放后，1949年9月27日，中国人民政治协商会议第一届全体会议，决定改北平为北京，定为即将诞生的中华人民共和国首都。此后，北京市行政区划几经调整，至1958年5月正式设立西城区①。西城区成为党政军首脑机关所在地，作为全国政治中心和文化中心的载体，这里是海内外各界人士从事政治、社会活动的地区，也是各民族进行政治联系、经济往来、文化交流的地区。2010年6月28日，经国务院批复，撤销北京西城区和宣武区，设立新的西城区，以原西城区、宣武区的行政区域为新西城区的行政区域。至此区划调整后的新西城区面积达50.7平方千米。

西城区辖区设15个街道，分别是德胜街道、什刹海街道、西长安街街道、大栅栏街道、天桥街道、新街口街道、金融街街道、椿树街道、陶然亭街道、展览路街道、月坛街道、广内街道、牛街街道、白纸坊街道和广外街道，共261个社区居委会。

二、区位特点与志愿服务

（一）地理位置

西城区是北京的中心城区之一。2010年7月，根据北京市行政区划调整，撤销原西城区和原宣武区，设立了新的西城区。新西城区东以中轴线为界，与东城区相连；西以三里河路、西站南路为界，与海淀区、丰台区接壤；北以裕民路为界，与海淀区、朝阳区毗邻；南以南二环为界，与丰台区相连。全区东西宽7.1

① 《北京市西城区志》，北京出版社1999年版。

千米，南北长 11.2 千米，总面积 50.70 平方千米。区境内地势自西北向东南倾斜，平均海拔 40 米左右。长河水自西北注入积水潭、什刹海、北海、中南海等湖泊，逶迤相接、纵贯全区。

西城区是党中央、全国人大、国务院、全国政协等党和国家首脑机关的办公所在地，从中华人民共和国诞生以来，全心全意服务中央、保障中央、守护中央，就成为一代又一代西城人自觉的责任担当。由于紧靠“红墙”，生活和工作在这里的干部群众，都有一种自豪感和责任感，这种精神被称为“红墙意识”。从无缝对接的交通勤务保障，到环卫工人的一帚帚清扫；从学校传出的琅琅读书声，到胡同小巷里老邻居们的谈笑声；从西城大妈们坚定忠诚的眼神，到社区民警标准的敬礼，“红墙意识”在西城区已经浸润到城市的肌理之中，群众的灵魂深处。

案例：践行“红墙意识”，培养“红色情怀”

由于特殊的地理位置，西城区的基础教育一直有着优良的爱国主义教育传统和实践。北京市第一六一中学是“离红墙最近的中学”，该校从中华人民共和国成立初期就将“爱国与忠诚”作为核心价值理念。学校有一项坚持了近 30 年的活动——政治课前 5 分钟，在每堂政治课前都请一位学生上讲台，就国内外时事政治、社会热点发表自己的观点、开展辩论；学校还长年开设“天安门课程”，把天安门及周边的名胜古迹当课堂，让学生体悟灿烂的中华历史和文明，立下“站出来，让祖国挑选”的青春誓言①。

（二）驻区单位

西城区是党中央、全国人大、国务院、全国政协等党和国家首脑机关的办公所在地，是国家最高层次对外交往活动的主要发生地，是首都“四个服务”体现最直接、最集中的地区。辖区内有中央机关及所属事业单位 700 多家，其中，

① 《“红墙意识”无可动摇》，《光明日报》2017 年 5 月 5 日。

有国家发展和改革委员会、教育部、财政部、水利部、国家新闻出版总署等中央部级机关及所属事业单位百余家。此外，西城区知识经济、总部经济特征鲜明，特别是金融街聚集了中国人民银行、中国银监会、中国证监会、中国保监会等国家金融决策和监管机构，各类企业总部、金融机构众多。驻区单位为西城区开展志愿服务提供了独特的资源优势。

案例：月坛街道开展“部委干部服务社区”活动

西城区是党中央、国务院所在地，聚集着大量优质的政务资源、市场资源和社会资源。2011 年起，月坛街道定期组织一名国家部委在职领导走进社区，为居民答疑释惑。国家发改委、中国地震局、国家统计局等单位的十几位部级干部先后成为了月坛街道的“座上宾”。西城区以“组织全覆盖、服务全响应”为目标，打破组织壁垒，15 个街道积极吸纳驻区单位党组织负责人参与，通过项目化运作、组团式服务、开放性活动，带动引导国家发改委、国家新闻出版广电总局等 370 多个驻区单位将活动场地、就餐、停车等服务资源向驻区群众开放，整合调动辖区各级单位和各类组织的服务资源、服务力量。

（三）交通设施

西城区拥有密集的交通体系。轨道交通网络日益完善，地铁 1 号线、2 号线、4 号线、6 号线、7 号线、8 号线、13 号线从区内贯穿。公路交通四通八达，东西横向的主要交通干路有北三环中路、平安大街、西长安街、两广路等，南北纵向的主要道路有新街口—菜市口大街、西二环路、三里河路等。交通枢纽作用突出，动物园交通枢纽是北京市内最大的公共汽车枢纽站；西直门综合交通枢纽将北京北站铁路和地铁、城铁、公交、社会车辆等多种交通方式连接在一起，形成完善的一体化综合交通体系。“十二五”时期，西城区共建设道路 22 条、15. 27 千米，实现规划道路 248. 7 千米。城市道路通车里程达到 348. 2 千米；路网密度达到 6. 9 千米/平方千米。西城区快速路已全部实现规划，主干路规划实现率达 82%，“十二横九纵”的骨干路网格局基本形成。

一方面，西城区长年肩负着重大政务和外事活动的保障任务；另一方面，西城区风景名胜遍布，交通枢纽多、人流大，围绕维护交通秩序开展的各类志愿活动，成为西城区创新城市治理的重要内容。西城区结合志愿服务的开展，充分调动社会力量参与城市交通治理，通过志愿服务提供交通引导、信息咨询等服务。保畅通更要保民安。西城区创新性开展综治志愿服务、旅游志愿服务、文化志愿服务等活动，为广大游客、行人提供便捷服务。

（四）风景名胜

西城区境内有丰富的历史文化遗产和人文景观，展现了东方大国的古都风貌。全区现有三级文物保护单位 181 处，三级非遗保护项目 162 项。北海、景山、动物园等著名园林是中外旅游者必到之地。党和国家领导人进行国事活动的人民大会堂，现已对游客开放。白云观为道教全真第一丛林，全真七子的盛名吸引了大量游人。西四头条至八条的民居四合院、德胜门箭楼、妙应寺白塔、恭王府花园等处，都具有发展旅游业的极大潜力。除此之外，著名文物古迹有月坛公园、历代帝王庙、陶然亭公园、北京大观园、醇王府花园等。这些风景名胜既提出了志愿服务的需求，也提供了志愿服务的场所。西城区结合人文、风景优势，广泛开展了旅游志愿服务、文化志愿服务、助残志愿服务、青少年志愿服务活动。同时，结合党的十七届六中全会发布的《中共中央关于深化文化体制改革推动社会主义文化大发展大繁荣若干重大问题的决定》和中共中央宣传部、中央文明办等七部门《关于公共文化设施开展学雷锋志愿服务的实施意见》，鼓励、支持公共文化机构成立志愿者组织，常态化开展志愿服务。

（五）对外交流

西城区有 12 个国际友好城市（区），包括美国加利福尼亚州的帕萨迪纳市、丽浪多市，日本东京都的中野区、北区、涩谷区，澳大利亚的彭里斯市、首海文市，西班牙马德里自治区保素埃罗市，意大利热那亚市，韩国首尔市的龙山区、中区，俄罗斯莫斯科市西区等，这些友好城市（区）成为西城区对外交往的主要渠道。有 40 余所中小学在美国、英国、日本、澳大利亚等 20 余个国家中建立了“友好校”，开展教育交流。各类独具特色的艺术团队多次参与国际文化交流活动，出访韩国、法国、澳大利亚、埃及、芬兰、南非等 10 多个国家，受到世界各国人民的欢迎。这些交流活动成为对外宣传、树立西城形象、提升国家水平的重要载体。西城区充分发挥志愿服务“民心相通”的功能，在对外交流中充分调动志愿服务组织、志愿者的积极性，一方面为志愿者提供交流与成长平台，另一方面，在国际交流中提升西城区的影响力。

第二节　西城区的人文特色

文化是城市的灵魂，是城市发展的动力。西城区历史文化悠久，拥有历史文化名城金名片。概括来说，西城区既拥有古都文化、京味文化、梨园文化，也拥有红色文化和创新文化。在近代革命运动中，一批伟大的革命家、政治家、思想家、文学家、艺术家在西城区创造了光辉的业绩。多样的人文景观、丰厚的文化蕴藏构成了西城的文化特色。西城从中南海周边的特殊地理位置、深厚的历史文化传统和坚定的共产主义信念出发形成了独特的人文环境，这是西城特色志愿服务的文化基础。

一、悠久的历史文化

作为首都中心区，西城是燕蓟城、唐幽州、辽南京、金中都的所在地，涵盖了元、明、清皇城的大部分地区，北部形成了以王府、宫殿等文物资源为特色的皇城文物区，南部形成了以民族文化、会馆、民俗表演为特色的文化资源区。此外，传统的戏剧、曲艺、杂技、民间舞蹈，传承百年的昆曲、天桥中幡、北京内画鼻烟壶等非物质文化遗产，也为西城的历史文化增加了厚重感。

西城文化经过元、明、清三代积淀，具有都城核心区域特点和历史背景，受都城政治、经济影响而逐步形成了以人文精神、风俗习惯、风土人情、宗教哲学、文学艺术等特点的表现形态。西城区历史文化资源丰富，传统文化底蕴深厚。辖区内皇家宫苑、王府私邸、故居会馆、寺观坛庙、民俗市井星罗棋布，是皇城文化、民俗文化、宗教文化、缙绅文化等各种文化高度融合的区域。在北京的43片历史文化保护区中，有18片历史文化保护区位于西城区，总占地面积达到9.5平方千米。2016年，西城区共有公共图书馆33个，总藏书量251.4万册；其中图书藏量达到217.2万册；区内现有各级文物保护单位181处，其中全国重点文物保护单位42处，北京市文物保护单位61处①。

近年来，西城区充分发挥文化引领风尚、凝聚民心、服务社会、推动发展的作用，以首都意识、首善标准、首创精神，围绕“记忆西城、书香西城、艺术西

① 《北京市西城区2016年国民经济和社会发展统计公报》。

城、时尚西城”建设，积极做好“以文化城”这篇大文章，打造首都文化示范区。目前，西城区15个街道都有了自己的群众文化品牌，如大栅栏设计周、什刹海文化旅游节，形成了“一街一品”模式，拥有腰鼓、舞蹈、合唱等社区文化团队近500支，产生了良好的社会效益。

根据《北京市西城区国民经济和社会发展第十三个五年规划纲要》，“十三五”期间，西城区将按照历史文化名城保护与历史文化传承并重、历史文化名城文脉延续与名城文化建设并重的要求，弘扬优秀传统文化，传承历史文化财富。推进“名城、名业、名人、名景”四位一体的名城保护工作体系建设，彰显北京古老与现代交相辉映的独特魅力。

专栏：名城、名业、名人、名景

“名城”指对以历史街区、街巷胡同、建筑、古树名木等物质要素为主的地理实体空间的建设和保护，以及环境秩序、人居环境改善等工作；“名业”指各类老字号等传统商业服务业、传统和现代演艺业、新兴文化创意产业等传承和发展等工作；“名人”指以古今政治、经济、文体、社会服务业名人及其他著名人物为载体的研究和宣传等工作；“名景”指依托有影响力的景观、活动和媒体，带动和促进区域经济、社会、文化等方面发展的工作。在“四名”之间，名城是保护工作的物质基础和空间载体，名业是名城的有力支撑，名人是名城和名业的见证与传承，名城、名业、名人共同构成名景，形成整体文化氛围。四个要素互为补充、相互印证，共同构成了对历史文化名城全方位的保护。

此外，“书香西城”建设是西城区文化发展的重要目标之一。为了使特色阅读空间能够健康有序发展，从2014年开始，区文委通过政府购买服务的方式，构建、扶持出一批具有特色的公共阅读空间，特色阅读空间是“书香西城”独创的概念，具体类型包括社区书香驿站、中国书店雁翅楼24小时阅读空间、书香剧场、书香酒店、书香银行等。

截至目前，经西城区文化委认定的特色阅读空间共有18家。建设特色阅读空间遵循“求同存异，一点一策”的发展思路，即按照“公共性、公益性、主题性、专业化”的宗旨，根据空间资源的特点，强化共享、合理创新，实现不同年龄读者对象的全面覆盖，形成既有特色也可复制推广的发展模式。

充分利用公共文化机构及文化资源开展文化志愿服务，是践行社会主义核心价值观、提高国民文化素质与道德素质、促进文化自觉自信的重要手段。2016年，文化部印发《文化志愿服务管理办法》，鼓励公共图书馆、文化馆（站）、博物馆、美术馆等公共文化设施和场所开展公益性文化服务。近年来，西城区依托毛主席纪念堂、宋庆龄故居、恭王府、首都博物馆、什刹海、陶然亭公园等文化景点，开展了丰富多彩的文化志愿服务项目。例如：由团区委联合各大高校和社会组织开展的“毛主席纪念堂志愿服务项目”、宋庆龄故居联合会开展的“时代小先生”和恭王府文化志愿服务队开展的“传统文化进社区”项目等。这些项目传承了中国传统文化，向世界传递爱国情怀，彰显了文化自信。

二、鲜明的“红墙意识”

金色琉璃、苍松翠柏掩映下的红墙，一侧连接着中央党政机关，一侧连接着地区干部群众——地处全国政治中心、首都功能核心区，生活和工作在北京西城区的人们，都有一种自豪感和责任感，立志要维护好这一抹最特别的红。“红墙意识”是西城区干部群众在长期工作和生活中形成的具有区域特色的思想意识，最早于1999年由西长安街街道提出，是一种特殊的客观环境下形成的特色文化意识。2014年西城区委将“红墙意识”上升为全区工作指导思想，如今，“红墙意识”从西长安街街道不断延伸，不断被西城区干部群众所认同。伴随着“两学一做”学习教育的开展和常态化，西城区不断丰富和深化“红墙意识”的内涵。

（一）“红墙意识”的内涵

“红墙意识”是西城人民结合区域特殊的地理位置，基于朴素的自豪感、获得感、幸福感而在长期社会实践中形成的一种思想境界和价值追求。从狭义上讲，是一种对党和人民绝对忠诚、责任担当、首善标准的政治意识；从广义上讲，是一种以拥护中央权威为核心、维护群众利益为基础，追求社会进步和美好生活的精神状态。其核心内涵是最高的政治忠诚、最重的责任担当、最美的幸福追求、最严的首善标准。

1. 绝对忠诚是红墙意识的政治品质

要求全党广大党员干部群众：一要自觉同党中央保持高度一致。把对党忠诚作为做好西城工作的首要政治原则，作为党员干部的首要政治本色，任何时候都不能含糊。二要做到理想信念坚定。只有对马克思主义的信仰坚定了，对中国特色社会主义信念坚定了，绝对忠诚才能有牢靠的基础。三要以实际行动表现忠诚。不折不扣地执行党的路线方针政策，不折不扣地落实中央、市委的决策部署。

2. 责任担当是红墙意识的优良作风

要求全区广大党员干部群众：一要忠诚履责，树立勤勤恳恳的工作态度，把各项工作做好，以精益求精的态度不断提高工作水平。二要勇于担责，积极主动承担党和人民赋予的各项任务，尤其是急难险重任务。三要敢于负责，矛盾面前不躲闪，挑战面前不畏惧，困难面前不退缩，在关键时刻和危急关头豁得出去、顶得上去、经得住考验。有了问题、出现失误，敢于承认，主动承担，不回避、不遮掩、不推诿，及时纠正问题。

3. 首善标准是红墙意识的工作理念

要求全区广大党员干部群众：牢固树立首善理念，增强首善的责任感、使命感，以更高的要求、更严的标准衡量和推动各项工作。要以舍我其谁的精神状态、争创一流的昂扬斗志和奋发有为的精神风貌，在更高水平上实现西城区的转型发展、科学发展，把西城区建设得更具活力、更有魅力、更加和谐，实现“安全、安静、舒适、典雅、古朴”的愿景。

（二）西城志愿者是“红墙意识”的践行者

“红墙意识”是“奉献、友爱、互助、进步”的志愿精神在西城区的浓缩与升华。西城是离红墙最近的地方，在开展志愿服务活动中，西城区的目标是要达到没有“最好”只有“更好”的首善标准，做一个讲政治、有责任、敢担当的西城志愿者。作为“皇城根儿”底下的西城人民，内心充满了高度的自豪感和责任感。西城人民将“红墙意识”内化于心外化于行，涌现了一批讲政治、爱红墙、热心肠的西城志愿者，从治安防控、治理背街小巷、疏解非首都功能到交通勤务保障、街道的大事小情，他们是“红墙意识”最强的时代注脚。作为他们中的代表，“西城大妈”是忠实的红墙守护者。他们身穿红马甲、佩戴红袖标、头戴小红帽，活跃在西城的街头巷尾、胡同院落，在治安防控、提供案件线索方面屡建奇功。2015 年“西城大妈”帮民警破获多起恶性案件，2016 年“西城大妈”提供各类违法线索万余条。

案例：为主席站岗、为人民服务

从 2011 年开始，西城区志愿者积极参加毛主席纪念堂志愿服务项目。志愿者主要在外围引导岗、北大厅引导岗、扶老助残岗、团队预约岗及蓝立方岗 5 个岗位为广大瞻仰群众提供优质、热情的服务。

截至2016年底，全区共招募332名志愿者参加志愿服务，连续三年获得毛主席纪念堂志愿服务项目优秀单位奖和突出贡献奖。仅2016年，西城区99名志愿者在毛主席纪念堂志愿服务活动中服务指引30.4万人次，帮扶轮椅童车1153辆，解答咨询817次，发放宣传资料500册。志愿者中既有花甲老人，也有莘莘学子，既有社区普通居民，也有各行各业的社会精英，党团员占志愿者总数的71.7%。毛主席纪念堂志愿服务项目是在毛主席纪念堂这个特殊的位置践行为人民服务的理念，广大志愿者已然成为天安门广场上一道靓丽的蓝色风景线。

案例：西城区成立国内首支国旗志愿者服务队

为迎接党的十八大胜利召开，加强广大群众的国家观念和爱国热情，振奋民族精神，西城区志愿者联合会携手北京新风旗帜文化传播中心共同策划成立了国内首支国旗志愿者服务队，并赋予了她一个响亮的名字——“红旗飘飘”志愿者服务队。2012年11月，“国旗在我心中志愿者行动”启动仪式暨“红旗飘飘”国旗志愿者服务队成立仪式在北京市西城区最具代表性街区——金融街举行。首批志愿者为35名。

西城区志愿者联合会将“国旗在我心志愿者行动”志愿服务项目作为精品志愿服务项目予以扶持，参与服务的志愿者团队将接受来自北京新风旗帜文化传播中心的持续专业培训。“红旗飘飘”志愿者服务队成立后，将针对辖区内不规范升挂国旗的现象和行为进行劝导，让市民在用国旗表达爱国情怀的同时正确悬挂使用国旗，将法与爱结合，共同维护国旗的尊严。

第三节　西城区的社会治理模式创新

社会治理是国家治理的基石。党的十九大报告提出，要加强社会治理制度建

设，完善党委领导、政府负责、社会协同、公众参与、法治保障的社会治理体制，提高社会治理社会化、法治化、智能化、专业化水平。完善社会治理体系、提升社会治理能力是国家（地区）治理体系与能力现代化的重要组成部分，是全面推进依法治国（区）的重要条件，是西城区深入落实首都城市战略定位、全面实现区域发展转型和管理转型，在更高水平上共同创造城市美好生活的重要基础。志愿服务作为现代社会文明进步的重要标志，是加强精神文明建设、创新社会治理、培育和践行社会主义核心价值观的重要内容。

一、西城区创新社会治理的时代背景

（一）社会治理理念的演进

社会治理是指政府、社会组织、企事业单位、社区以及个人等多种主体通过平等的合作、对话、协商、沟通等方式，依法对社会事务、社会组织和社会生活进行引导和规范，最终实现公共利益最大化的过程。

2013 年 11 月，党的十八届三中全会决定要求“创新社会治理体制”，并从改进社会治理方式、激发社会组织活力、创新有效预防和化解社会矛盾体制、健全公共安全体系四个方面提出了原则性要求。2014 年 10 月，党的十八届四中全会提出要坚持系统治理、依法治理、综合治理、源头治理，提高社会治理法治化水平。2015 年 11 月召开的党的十八届五中全会提出要加强和创新社会治理。建设平安中国，完善党委领导、政府主导、社会协同、公众参与、法治保障的社会治理体制，推进社会治理精细化，构建全民共建共享的社会治理格局。“加强”“完善”“创新”社会治理越来越强化，理论研究越来越深入，治理思路越来越清晰，社会治理的内涵、外延、重点越来越明确，为实现社会治理的科学化打下了良好的基础。

党的十九大报告在加强和创新社会治理领域，提出要建立共建共治共享的社会治理格局。在国家“十三五”规划中，提出加强和创新社会治理，并提出要建立共建共享的社会治理格局，党的十九大报告在此基础上增加了“共治”，更加充分地体现了治理的核心思想：平等地对待各类社会主体，整合社会各种资源、动员社会多个主体来共同参与对群众的服务和对国家社会公共事务的管理，形成社会治理人人有责、人人尽责的局面，努力实现社会共建共治，才能共享和谐稳定的社会发展环境。

（二）社会治理提出的时代背景

自 2008 年金融危机以来，全球经济进入慢车道，中国经济进入“新常态”，面临着增长速度进入换挡期、结构调整进入阵痛期、前期刺激政策进入消化期。因而社会建设领域遇到的问题也会更多更复杂，维护社会的长治久安，加强和创新社会治理显得十分紧迫和重要。

1. 社会问题多发频发突发

近年来，我国经济社会发展不平衡、不充分的问题日益突出，不同区域、不同群体、不同社会组织之间的矛盾日益凸显，主要包括：一是反映分配关系的低收入群体和中高收入群体之间的矛盾；二是反映城乡关系的农民与市民之间的矛盾；三是反映劳动关系的雇工与雇主之间的矛盾；四是反映党群干群关系的治理者与被治理者之间的矛盾。因此，关注社会安全、防范和化解社会风险、创新社会治理、建立新的社会运行秩序已经成为转型社会的重要议题。换而言之，社会问题多发频发倒逼社会治理创新。

2. 社会流动人口不断加大

据统计，2010~2016 年，中国流动人口数量持续保持 2 亿人以上。社会流动人口的规模已经越来越大，跨地区的人口流动已经成为一种常态，社会流动人口的加大给社会治理带来了很多新问题新难题，传统社会治理模式和方法受到严重挑战。

3. 社会阶层结构的深刻变动

在市场化取向的改革所催生的市场多元主体，改变单一的所有制结构的同时，如何协调不同阶层、不同利益群体的诉求，对社会治理提出了新要求。必须通过全面深化改革，努力协调好社会各阶层之间的利益关系，构建一个人人享有改革“获得感”的社会。

4. 社会“中间力量”培育不足

由于长期受体制和经济社会发展水平的限制，我国第三部门的发育还不够成熟，主要表现在三个方面：第一，行政色彩浓厚，自主性不高。从我国现有的社会组织看，在社会上较有影响的社会组织，绝大多数是官办、官管，或者是官办程度较高。第二，组成结构不合理，功能发挥有待提高。当前我国社会组织发展很不平衡，互益性组织尤其是互益性经济类组织，如行业协会、商会等发展较快，而公益性社会组织，如基金会、民办非企业单位发展相对较慢。第三，认识不到位，对社会组织功能认识不足。

（三）西城区创新社会治理的挑战和机遇

西城区聚焦首都核心功能区战略定位，初步建立全响应网格化社会治理体系，推进社会治理精细化，多元参与的治理机制逐步健全。2013 年，西城区成

立区级网格化社会服务管理指挥中心，在全区各街道全面推广建立全响应社会服务管理指挥中心。合理划分网格单元，在全市率先完成城市管理网格、社会服务网格、社会管理网格“三网”融合，15 个街道全部建成街道社会服务管理指挥分平台。积极引导社会力量参与社会治理，推进行业协会商会与行政机关脱钩。完善社会组织分级分类管理机制，开展社会组织承接服务能力等级评估，探索建立社会组织诚信体系。推进街道“枢纽型”社会组织体系建设，明确工作职责，完善工作机制，制订工作规范，实现“一街一枢纽”。继续加大社会组织培育力度，提高社会建设专项资金使用的规范性和指导性，引导社会组织对接政府职能转移，参与政府购买服务。发挥社区社会组织在基层治理中的作用，促进社区社会组织从自益向互益、公益转变。

党的十九大报告明确提出，“打造共建共治共享的社会治理格局。加强社会治理制度建设，完善党委领导、政府负责、社会协同、公众参与、法治保障的社会治理体制，提高社会治理社会化、法治化、智能化、专业化水平”，为西城区创新社会治理提出新的方向。在新时代，西城区社会治理面临着新任务、新挑战、新标准和新要求。

1. 深入落实首都城市战略定位的新任务

“四个全面”战略布局和创新、协调、绿色、开放、共享五大发展理念对未来经济社会发展提出了新要求。西城区深入落实首都城市战略定位，主动融入京津冀协同发展的新形势，着力提升综合承载力和现代化治理水平，积极适应社会结构深刻变动、利益格局深刻调整、民生诉求全面升级、思想观念日趋多元等新变化。这对西城区创新社会治理提出了新任务，要求西城区必须树立与新的历史时期和发展阶段相适应的工作理念，运用治理的思维方式和方法思考问题，加快形成符合首都中心城区发展要求的体制机制和发展方式，推动各项工作圆满完成。

2. 全面实现“两个转型”的新挑战

当前，在加快推进疏解非首都功能、治理“大城市病”、缓解交通拥堵、改善城市环境、科学配置公共资源、加强文化建设、维护社会安定等各项工作中，要积极破除传统思维方式与管理方式，深入推进城市发展转型和城市管理转型，运用现代治理理念，提高社会治理的社会化、法治化、智能化、专业化水平。

3. 民生诉求全面升级的新标准

党的十九大报告指出，中国特色社会主义进入新时代，我国社会主要矛盾已经转化为人民日益增长的美好生活需要和不平衡不充分的发展之间的矛盾。人民美好生活需要日益广泛，不仅对物质文化生活提出了更高要求，而且在民主、法治、公平、正义、安全、环境等方面的要求日益增长。人民群众的民生诉求出现多层次、多样性、个性化趋势。另外，随着依法治国的全面推进，人民群众的参与意识和法治意识不断提升。因此要求西城区创新社会治理理念，推动社会治理重心向基层下移，充分发挥社会组织作用，实现政府治理和社会调节、居民自治良性互动。

4. 满足人民美好生活需要的新要求

在更高水平上共同创造城市美好生活不仅是西城区全体市民的共同愿景，还是进一步推动“共同创造”的发展路径。这要求西城区必须不断改进治理方式，加快推进政府职能转变，创新社会治理体制机制，进一步激发社会创造活力，加强社会组织建设，强化社区自我服务功能，增强社会各类主体参与社会事务和公共事务的意识，为公众提供高质量、差异化的社会公共服务，实现从政府单一主体的单向度管理，走向多元主体的协同治理。

二、以志愿服务创新社会治理

西城区将志愿服务作为创新社会治理的重要抓手。作为一种新型的社会组织形式，志愿服务组织具有动员社会资源、提供多元服务、满足社区精细化需求、政策普及与倡导等社会功能，有利于构建多元治理格局、激发社会活力、完善社区治理生态。西城区在创新社会治理过程中充分发挥多元主体在社会治理中的主导、协调、自治、自律和互律作用，整合社会治理资源，激发社会活力，构建社会治理体系，推动志愿服务志愿化，让各种有利于社会稳定、和谐社会的力量竞相迸发，确保人民安居乐业、社会安定有序，国家安全和谐。

（一）建立多元治理格局

党的十九大报告提出：打造共建共治共享的社会治理格局。加强社会治理制度建设，完善党委领导、政府负责、社会协同、公众参与、法治保障的社会治理体制。这一表述十分清楚地表明了治理的主体是多元主体，与传统的高度集权的社会治理体制的最大差别是强调社会协同、公众参与和法制建设。发挥好工青妇等群众组织、基层群众性自治组织、社会组织等的协同作用，形成党委政府与社会力量互联、互补、互动的社会治理和公共服务网络。

西城区“十三五”发展规划提出，要树立共治、善治、自治、德治和法治的社会治理理念，进一步健全响应网格化社会治理体系，完善党委领导、政府主导、社会协同、公众参与、法治保障的社会治理体制，不断强化系统治理、依法治理、综合治理和源头治理机制，推进社会治理精细化，构建全民共建共享的社会治理格局。为充分发展社会组织在创新社会治理中的作用，西城区加快落实四类社会组织（行业协会商会类、科技类、公益慈善类、城乡社区服务类）直接登记制度，健全完善社会组织分类管理和社区社会组织备案管理机制，加快形成政社分开、权责明确、依法自治的现代社会组织体制。加快培育发展社区社会组织，重点培育绿色环保、民生服务、矛盾调解、科技创新、社区自治等方面的社区社会组织，支持社区社会组织开展“群众有需要、自己办得到”的活动。

专栏：社会治理“五治”理念

“五治”是西城区创新社会治理的新理念：一是党委要有共治的格局；二是政府要有善治的思维；三是基层要有自治的功能；四是民众要有德治的意识；五是社会要有法治的环境。

（二）激发社会活力

西城区积极完善社会组织工作体系，充分发挥“枢纽型”社会组织作用，实现社会组织服务管理全覆盖。完善社会组织分级分类管理，积极稳妥推进社会组织登记制度改革。健全社会组织培育发展机制，完善培育支持政策，搭建公益服务平台，为其发展和发挥作用创造良好条件。加强社会动员机制建设，不断提高社会协同能力和水平，通过推动“参与型”社区协商、“三社联动”、驻区单位资源开放共享，完善多元共治、积极协同的基层社会治理机制。解决社会治理无资源的问题，创新公共服务提供方式，能由政府购买服务提供的，政府不再直接承办；能由政府和社会资本合作提供的，广泛吸引社会资本参与。推进志愿服务工作体制机制改革，完善志愿服务长效机制，进一步形成多元治理、共建共享工作格局。

案例：广内街道成立“单车联盟”引导共享单车有序停放

2016年以来，共享单车在一线城市迅速涌现，为城市居民出行带来一场深刻变革。根据北京市交通委统计数据，2017年4月底，北京共享单车数量已达70万辆。但同时，随着推广规模的扩大，车辆不按规则通行、乱停放等不良行为也给城市管理带来了一系列问题。这些问题直接考验着城市的公共管理水平。

西城区从创新社会治理角度出发，引导社会力量共同参与共享单车停放治理问题。2017年7月25日，广内街道“单车联盟”成立，50名志愿者分成几个小组每天早晚轮值，手持“此处不能停放单车”“请码放整齐”等指示牌，引导市民文明停放共享单车。针对共享单车乱停放问题，广内街道还发布了“共享单车文明公约八条”，和居民约定，爱护单车、守法骑行、定点停放、码放整齐等。同时，号召社会单位加入“单车联盟”，共同维护身边秩序。截至8月21日，已有中联兴拓科技发展有限公司，北京市路政局下属的路网中心、造价定额站、局机关后勤和离退休干部服务中心、局机关各党支部等多个单位，纳入站点排班。地区“单车联盟”志愿者总数已达200人。

（三）完善社区治理体系

习近平总书记指出，社会治理核心在人，重点在城乡社区，关键是体制机制的创新。党的十九大报告提出推动社会治理重心向基层下移，把人力、财力、物力更多投到基层，以网格化管理、社会化服务为方向，健全基层综合服务管理平台，强化城乡社区自治和服务功能，健全新型社区管理和服务体制。要发挥社会组织作用，实现政府治理和社会调节、居民自治良性互动。建立以社区党组织领导为核心、以居民自治为基础、居民广泛参与、各类社区组织互动合作的新型社区治理体制，积极利用志愿服务组织解决社会问题，切实提高社区治理水平。

案例：西城区启动控烟宣传志愿行动

2015 年 9 月 28 日，西城区控烟宣传志愿行动正式启动，标志着西城区卫生监督所与控烟志愿分队的控烟工作协作机制正式建立。开展控烟宣传志愿行动旨在深入贯彻《北京市控制吸烟条例》，发动社会力量协助控烟执法工作，提升对吸烟违法行为的监督效率和监督范围。启动仪式上，卫生监督员与控烟志愿分队队员就西城区控烟执法工作及志愿服务进行了商讨，共同确定了近期几项重点控烟志愿宣传活动。控烟志愿者代表纷纷表示将与监督员密切合作，按职责肩负起控烟宣传及巡查劝阻工作。随后，控烟志愿者分两组跟随卫生监督员前往公共场所、医院等监管单位对控烟监督检查工作进行宣传。在监督员控烟检查期间，控烟志愿者们认真学习控烟知识，并向各单位发放了控烟宣传资料，进一步宣传控烟条例，增强各单位员工的控烟意识。西城区控烟宣传志愿活动将依托控烟志愿者开展多种形式的控烟知识宣传活动，提高全民控烟意识，积极倡导更为健康的生活方式。2016 年，西城区共有控烟志愿者 36 人，每周不定时开展控烟巡查工作，主要检查商场、写字楼、餐馆、网吧等吸烟高发区。

（四）推进志愿服务制度化

志愿服务是居民参与社会治理的重要渠道。随着经济社会的不断发展，社会治理的复杂性和广阔性逐步提升，作为与政府组织、市场组织相区别的第三种组织形式，社会组织的作用愈加重要。在政府作为单一的治理主体无法处理的社会细微事件上，社会组织的参与就显得尤为重要。志愿服务组织在一定程度上补充了政府与市场失灵，在化解社会矛盾、维护基层稳定方面成为一支重要的力量。西城区持续优化和完善志愿服务组织领导体制和统筹协调机制，促进志愿服务工作制度化、常态化、社会化发展。进一步整合驻区、区属和社会组织等领域的各类志愿者队伍，进行分级分类管理，强化培训，提升志愿服务组织的可持续发展能力。另外，作为一种社会资源配置的新方式，志愿服务组织具有规模小、机制灵活、深入社区等特点，可以深入到社会最基层，以润物细无声的方式满足居民多样化需求，精准解决社区问题，增加地方公共产品的供给，创新社会治理的形式。西城区大力拓展志愿服务领域和服务内容，有效对接群众需求，服务和谐社区建设。

第四节 西城区的经济基础

西城区良好的经济发展态势为志愿服务的发展提供了坚实基础。一方面，西城区服务经济、知识经济、总部经济发达，拥有北京金融街、中关村西城园、西单商业街、什刹海、大栅栏琉璃厂、天桥演艺区、马连道等功能街区。驻区企业素来有奉献社会、支持公益活动和志愿者活动的良好传统，积极提供各类资源支持志愿服务活动的开展。另一方面，近年来，西城区人均 GDP 稳步提高，人均收入稳步增长，精神文化需求逐步增加，对公益事业、志愿活动等提升自身道德修养的活动逐步重视，志愿家庭大量涌现。

一、总体情况

西城区经济发展处于全国领先位置。近年来，西城区明确了“一核三区多点”的总体布局，积极转变经济发展方式，着力构建“高精尖”经济结构。坚持稳增长、调结构、促转型，积极转变发展方式、统筹推进产业发展与功能区建设，实施产业优选精选和资源投向调控，强化高端引领、创新驱动、内涵发展，推动区域经济与功能定位相适应、相协调，经济发展质量和效益实现新的提升。

金融业的支柱性作用不断增强。金融街以不足全区 7.5% 的面积和 22.5% 的从业人员创造了全区近一半的生产总值，具有“高精尖”经济结构资源消耗少、环境污染少的典型特征。2016 年，金融街实现地均产出率超过 2100 亿元/平方公里，是其他五大高端产业功能区总和的近两倍，实现劳均产出率超过 290 万元/人，是排名第二的高端产业功能区的 1.5 倍，高端、高效、集约的发展特征进一步显现。

创新驱动发展的成效不断显现。西城区积极培育新产业和新业态，推动金融、文化、科技融合发展，以金融业、批发和零售业、租赁和商务服务业为主要驱动的传统经济结构逐步转变为以金融业、科技服务业、信息服务业、文化创意产业为引领，文商旅融合发展、生活性服务业快速补充的良好发展局面。中关村科技园区西城园新兴产业发展优势不断增强，规模以上高新技术企业 232 家，创建成为“国家知识产权试点城区”“国家级文化与科技融合示范基地”。文化创意产业加快发展，逐步形成以新华1949文化金融创新中心、北京出版创意产业园区、天桥演艺区等多个园区为支撑的文化创意产业发展体系。“互联网+”消费热点不断发展，2017年上半年，全区限额以上企业实现网上零售额98.7亿元，同比增长14.9%。

专栏：“一核三区多点”

“一核”是指以金融街为核心，不断巩固金融业发展优势；“三区”是指以德胜、北展、广安三个地区为重点，发挥高新科技产业发展的引领作用；“多点”是指以出版创意产业园、新华1949、天宁壹号、马连道茶文化创意产业街区、天桥演艺区和西单、大栅栏等多个区域为支撑，深入挖掘文化创意产业发展潜力，扩大发展服务新经济，促进区域可持续发展。

二、经济优势与志愿服务

（一）人均收入增长为志愿服务提供经济保障

根据《西城区2017年统计年鉴》，2016年，西城区常住人口达125.9万人，居民人均可支配收入为71863元，相较于2015年的67492元，提高了4371元（见表1-1）。企业的资产总额由2015年的895491亿元增长为1013346亿元，增加了117855亿元，各项指标有了大幅度提高。

表1-1 西城区社会经济主要指标

项目	计量单位	2015年	2016年
一、人口			
常住人口	万人	129.8	125.9
户籍人口	万人	144.7	146.0
二、居民生活			
居民人均可支配收入	元	67492	71863
居民人均消费性支出	元	43595	45329

续表

项　　目	计量单位	2015 年	2016 年
恩格尔系数	%	20.7	20.7
居民消费价格指数（以上年同期价格为 100 的指数）	%	101.8	101.4
居民人均住房使用面积	平方米	21.4	21.8
人均文化娱乐	元	4598	4332
人均教育支持	元	1117	1277
三、劳动工资			
城镇单位在岗职工	人	800562	828434
城镇单位从业人员工资总额	万元	15255751	160738799
城镇单位在岗职工工资总额	万元	14040605	14714814
城镇单位在岗职工年平均工资	元	177494	182500

数据来源：作者根据《西城区 2017 年统计年鉴》整理。

根据《北京市西城区“十三五”时期社会治理规划》，“十三五”末西城区注册志愿者人数要达到常住人口总数的 25%。如果按 2016 年西城区常住人口 125.9 万人计算，“十三五”末西城区注册志愿者人数将超过 31 万人，将为志愿服务的开展提供有力的人力资源支持。另外，“仓廪实而知礼节”，随着居民人均收入的稳步增加，西城区人民投入志愿服务事业的热情也将逐步高涨。根据北京师范大学发布的《2017 中国志愿服务经济价值测度报告》，不同收入类型群体①的志愿服务参与率不同：低收入群体志愿服务参与率为 13.82%，中低收入群体志愿服务参与率为 15.47%，中高收入群体志愿服务参与率为 20.78%，高收入群体志愿服务参与率为 22.15%。可见，随着收入水平的提高，志愿服务参与率逐渐提高。

（二）产业结构有利于志愿服务开展

根据《西城区 2017 年统计年鉴》，2016 年西城区生产总值为 3602.4 亿元，

① 根据调研报告，人均可支配收入不高于 10500 元的为低收入群体，人均可支配收入在 10500 元至 23333.33 元的为中低收入群体，人均可支配收入在 23333.33 元至 42000 元的为中高收入群体，人均可支配收入高于 42000 元的为中高收入群体。

其中第二产业生产总值为305.2亿元，第三产业生产总值为3297.1亿元。截至2016年底，西城区服务业单位数达3774家，从业人员达84万人。其中，群众团体、社会团体和其他成员组织有92家。研究发现，服务业企业在从事经营业务过程中需要经常性接触顾客，其工作性质和从业人员众多的行业特征也有利于志愿服务开展。

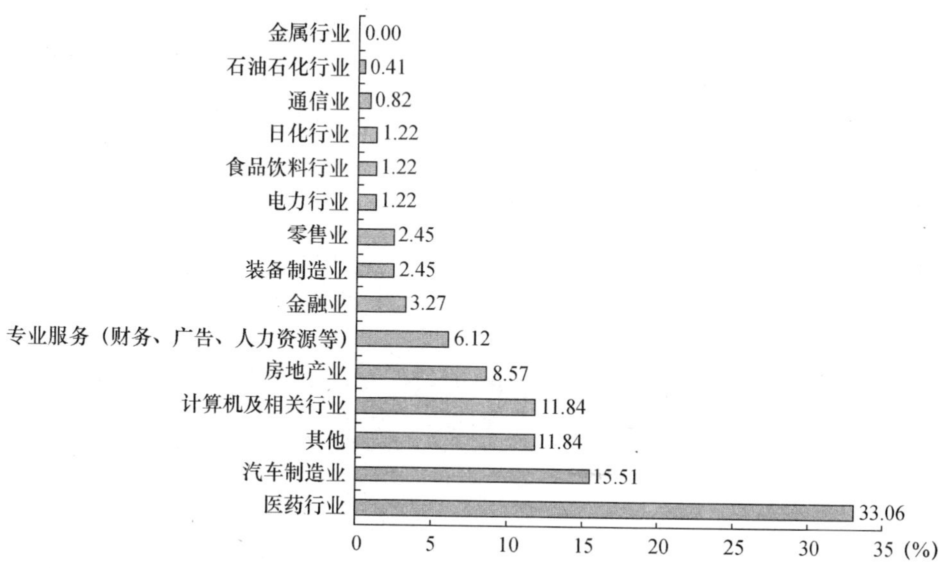

图1-1　不同行业企业员工志愿服务参与情况

数据来源：《中国企业志愿服务发展报告（2017）》，和众泽益志愿服务中心。

第二章　西城区志愿服务概况

〔引言〕

2014 年，习近平主席在德国柏林发表演讲时指出，“历史是最好的老师，它忠实记录下每一个国家走过的足迹，也给每一个国家未来的发展提供启示。”西城区志愿服务从学雷锋开始，历经被称为“城南新事”的“综合包户”时代、融合奥运精神与北京精神的奥运志愿服务时期，到 2006 年启动志愿服务体制机制改革、2009 年在区级层面成立志愿者联合会，西城区志愿服务走出了一条勇于创新与坚守传承并重、充分调动社会积极性与不断完善顶层设计相结合的新路子。我们总结西城区近 40 年走过的志愿服务历程，为的是记住昨天，珍惜今天，走向更加美好的明天。

第一节　西城区志愿服务发展历程

1983 年，大栅栏街道西柳幼儿园第一份“综合包户”协议书的签订，被公认为中国志愿服务的发端。后续经过 2008 年，在北京奥运会、“9.3”阅兵、北京市第九届民族运动会等系列大型赛事、活动带动下，在国家、北京市及西城区相继出台的关于支持志愿服务发展的系列政策推动下，在西城区天然的地理优势，独特的人文环境，特别是红墙意识的影响下，结合西城区创建全国文明城区的契机，西城区志愿服务得到了快速发展。与创新社会治理结合、与学雷锋活动结合，广覆盖、多层次、宽领域地开展志愿服务活动，形成了一批接地气、惠民生、促和谐的志愿服务品牌项目，涌现了一批志愿服务优秀典型。西城区的志愿服务已经发展成为西城区一张亮丽的名片。

一、起步阶段（1983～2008 年）

（一）“综合包户”开启志愿服务时代

20 世纪 80 年代，中国开始出现志愿服务活动和志愿者。中国最早的志愿者产生在为社区服务的层面上，并逐步建起了社区志愿者组织。许多城市的区级、街道、居委会成立了社区志愿者服务指导委员会、社区服务志愿者协会等组织，广泛开展多种形式的社区老人、残疾人、优抚对象的志愿服务活动。1994 年底，随着中国青年志愿者协会的诞生，中国其他社会团体也开始开展志愿者活动，包括中华全国慈善总会及其地方组织、中华全国妇女联合会、中国老年科技工作者协会及一批民间志愿者组织。

1983 年 2 月，第一份“综合包户”协议书在大栅栏街道西柳幼儿园签订。大栅栏地区的百货、副食、菜蔬、粮食、煤炭、浴池、理发、房管、医院等行业以及街道办事处的团员青年自发组织起来，为本地区 19 户身边无儿女、年迈体弱的老人定期提供送日用百货、送副食品、送菜、送煤、送粮、维修房屋、理发、洗澡、卫生巡诊、打扫卫生 10 项综合服务。这一新生事物迅速在全区推广，1983 年 3 月，西城区有 8 个街道签订了“综合包户”协议书，对 137 户老人实行“综合包户”服务。与此同时，菜市口地区的 10 个单位与盲人工厂签订了“综合包户”服务协议，为 92 名盲人提供送货、理发、量体裁衣等 10 项服务。服装公司、修理公司等单位组织团员青年对本系统退休工人、伤残军人实行综合包户。1983 年 6 月，中共北京市委、北京市政府转发了《关于为孤老困难户实行综合包户服务情况的报告》；1984 年初，中央“五讲四美三热爱”活动委员会转发了北京市《关于在全市推广综合包户服务情况的报告》；1984 年 3 月，共青团中央下发了《共青团中央关于学习、推广北京市团委开展综合包户服务经验的通知》。这些使“综合包户”的经验在全国范围内得到了推广。

“综合包户”是雷锋精神与时代精神的有机结合，体现了“奉献、友爱、互助、进步”的志愿精神，是提升青少年素质、促进青少年成长进步的一种成功模式。在“综合包户”项目的示范、带动下，西城区社区志愿服务快速发展并不断制度化、正规化。2001 年 2 月，西城区正式启动社区青少年志愿者“关爱工程”活动，长期居住在西城区的 53 名孤寡老人与社区内企事业单位、学校的青年志愿者服务队建起了“一助一”的包户服务对子。2001 年 5 月，团区委召开“大学生志愿者进社区推进大会”，与北京师范大学继续教育学院签订“大学生志愿者担任社区工作者协议书”。2002 年 3 月，“北京青年志愿者关爱工程——

首都大学生社区家教援助行动”启动仪式在西城区举行。2003 年 3 月，团区委联合区委宣传部、区文明办召开“宣武区学雷锋‘综合包户’活动 20 周年暨青年志愿行动推进大会”，出台了《关于进一步推进宣武青年志愿行动的意见》，在总结过去 30 年经验的基础上，结合时代精神进一步创新“综合包户”的服务内涵。

（二）北京奥运开启志愿服务新篇章

大型赛事、赛会是我国现代志愿服务工作最早兴起的领域之一。1990 年，我国举办第一个综合性国际体育大赛——北京亚运会，亚组委和共青团北京市委通过从高校和机关、企事业单位统一调动 20 万名共青团员，作为“义务服务人员”参与亚运会的运动员接待、环境整治等服务。随后，数百万青年志愿者先后为第三届远南残疾人运动会、第四届世界妇女大会、昆明世界园艺博览会、APEC 上海年会、第 21 届世界大学生运动会、第十一届全国运动会等国际、国内大型活动提供了优质的志愿服务。2008 年北京奥运会、残奥会志愿服务工作的开展极大地促进了我国志愿服务的正规化、规模化发展。

1. 宣传动员

北京奥运会志愿服务宣传动员工作共分为四个阶段。2005 年 6 月至 2006 年 7 月为前期宣传阶段，主要面向全社会普及奥林匹克知识、推广志愿服务理念，倡导奉献友爱精神，介绍奥运会志愿者工作的总体安排等；2006 年 8 月至 2008 年 4 月为招募宣传阶段，主要宣传参与奥运会志愿服务的意义，介绍招募的方式方法、资格条件要求及服务的场所和领域，动员各界人士积极报名参加赛会志愿者项目；2008 年 4 ~ 7 月为赛前宣传阶段，主要宣传介绍志愿者工作的进展情况，提升社会对赛会志愿者的关注度；2008 年 8 ~ 9 月为赛时宣传阶段，主要宣传报道赛会志愿者的出色表现和优秀事迹。

2. 奥运志愿者培训

奥运会赛会志愿者主要来源于遵守中国法律法规、符合奥组委对志愿者年龄等方面的限制性规定、具备指定岗位要求的能力和素质、自愿为北京奥运会提供义务服务、接受北京奥组委领导和管理的各方面人士。赛会志愿者队伍以北京高校学生为主体，同时广泛吸纳北京市民、全国各地各民族群众、港澳台同胞、海外华侨华人和国际友人等各界人士。

3. 服务历程回顾

北京奥运会志愿者项目自 2005 年 6 月 5 日正式启动。2006 年 8 月，西城区启动北京奥运会、残奥会赛会志愿者招募和宣传咨询工作。2006 年 11 月，根据

市委和北京奥运会志愿者协调小组的要求，西城区成立由区委宣传部等15家单位组成的区奥运会志愿者工作协调小组。2007年9月，在天桥街道成立青年文明号奥运会城市志愿服务站点。2008年5月，团区委召开奥运会城市志愿者工作研讨推进专题会，全区各街道、各系统、各站点城市志愿者工作负责人50余人参加研讨。

2008年7月，西城区奥运会、残奥会城市志愿服务工作全面启动；举行奥运会、残奥会驾驶员志愿者誓师大会；北京奥运会、残奥会交通秩序维护社会志愿者在劳动人民文化宫举行出征仪式。2008年8月，西城区城市志愿服务进入第三阶段：600名志愿者服务西城区奥运圣火传递工作，认真维护传递路线周边秩序；24日晚，区卫生局团委副书记、城市志愿者赵小艳与其他11名志愿者代表一起参加了北京奥运会闭幕式，并接受了新当选的国际奥委会委员敬献的鲜花。这是国际奥委会首次在闭幕式上增加了向志愿者代表献花的仪式。

据不完全统计，北京奥运会志愿服务者人数为历届奥运会人数之最，达到170万人。而8年前的悉尼奥运会志愿者人数为4.7万人，4年前的雅典奥运会志愿者为6万人。在北京奥运会170万名志愿者中，直接为赛事服务的志愿者是10万人；为北京市550个城市服务站点提供信息咨询、语言翻译、应急救助等服务的城市志愿者为40万人；在北京社区、乡镇宣传奥运知识、奥运精神，营造奥运氛围的社会志愿者为100万人；啦啦队志愿者为20万人。

自2008年7月1日起，西城区城市志愿者在各类志愿者队伍中率先上岗服务。3万余名城市志愿者在全区38个志愿者服务站点上岗服务100天，提供信息咨询、语言翻译、应急服务及具有西城特色、高品位的便民服务和特色活动。百天内，城市志愿者累计服务22万小时，服务超过200万人次，成为国际友人和国内游客了解中国、了解西城、了解奥运的一个窗口。

4. 服务延伸

北京奥运会志愿服务工作的一大特点是扩展了赛事志愿服务的工作内容，从赛事志愿服务延伸到社区公益慈善领域。在北京市总体安排下，西城区启动奥运志愿服务公益延伸工作，旨在通过开展社会公益活动，把日常志愿服务与奥运会志愿服务有机结合起来，实现志愿服务的日常化，增加志愿者的服务经验和服务技能，满足奥运会对志愿者的素质要求。根据奥运会筹备进程，西城区每年确立一个公益实践主题，在全区建立了一批奥运会志愿者实践基地，围绕城市建设和社会发展，开展环保、科普、文化等志愿服务活动。

二、发展阶段（2009～2015 年）

北京奥运后，西城区志愿服务工作进入了快速发展阶段，顶层设计不断完善，统筹协调机制逐步健全，志愿服务组织、品牌项目、典型事迹不断涌现。

（一）成立区志愿者联合会，加强体系机制建设

北京奥运志愿服务行动大大提高了人们对志愿服务的认识，使全社会更加深刻地感受到了志愿服务的重要作用。及时转化奥运志愿者工作成果、加强和改进志愿者工作任务非常迫切。为抓住有利契机，认真总结和保留转化奥运会、残奥会志愿者工作成果，完善社会志愿服务体系，构建新型社会动员机制，建立健全西城区志愿服务工作长效机制，全面提升区域志愿服务水平，2009 年，西城区决定成立志愿者联合会，旨在发挥枢纽性组织作用，整合全区志愿服务资源，建立健全覆盖全区的志愿服务网络和队伍体系，对全区各类志愿者组织及志愿者进行系统化管理。

2009 年 7 月 17 日上午，北京市西城区志愿者联合会第一次会员代表大会在北京隆重举行，驻区中央部委、金融机构、中央企业、医疗机构、高等院校及区属各单位志愿者组织负责人和优秀志愿者代表 300 余人参加了大会。会上，志愿者代表宣读了热情洋溢的《西城区志愿者倡议书》，号召全体志愿者继承奥运志愿服务成果，弘扬志愿服务精神，为建设社会主义和谐社会首善之区做出更大的贡献。会议审议通过了《北京市西城区志愿者联合会章程（草案）》，选举产生了西城区志愿者联合会第一届理事会、监事会。在随后召开的区志愿者联合会第一届理事会、监事会上选举产生了第一届常务理事、主席、副主席、秘书长及第一届监事会主席。

2012 年 5 月，区志愿者联合会成功召开西城、宣武两区合并后的第一次会员代表大会，来自驻区中央单位、金融机构、医疗机构、高等院校及区属志愿者组织负责人和优秀志愿者代表 300 余人集聚一堂。会议审议通过了《北京市西城区志愿者联合会章程（草案）》，选举产生了联合会第一届理事会、监事会。大会的顺利召开，标志着西城区志愿者工作融合发展进入了全新的阶段。西城区逐步建立完善了由区委社会工委、区社会办负责区内志愿者工作的综合协调和宏观指导，联合会秘书处负责志愿者工作的组织实施，各相关部门给予积极配合并进行业务指导，对志愿者实行分级分类管理的统筹协调机制。会上下发了《北京市西城区志愿者联合会分会建立制度》，积极推进在各会员单位中成立联合会

分会。

1. 联合会工作职责

作为“枢纽型”志愿者组织，在政治上，充分发挥党委政府与各类志愿者组织之间的桥梁纽带作用；在业务上，充分发挥龙头和联合作用，为各类志愿者组织开展活动和广大志愿者发展提供平台；在管理上，按照章程和政府授权，做好各类志愿者组织的日常管理和服务协调工作。根据章程，西城区志愿者联合会共有以下12项工作职责：

（1）贯彻落实《北京市志愿服务促进条例》，负责指导全区志愿者工作开展；

（2）承担党和政府与各类志愿者组织联系的桥梁和纽带作用，完成党委政府有关部门委托或转移的相关事项；

（3）起草和落实西城区志愿服务工作规划和相关制度；

（4）建立健全覆盖全区的志愿服务组织网络和队伍体系；

（5）发挥龙头和联合作用，对全区各类志愿者组织及志愿者提供管理和服务，承担志愿者组织规范、自律职能；

（6）负责志愿者宣传发动、招募和注册登记工作；

（7）研发、实施、评估、表彰志愿服务项目；

（8）组织开展日常志愿服务活动；

（9）维护志愿者和志愿者组织的合法权益；

（10）开展志愿服务理论研究，研提有关志愿者工作的意见、建议；

（11）建立培训人才队伍，加强和规范培训工作，广泛开展志愿者组织及志愿者能力建设工作；

（12）加强志愿服务对外交流与合作，负责志愿服务的宣传推广，开展志愿者文化建设和传播。

2. 联合会组织架构

西城区志愿者联合会的最高权力机构为会员代表大会，会员代表大会选举产生理事会，理事会选举产生常务理事和主席、副主席、秘书长(见图2－1)。联合会会员包括团体会员和个人会员。其中，团体会员包括：全区各相关委办局、人民团体志愿者组织；各街道志愿者组织；教育系统志愿者组织；企事业单位系统志愿者组织；各驻区中央、市属单位志愿者组织；民间志愿者组织；港澳台及国际性志愿者组织。个人会员包括：社会知名人士；相关领域专家、学者；优秀志愿者。

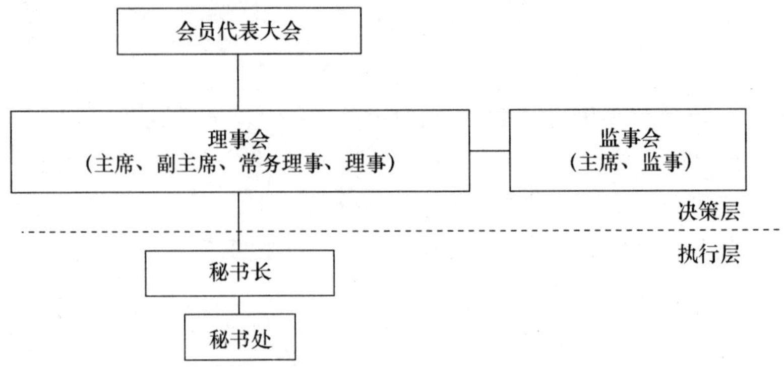

图 2-1　西城区志愿者联合会组织架构

专栏：西城区志愿者联合会分会建立制度

2012 年 5 月，区志愿者联合会成功召开西城、宣武两区合并后的第一次会员代表大会。会上下发了《北京市西城区志愿者联合会分会建立制度》。

西城区志愿者联合会分会（以下简称"分会"）是区志愿者联合会各会员单位发起的，由其统筹相关志愿者组织以及社会各界人士组成的社会团体分支机构，分会成立需经北京市西城区志愿者联合会批准；分会接受业务主管单位北京市西城区志愿者联合会的业务指导和监督管理。分会主要负责以下业务：

（一）贯彻落实《北京市志愿者管理办法（试行）》及区志愿者联合会各项工作制度，负责指导所在地区、单位志愿者工作开展；

（二）积极与各类志愿者组织联系，发挥桥梁纽带作用；

（三）起草和落实志愿服务工作规划和相关制度；

（四）建立健全志愿服务组织网络和队伍体系；

（五）发挥龙头和联合作用，对各类志愿者组织及志愿者提供管理和服务，承担志愿者组织规范、自律职能；

（六）负责志愿者宣传发动、招募和注册登记工作；

（七）研发、实施、评估、表彰志愿服务项目；

（八）组织开展日常志愿服务活动，宣传推广优秀志愿服务项目；

（九）维护所联系志愿者和志愿者组织的合法权益；

（十）开展志愿服务理论研究，提出有关志愿者工作的意见、建议；

（十一）负责志愿服务的宣传推广，开展志愿文化建设和传播工作。

（二）夯实基础工作，推动志愿服务工作规范化

1. 完善区志愿服务基础性工作

2009 年，区志愿者联合会成立后，首先，对奥运期间的城市服务站点进行走访考察，对站点目前的位置、使用情况、保存状况及责任人进行详细的统计，做到底数清、情况明；其次，对奥运期间的城市志愿者初步进行分类统计，将有热情并具备条件继续从事志愿服务工作的志愿者进行再次确认登记，详细掌握了全区志愿者的数量和状况；再次，继续加强对中小学生志愿者服务工作的指导和管理，制定《西城区中小学志愿服务实施方案》，根据学生年龄特点，明确“重服务体验和提升社会实践能力”的志愿服务职能；最后，加强区域志愿服务信息平台建设，逐步形成招募、培训、管理、激励等工作流程的规范化、程序化和数字化。

2. 加强队伍建设，完善志愿服务组织体系

西城区志愿者联合会从成立伊始即非常重视组织体系建设。参照北京市志愿服务组织格局，建立了在党委和政府领导下，区社会建设工作领导小组办公室综合协调和宏观指导，团区委、区志愿者联合会具体组织实施，各相关部门积极配合，各级各类志愿者组织对志愿者实行分级分类管理的组织框架。在队伍建设方面，西城区响应团市委号召，先后建立了红十字、医疗卫生、应急救援、防震减灾、法律援助、旅游宣传、扶老助残、城市文明、绿色环保、支教助学志愿服务队，还建立了富有西城地域特点的金融咨询志愿服务队、文化传承志愿服务队。

2013 年，在原有医疗卫生、应急救援、防震减灾、法律援助等 15 支专业志愿者队伍的基础上，在滨河绿道途经的 7 个街道，成立“爱河护绿”志愿服务队，联络各街道摄影家协会和熊猫摄影队等民间团体，成立西城区摄影爱好者志愿服务队，吸引志愿者 300 余名，承担了西城区重大志愿活动的摄像任务。扩大志愿者联合会覆盖面，吸收首汽新锋班、绿色啄木鸟、爱益志愿者联盟、和众泽

益等一批 NGO 组织加入志愿者联合会。

3. 推动志愿服务标准化

为深入贯彻落实《北京市志愿者管理办法（试行）》相关要求，大力推行社会服务标准化建设，全面提高政府服务效能，优化西城区志愿服务事业发展环境，2012 年，西城区启动志愿服务标准化工作，先后研究制定了《西城区志愿服务时间累积及志愿者星级评定实施细则》《西城区志愿者实名注册管理办法》《西城区志愿者联合会分会成立制度》。

（1）志愿者注册标准化（2012 年 5 月 29 日至 12 月 31 日）：推动志愿者实名注册工作，完成“志愿西城”平台与“志愿北京”平台对接工作。进一步巩固注册成果，提升西城区志愿服务水平，增强全区志愿服务项目参与度。

（2）志愿服务时间累积标准化（2012 年 5 月 29 日至 12 月 31 日）：推动志愿服务时间累积标准化工作，参照《北京市志愿者管理办法（试行）》相关规定，西城区志愿者联合会制定时间累积实施细则，对时间累积证明起始时间、志愿者基本条件、志愿者服务时间累积单位、志愿者服务时间认定单位、志愿者进行服务时间认定的程序进行规范。

（3）志愿服务星级评定标准化（2012 年 10 月 1 日至 12 月 31 日）：推动志愿服务星级评定标准化工作，参照《北京市志愿者管理办法（试行）》相关规定，对提供一定志愿服务时长的注册志愿者给予一星至五星级评定及表彰。

（4）志愿者组织建设标准化（2012 年 6 月 1 日至 12 月 31 日）：推动西城区志愿者联合会分会建立，对街道级成立志愿者联合会进行规范及指导。

4. 加强对志愿者的服务和管理

参照北京志愿者服装的色彩和样式，区志愿者联合会特别设计制作了西城志愿者长袖和短袖 T 恤、棉马甲、帽子、手套、运动背包等装备，并在每次志愿服务活动中统一配发。与长城人寿保险合作，针对志愿服务活动特点开发志愿者意外伤害和综合医疗险种，降低志愿服务风险，免除志愿者后顾之忧。聘请区志愿者联合会导师，建立志愿者培训讲师团，举办志愿者管理骨干培训班，对骨干志愿者进行深入系统的集中培训，更新志愿服务理念，提高志愿者骨干在志愿者团结凝聚、项目开发管理、团队建设等方面的能力，打造精干高效的志愿者骨干队伍。吸引动员一批具有一技之长的市民和热心公益事业的专业人士发挥专长，参与志愿服务和志愿者培训工作。

（三）推动项目化运作，持续开展品牌志愿活动

1. 推动志愿服务项目体系建设

围绕区域经济社会发展需要，广泛开展志愿服务需求调研。梳理“你来西城　我来导游”等70个志愿服务公益实践项目，制作首批“西城区志愿服务公益实践项目”系列书签36万张并向社会发放。扩大志愿者招募范围，增强社会影响。鼓励团干部、志愿者骨干开发了特困生英语口语培训、“用爱点亮希望”青少年成长护航基地、少儿英语俱乐部、“志愿暖童心”等一批亮点项目，发挥示范带动作用，积极探索志愿服务的项目化运行规律。

西城区在保留发展原有志愿服务项目的同时，力争有所创新。2013年，已开展30年的“综合包户”项目，发布新起航计划，组织动员广大志愿者适应新形势要求，不断拓宽服务领域，拓展服务内容，丰富“综合包户”志愿服务内涵。“携手相牵　快乐成长”关爱外来务工人员子女志愿服务项目开展了“菜单式”服务计划，为10所打工子弟学校2321名外来务工人员子女，提供了8类36项志愿服务活动。在什刹海四环社区内，成功申报中央支持的“七彩小屋”，使西城区“七彩小屋”的数量达到了两个。毛主席纪念堂志愿服务、美国银行专家走进打工子弟学校、志愿北京之白衣天使行动、金融法律知识进社区、蓝立方等常项志愿服务项目也得到了长足发展。

适应新形势要求，不断开发新的志愿服务项目。主动发掘区内群众需求，开启了以关爱“失独”家庭为对象的“聚爱·暖心”志愿服务行动，通过社会组织承接，志愿者导师分类指导，专业志愿者团体对接的方式，为“失独”人员家庭带去温暖。关注老年群体，启动“美丽西城　留下最美夕阳红”志愿者摄影比赛，号召志愿者为老人提供个性化服务。与安利北京分公司合作开展“安利手语第二课堂”，举办“让志愿走进生活　健康伴你同行”2013北京志愿者组织乒乓球团体邀请赛、2013社区青年汇志愿者台球邀请赛，倡导时尚动感的志愿生活方式。

2. 开展丰富多彩的志愿服务活动

继续开展城市志愿者集中公益实践活动，逐步将奥运志愿者资源引入社区，与敬老院、温馨家园等公益机构合作，开展助学、助困、助老、助残、保护环境等志愿服务活动。以“服务展微笑，志愿筑和谐”为主题，开展“青年健康使者火炬行动”“志愿深化感恩教育”“百名青年清洁环境行动”“戒烟宣传有我一份”“与爱同行心连心”等丰富多彩的志愿服务活动，服务百姓，倡导文明行为，宣传志愿理念，营造浓厚的志愿服务氛围。

案例：推动志愿服务精品项目及重点孵化项目

为推动西城区志愿服务“项目化、品牌化”发展，拓宽志愿服务领域，自2010年起，西城区开始启动志愿服务精品项目征集评选活动，面向区志愿者联合会各会员单位、街道社区、社会组织和公益机构等广泛征集优秀志愿服务项目及项目策划创意，通过自主申报、初评、实地走访调研、召开评审会等环节，邀请联合会理事、专家学者、媒体记者和资深志愿者等参与评审，对评选出的志愿服务精品项目给予物质支持，对征集上来的项目策划创意由区志愿者联合会协调投入人力、智力和财力资源，和项目发起方共同进行孵化。

2013年，经过各项评审环节，最终评选出四个孵化项目进行扶持。它们是：展览路街道、北京交通大学青年志愿者服务团联合策划的“夕阳共绘美景”志愿服务项目，北京联合大学应用文理学院档案系发起的“向日葵”大学生社区服务项目，大栅栏街道团工委发起的青少年成长加油站项目以及由昆虫频道志愿者服务队组织开展的昆虫知识进校园系列活动。

案例：邻里守望　点滴志愿

2013年12月19日，中国志愿服务联合会发出《关于开展“邻里守望”志愿服务活动的倡议书》，向全国志愿服务组织、志愿者朋友们提出倡议：邻里守望从关爱做起。志愿服务立足社区，我们要重点关爱空巢老人、留守儿童、农民工和残障人士，用邻里守望编织社区的爱心网，用志愿服务使每一个遇到困难、渴望帮助的人及时得到关爱。

响应“邻里守望”倡议，汇聚志愿大爱。11月22日，西城区志愿者联合会组织150余名西城区注册志愿者集体学习了志愿服务政策和精神，并讨论了下一步西城区如何落实“邻里守望”志愿服务活动倡议。

再续综合包户协议，企业携手特困青少年。秉承学雷锋“综合包户”志愿服务传统，大栅栏街道联合地区工商联企业继续开展“综合包户”捐资助学活动，帮助地区28名特困青少年完成学业。同时，为传递志愿精神和爱心，街道还将在寒暑假组织受助学生走入捐助企业，体验企业文化，参与模拟岗位工作。

分享志愿精神，邻里守望从关爱做起。大栅栏街道“成长加油站”青少年社区拓展项目以“社工＋志愿者”的团队模式，将专业特色服务与日常志愿服务结合起来，组织流动青少年和青年社工一起观看了《关于开展“邻里守望”志愿服务活动的倡议书》的电视节目，随后社工带领青少年展开了讨论。社工们认为，志愿服务事事可为，我们可以从日常做起，从小事做起。参加活动的孩子说：“志愿服务可以从我做起、从身边的小事做起，像平时阅读以后帮助整理书本、在家的时候多陪陪爷爷奶奶、多做一些力所能及的事情、帮助邻居的叔叔阿姨整理院落，这些都是我们可以做并且乐意做的事情。”

案例：展览路街道“用爱点亮希望”青少年成长护航项目

2009年，西城区展览路街道正式启动“用爱点亮希望”青少年成长护航基地公益实践服务项目，针对地区特困青少年开展公益性服务，旨在关爱青少年特别是特困青少年的健康成长。项目由展览路街道团工委和中国青年政治学院青年志愿者协会共同实施。在广泛服务未成年人的基础上，规范护航基地的运作，同时求新求特，通过开展义务家教、心理咨询、兴趣培养、讲座教育、拓展训练、团队融合等多种形式的活动，深化教育传播，优化成长环境，强化服务载体，搭建成长平台。

案例：应急志愿者全力保障国庆60周年活动

2009年，西城区将志愿者工作体系和应急管理体系相结合，动员广大志愿者配合各级应急管理部门，努力建设一批应急志愿者队伍，切实发挥志愿者在应急宣传培训、预防演练、辅助突发事件处置等方面的积极作用。西城区以统筹协调、突出特色为原则高质量完成国庆60周年志愿者工作，并以此为契机探索应急志愿者工作长效机制。9月3日，西城区正式成立国庆志愿者工作组并召开第一次联席会议，形成了全区20余家成员单位共同推动的工作体系，构建了统一领导、责任明确、广泛参与的指挥体制。活动期间，全区城市志愿者、治安志愿者、协警志愿者、区级重点园区志愿者等近6万人，在各自区域、各自时段、各自岗位服务于国庆庆典、安全防控和市民、游客需要，为营造中华人民共和国60年华诞的喜庆、祥和氛围做出了积极努力。其中治安志愿者49782人，城市志愿者2150人，北京动物园、什刹海景区志愿者1000人，协警志愿者1300人，疏散志愿者300人，联欢晚会标兵志愿者400人，游园志愿者520人，交通服务志愿者500人。

案例：深入开展“温暖2010”志愿服务活动

“温暖2010”主题活动是团市委结合科学发展观，在“两节”期间开展的一项重点工作，西城区志愿者联合会为积极响应团市委号召，广泛动员各会员单位携手合作，共同开展了系列志愿服务和送温暖活动。其中，中国建设银行、阜外医院、区卫生系统、区法院、什刹海街道、安利（中国）等近20家单位，先后为北京市第二聋人学校捐赠图书万余册；首都博物馆团委、月坛街道向寒假留京大学生赠送2000个“文化大礼包”；展览路街道开展了“五彩爱心大礼包”发放；各街道纷纷开展春节城市志愿服务活动，一系列覆盖广泛的志愿活动得到了社会各界的一致好评。

（四）加强表彰与传播，塑造良好的志愿服务文化

1. 加强内部沟通交流

区志愿者联合会成立后，逐步建立了一套较为完善的沟通交流、宣传信息的工作制度。以电话、邮件、短信平台、走访调研、召开专题座谈会等多种方式，共同形成规范的分层立体式信息交流渠道，及时了解各会员单位志愿者活动开展情况，广泛征集意见建议。每月两期编发《西城区志愿者工作简报》，为各类志愿者组织提供借鉴经验，深受理事单位关注。从2009年8月开始，每月制作《北京市西城区志愿者联合会简报》，收集区内及驻区单位志愿服务信息，供各会员单位交流探讨；每周联系一定数量的会员单位，了解他们的志愿服务工作开展、服务资源需求等情况并及时进行反馈。定期召开团区委机关干部、基层团组织及驻区志愿者组织负责人征求意见座谈会，对志愿服务项目建设及其志愿服务规范化发展广泛征求意见建议。

适应网络化和移动化发展趋势，开通了“志愿西城”网站（www. xczyz. cn）。志愿西城网站是西城区志愿者联合会的官方网站，具有志愿者注册、志愿服务时间积累、志愿服务项目发布、志愿者团队后台管理等多项功能。建立了“志愿西城工作QQ群”“志愿西城社会交流QQ群”，分级别为志愿者团队负责人、社会志愿者提供方便快捷的沟通窗口，同时也便于发布一些短期的招募通知和活动信息。

2. 普及志愿服务精神

正面、积极的新闻宣传及报道为志愿服务积攒正能量，有助于树立良好的社会形象，并在舆论中形成意见领袖角色，掷地有声，立德立言。2012年，联合会创办国内首份以志愿服务工作为主题的报纸——《志愿快递》。

2013年，策划推出以西城为背景、以志愿者的真实故事为主题的舞台剧《传递》，拍摄志愿者微电影《志愿西城　你我同行》，通过艺术的表达手法，展现志愿服务中的大事小情，揭示志愿服务的内涵，传递正能量。设计制作“志愿西城”实名马甲、星级志愿者徽章、新版宣传折页、海报、培训证书、志多多毛绒玩偶等一系列文化产品，营造人人可为的志愿服务氛围。打造“志愿西城”网络管理平台，建立“志愿西城”新浪、腾讯微博，“志愿西城”微信，发布活动实时记录及志愿服务活动信息，团结凝聚志愿者力量。

（五）加强志愿服务阵地建设

志愿服务阵地是志愿服务实体化、有形化、可持续的重要载体。西城区大力

加强志愿服务阵地建设，将志愿服务开展场所与志愿服务联系站点、志愿服务培训站点统筹协调设置建设，推进首都学雷锋志愿服务站（岗）、社区志愿服务站（岗）、城市志愿服务站（岗）、“志愿岛”和“志愿者之家”建设，形成一批具有西城特色的志愿服务基地。

蓝立方，2008 年北京奥运会期间志愿者服务活动平台。奥运结束，蓝立方作为奥运成果保留下来后，蓝立方的管理与使用权限移至团区委，由于部分保留在街面上的站点人流较少，团区委协调街道将站点转移至社区和学校，可以更方便地开展志愿服务，作为开展志愿服务的平台。2010 年 9 月 7 日，西城区城市志愿者站点正式启动了纪念国庆 60 周年城市志愿服务活动，共有北京图书大厦、什刹海荷花市场、长安商场、西直门交通枢纽、百盛购物中心、新华百货、德胜门公交枢纽 7 个站点，志愿者来源为各街道青年干部、社区群众、驻区单位志愿者和高校大学生。

2011 年 4 月 18 日，位于西直门内大街 275 号的西城区“志愿者之家”正式对外开放。志愿者之家的建成，将志愿者网络平台实体化，利用对外办公窗口面向社会群体办理志愿者注册、登记、时间累积等手续。并以工作室及对外窗口为契合点，针对志愿服务项目及志愿者自身相关问题进行现场及电话咨询，接收志愿者及社会各界人士对志愿服务工作提出的意见建议。为社会团体及民间志愿者团队提供进行项目洽谈、发布、总结、研讨的场地，使志愿者之家成为培育孵化更多公益项目及团队领袖的基地。

2012 年 5 月，联合会积极申报团中央“七彩小屋”项目，在大栅栏街道三井社区、石头社区、德胜新公民社区学校、志愿者之家建立了四所“七彩小屋”。“七彩小屋”是团员青年和青年志愿者为农民工子女提供经常性志愿服务的阵地，是农民工子女课余学习和活动的场所，是争取党政支持和整合社会资源的规范化载体。

三、深化阶段（2016 年至今）

为进一步改革完善西城区志愿服务工作体制机制，提升社会动员能力和志愿服务工作水平，培育和践行社会主义核心价值观，促进社会文明进步，2016 年 4 月 21 日，中共北京市西城区委办公室、北京市西城区人民政府办公室下发《关于西城区志愿服务工作体制机制改革的意见》（以下简称《意见》），标志着西城区志愿服务进入深化发展阶段。

（一）开展体制机制改革

1. 明确改革目标

《意见》明确了未来一段时间西城区志愿服务工作全面深化改革的指导思想、总体目标、实施步骤和主要任务，建立了由区文明委领导，区文明办业务指导、团区委业务主管的领导体制，提出了西城区志愿服务工作体制机制改革的目标：

（1）进一步优化完善西城区志愿服务工作的组织领导体制和统筹协调机制，促进志愿服务工作制度化、常态化、社会化发展；

（2）进一步整合驻区、区属和社会组织等领域的各类志愿者队伍，进行分级分类管理，强化培训；

（3）统一使用“志愿西城”网络平台加强日常管理，促进参与志愿服务的区域化、便利化和规范化；

（4）大力拓展服务领域和服务内容，有效对接群众需求，服务和谐社区建设；

（5）切实加强项目规划、设计和支持力度，打造一批具有西城特色的志愿服务品牌项目；

（6）广泛宣传志愿服务理念，全面推进志愿服务文化建设，在全区范围内形成党、团员志愿者带头，社会各界广泛参与志愿服务的浓厚氛围；

（7）不断健全完善志愿服务的表彰、激励和反馈机制，推动志愿服务事业可持续发展。

2. 成立西城区志愿服务联合会

根据《意见》要求，参照中央和北京市志愿服务管理体制，2017 年 5 月 25 日，“北京市西城区志愿者联合会”正式更名为“北京市西城区志愿服务联合会”。明确各主要部门责任分工，建立完善全区志愿服务组织领导体制，并将志愿服务工作纳入全区社会建设和社会治理工作体系。志愿服务联合会秘书处统筹开展各类区级志愿服务活动，加强对志愿服务联合会会员单位的联系、协调、服务，督促各街道成立志愿服务联合会分会，不断推行志愿服务标准化建设。

2017 年 7 月 13 日，西城区志愿服务联合会第二次会员代表大会顺利召开，区委副书记马新明，区委常委、宣传部部长陈宁，区政府副区长郁治，市志愿服务联合会副秘书长陈炳具等领导，以及近 300 名会员代表参加大会。会议审议通过了《北京市西城区志愿服务联合会章程（修订草案）》，选举产生西城区志愿服务联合会第二次会员代表大会理事会、监事会。陈宁当选为西城区志愿服务联合会会长，郁治当选为第一副会长。会上，联合会发布了志愿者积极参与背街小巷治理倡议书，号召西城志愿者积极行动起来，参与、监督背街小巷的治理工作，主动宣传街巷胡同整治提升工程的内容和意义，维护好背街小巷的治理成果。此外，会上还成立了西城区 12 支专业志愿服务总队，包括综治、环境、医疗、金融、法律、教育等各个领域，体现了西城区志愿服务队伍分级分类管理的理念和专业化服务水平。

（二）要求党团员带头示范

2014 年，中共北京市委组织部等 6 部门联合印发《关于组织全市共产党员、共青团员积极参加学雷锋志愿服务的实施意见》，要求北京市党团员在坚持“围绕公益原则、结合本职原则、力所能及原则和重在持久原则”的基础上，重点开展以下三类志愿服务活动：

一是积极参加关爱他人志愿服务活动。积极宣传“亲社会”理念，围绕扶老助残、帮困解难、便民利民等开展志愿服务，广泛开展“邻里守望”志愿服务活动，关注空巢老人、留守儿童、农民工及其子女、残疾人等特殊群体，有针对性地解决群众生产生活中的实际困难，推动形成扶贫济困、扶弱助残的社会氛围。

二是积极参加关爱社会志愿服务活动。深入基层、深入群众，关注社会焦点问题，真心实意为群众排忧解难。关注农村地区、偏远地区、少数民族地区，广泛开展教育、科技、文化、卫生等帮扶行动。积极推进社区志愿服务体系建设，积极参与大型活动、应急救援、网络文明建设等志愿服务活动，传播文明、引领风尚、营造和谐。

三是积极参加关爱自然志愿服务活动。倡导崇尚自然、节约资源、善待环境的理念，自觉参与首都城乡清洁、垃圾减量分类、绿色出行、低碳环保、爱护山河、美化家园等志愿服务。在全市全力治理大气污染、污水、垃圾、违法建设四大环境难题中，注重发挥优势，积极主动作为，深入推动首都生态文明建设，让北京天更蓝、地更绿、水更净。

根据《关于组织全市共产党员、共青团员积极参加学雷锋志愿服务的实施意见》和共青团中央《关于推进团员成为注册志愿者的意见》的要求，西城区结合在职党员回社区报到工作，要求各单位党、团组织成立志愿服务队，并在“志愿西城”网络平台统一注册；要求每名党、团员每季度参加志愿服务不少于 8 小时，全年不少于 32 小时，区领导带头参加志愿服务活动；要求

将入团前接受志愿服务培训作为制度性安排，推进团员成为注册志愿者，实现全区团干部全部成为注册志愿者。为深入落实中共北京市委组织部等6部门印发的《关于组织全市共产党员、共青团员积极参加学雷锋志愿服务的实施意见》的要求，在西城区营造党员领导干部带头参与志愿服务活动的氛围，自2016年起，每年在“学雷锋纪念日”到来之际，邀请区四套班子领导参与西城区志愿服务活动。

案例：月坛街道成立“志愿大联盟”

2017年11月，月坛街道在月坛党群服务中心举办了“服务型”区域化党群服务中心启动仪式。街道相关负责人及工作人员、志愿者100余人共同见证了“志愿大联盟”的诞生。启动仪式上，万方西单商场党委、北京市铁路第二中学党委、国家统计局机关党委、北京儿童医院党委、铁三社区、社会路社区、月坛社区、双圆监理有限公司党委、七彩云南党支部、金助友党支部等15个街道“服务型”区域化党群服务中心的志愿团队代表依次上台发言，介绍、展示本团队的基本情况和志愿服务内容。

“服务型”区域化党群服务中心为了让党员志愿者充分发挥传播能力，为党员们安排了各种类型的志愿者课程，其中包括2类必修课和5类选修课，志愿者们学完后，再用学会的知识开展一系列志愿活动，调动党员群众的积极性。2014年以来，街道工委坚持从局部探索向整体推进转变，从内部循环向开放融合转变，成立地区党建联合会，树立“大部委牵手小社区”的工作理念，着力推动各领域党组织在月坛地区更广领域、更大范畴、更深层次上实现良性互动。街道还开展了部长进社区、区域化党建专家沙龙、困难群体帮扶、青年联谊、社区院前急救等品牌项目，区域统筹、多方联动的区域化党建工作格局初步形成。

案例：33 支老党员先锋队走进社区开展志愿服务

2017 年 7 月，区委老干部局举办“不忘初心·继续前行”——老党员先锋队践行“红墙意识”推进会。全区各老党员先锋队代表，教育、卫生工委及 15 个街道老干部工作人员参加。老党员先锋队汇集了全区身体状况好、服务热情高、具有一定专长的老干部和社区老年人，他们利用志愿服务项目，广泛开展便民利民活动，为党在人民群众中赢得了良好形象。统计数据显示，截至 2017 年 7 月，全区共组建老党员先锋队 33 支，涵盖了全区 15 个街道和部分老年社团组织。未来，全区还将进一步规范建立老党员先锋队成员档案和服务活动记录手册，统一配备服装和先锋岗胸卡等标识，并通过建立健全队伍内部管理制度和工作机制，支持各队伍自我管理、自我发展。

（三）塑造品牌项目

按照“服务对象所需、志愿者所能”的原则，广泛动员志愿者调查研究，积极开发形式多样的志愿服务项目，进一步完善志愿服务项目开发机制，实现志愿服务供需对接。围绕历史文化名城保护、助学、助困、助老、助残、保护环境、博物馆讲解、心理疏导等，积极开发了一批优秀的志愿服务项目和主题活动，在创新社会治理、文明城区建设等方面发挥了积极作用。截至 2017 年 10 月，全区累计志愿服务发布项目达 13653 个。着力打造“西城大妈”“志愿家庭”“盲人讲电影”“你来西城　我来导游”“‘童心暖夕阳’志愿家庭计划”“志愿北京之白衣天使进社区”“暖夕”“青春伴夕阳”等一批具有西城特色的精品志愿服务项目。高质量地完成市区重大活动志愿服务任务，圆满完成国庆六十五周年、北京市第九届民族传统体育运动会、庆祝“中国人民抗日战争暨世界反法西斯战争胜利 70 周年纪念大会”等各项大型活动志愿服务工作，展现了西城志愿者风采。

（四）获得多项荣誉和表彰

近年来，西城区志愿服务事业蓬勃发展，涌现出了一批志愿服务典型，获得国家级荣誉，成为西城志愿服务的响亮品牌。在 2015 年和 2016 年中宣部举办的“四个 100”先进典型评选活动中，西城区“邻里守望　笑脸相约”志愿服务主题活动荣获 2015 年最佳志愿服务项目，天桥街道太平街社区“萤火虫”志愿服

务队荣获2015年最佳志愿服务组织，“西城大妈”平安志愿者团队荣获2016年最佳志愿服务组织。在团中央、中央文明办和民政部等组织的中国青年志愿服务项目大赛中，西城区三井社区“成长加油站”青少年素质拓展项目分别荣获2015年第二届中国青年志愿服务项目大赛金奖和2016年第十一届中国青年志愿者优秀项目奖。在团中央举办的第十一届中国青年志愿者评选表彰中，北京师范大学附属实验中学志愿者崔博然、首汽集团第四运营分公司志愿者王新锋、安利北京分公司志愿者吕嘉珩获得中国青年志愿者优秀个人等。

第二节　西城区志愿服务大事记

西城区志愿服务大事记如表2－1所示。

表2－1　西城区志愿服务大事记

时　间	事　件
起步阶段（1983～2008年）	
1983年2月	在大栅栏街道西柳幼儿园签订第一份“综合包户”协议书，被公认为中国志愿服务的发端
2001年2月	社区青少年志愿者“关爱工程”活动正式启动，长期居住在西城区的53名孤寡老人与社区内企事业单位、学校的青年志愿者服务队建起了“一助一”的包户服务对子
2001年5月	团区委召开“大学生志愿者进社区推进大会”，与北京师范大学继续教育学院签订“大学生志愿者担任社区工作者协议书”
2002年3月	“北京青年志愿者关爱工程——首都大学生社区家教援助行动”启动仪式在西城区举行
2002年6月	“西城区禁毒青年志愿者讲师团”正式成立，这是一个专业化的禁毒志愿者队伍
2003年3月	团区委联合区委宣传部、区文明办召开“宣武区学雷锋‘综合包户’活动20周年暨青年志愿行动推进大会”，出台《关于进一步推进宣武青年志愿行动的意见》
2004年6月	团区委组织30名禁毒志愿者参加了“中国禁毒志愿者汽车万里行进社区”活动，成立了西城区禁毒志愿者服务队
2005年3月	成立西城区青年志愿者协会和西城区青春奥运志愿服务团，通过《西城区青年志愿者协会章程》
2006年8月	启动北京奥运会、残奥会赛会志愿者招募和宣传咨询工作

续表

时　间	事　件
2006 年 11 月	根据市委和北京奥运会志愿者协调小组的要求，成立由区委宣传部等 15 家单位组成的区奥运会志愿者工作协调小组
2007 年 4 月	召开“五四”表彰暨奥运志愿者工作推进大会
2007 年 5 月	成立奥运会志愿者工作和培训工作协调小组并召开第一次工作会议
2007 年 7 月	西城区奥运《志愿者日记》在全市首发
2007 年 10 月	团区委联合区政府办等单位举办首次奥运会驾驶员志愿者通用知识培训会
2008 年 4 月	西城区“志愿奥运好榜样”颁奖典礼暨 2008 年“五四”表彰大会在解放军歌剧院举行。大会为西城区“十大志愿奥运好榜样”颁奖，并表彰了 2007 年度“达标创优”竞赛活动先进集体和个人
2008 年 5 月	团区委召开奥运会城市志愿者工作研讨推进专题会，全区各街道、各系统、各站点城市志愿者工作负责人 50 余人参加研讨
2008 年 7 月	西城区奥运会、残奥会城市志愿服务工作全面启动；举行奥运会、残奥会驾驶员志愿者誓师大会；北京奥运会、残奥会交通秩序维护社会志愿者在劳动人民文化宫举行出征仪式
2008 年 8 月	西城区城市志愿服务进入第三阶段；600 名志愿者服务西城区奥运圣火传递工作，认真维护传递路线周边秩序；24 日晚，区卫生局团委副书记、城市志愿者赵小艳与其他 11 名志愿者代表一起参加了北京奥运会闭幕式，并接受了新当选国际奥委会委员敬献的鲜花。这是国际奥委会首次在闭幕式上增加了向志愿者代表献花的仪式
2008 年 9 月	团区委举办了残奥会城市志愿者管理骨干培训营，全区城市志愿者管理骨干近百人参加培训
2008 年 11 月	团区委举办“圆梦奥运　为你而歌”西城区优秀志愿者颁奖典礼；团区委召开了城市志愿者工作总结研讨会
2008 年 12 月	根据北京奥运会志愿者工作协调小组下发的《关于加强区县志愿者工作机构建设的意见》，西城区成立了西城区志愿服务指导中心
发展阶段（2009～2015 年）	
2009 年 2 月	由区委区政府主办、区委宣传部、区民政局、区红十字会、区双拥办、团区委、区妇联、区计生委、区残联、区慈善协会联合承办的大型公益活动“爱在西城”2008 颁奖盛典在北展剧场隆重举行
2009 年 7 月	北京市西城区志愿者联合会第一次会员代表大会在北京举行，会议通过《西城区志愿者联合会章程》，表决产生区志愿者联合会领导机构

续表

时　间	事　件
2010 年 1 月	原宣武区召开志愿者联合会成立大会暨第一次会员代表大会，会议通过《宣武区志愿者联合会章程》，表决产生区志愿者联合会领导机构
2010 年 3 月	原宣武团区委举行“因志而行、因愿而动，共创城市美好生活”暨 2010 年重点志愿服务项目启动仪式
2010 年 3 月	西城区志愿者联合会召开第一届理事会第二次会议；正式开通“志愿西城”网站
2010 年 4 月	经过社会报名推荐、专家评审、网络投票和报纸公示等工作流程，评选出首届“西城区十大志愿者”
2010 年 12 月	举办“携手相牵·快乐成长”志愿服务关爱外来务工人员子女行动启动仪式
2011 年 4 月	西城区“志愿者之家”及区志愿者联合会对外服务窗口正式启动
2011 年 5 月	西城区志愿服务指导中心下发了《关于首批开展志愿者注册工作的通知》（西志愿发〔2011〕1 号）
2011 年 9 月	奥运后西城区第一座全新“蓝立方”亮相西单图书大厦门前，365 天全年不休提供志愿服务
2012 年 5 月	区志愿者联合会第一次会员代表大会隆重召开，会议审议通过了《北京市西城区志愿者联合会章程（草案）》，选举产生了联合会第一届理事会、监事会
2012 年 5 月	“志愿西城”网站与“志愿北京”网站成功实现后台数据对接；下发《西城区志愿服务时间累积及志愿者星级评定实施细则》，启动了西城区志愿服务时间累积及星级评定工作
2012 年	联合会积极申报团中央“七彩小屋”项目，在大栅栏街道三井社区、石头社区、德胜新公民社区学校、志愿者之家建立了四所“七彩小屋”；创办国内首份以志愿服务工作为主题的报纸——《志愿快递》
2012 年 3 月	西城团区委召开志愿服务精品项目高校推介会，来自首都经贸大学、北京交通大学、外交学院等 10 所高校的志愿服务工作负责人参加了会议
2012 年 4 月	西城团区委在大栅栏街道办事处召开“综合包户”志愿服务项目经验交流会
2012 年 4 月	西城团区委推出志愿者联合会卡通形象大使——志多多
2012 年 5 月	西城团区委、志愿者联合会第一次会员代表大会隆重召开，来自驻区中央单位、金融机构、医疗机构、高等院校及区属志愿者组织负责人和优秀志愿者代表 300 余人参加大会
2012 年 5 月	西城团区委启动西城区志愿服务时间累积及志愿者星级评定工作
2012 年 5 月	西城团区委启动第二届“西城区十大志愿者”评选表彰活动
2012 年 6 月	西城团区委全新改版的“志愿西城”网站正式开通；“志愿西城”网络平台与“志愿北京”实现了融合

续表

时　间	事　件
2012 年 6 月	西城团区委“志愿者之家”启动标准化建设工作
2012 年 10 月	西城团区委召开 2012 年“蓝立方”运行工作总结座谈会
2012 年 10 月	西城团区委启动编排志愿者舞台剧
2012 年 11 月	国内首支国旗志愿者服务队——“红旗飘飘”志愿者服务队成立仪式在西城区金融街举行
2013 年 1 月	区志愿者联合会召开“携手相牵·快乐成长”关爱新居民子女项目座谈会，研讨落实西城区关爱新居民子女工作
2013 年 3 月	区志愿者联合会“携手相牵·快乐成长”关爱外来务工人员志愿服务项目推出 2013 年“菜单式”首场活动，为新街口东街小学四年级的 42 名外来务工人员子女提供科技体验活动
2013 年 5 月	“让志愿走进生活　健康伴你同行”2013 北京志愿者组织乒乓球团体邀请赛西城分赛区比赛在月坛体育馆正式开赛
2014 年 3 月	西城区志愿者联合会正式启动“暖夕”志愿服务项目
2014 年 5 月	西城区志愿者联合会邀请和众泽益志愿服务中心主任王忠平为联合会的 20 多位常务理事、理事开展志愿服务工作高级管理培训会
2014 年 7 月	西城区志愿者联合会举办“志愿北京”志愿者网络管理平台使用培训会，来自西城区 132 个志愿者组织的 150 名志愿者参加了此次培训
2014 年 12 月	举办“12·5”国际志愿者日活动会暨第三届“西城区十大志愿者”“明星志愿服务团队”“优秀志愿服务项目”表彰活动
2015 年 1 月	西城区志愿者联合会举办应急志愿者培训，95 名应急志愿者参加了此次培训
2015 年 1 月	“志愿西城”网站与“志愿云”系统进行对接，实现志愿者、志愿服务项目、志愿服务团队数据与市级志愿服务系统共享互联
2015 年 2 月	志愿者联合会为 2014 年度西城区星级志愿者颁发了证书、徽章，为三星级以上志愿者制作发放了实名马甲
2015 年 3 月	由西城团区委、区残联、区志愿者联合会发起，心飞扬青少年志愿者联盟承办的“醉艺术·最公益——西城区‘志愿家庭’计划暨志愿者助残‘阳光行动’”正式启动。全年共有 1200 余人次的中小学生参与该活动，受益残疾青少年达 150 余人次
2015 年 3 月	区委社会工委、区文明办、西城团区委、区民政局联合发布了《“邻里互助　笑脸相约”志愿服务主题活动实施方案》，全区各志愿服务组织开展志愿服务活动近百场，直接服务近万人，志愿服务类型涉及助老、助残、医疗卫生、科普、城市运行、关爱青少年等方面

续表

时　间	事　件
2015年3月	西城区获评第一批首都学雷锋志愿服务站36个，学雷锋志愿服务岗72个，学雷锋志愿服务示范站3个，学雷锋志愿服务示范岗3个
2015年5月	西城团区委、区志愿者联合会在“剧空间·社区青年汇”举办西城区首期志愿沙龙活动，首期主题为“志愿服务项目品牌创建与运营策略”
2015年6月	西城区志愿者联合会参加由共青团中央、中央文明办、民政部、中国残疾人联合会、中国志愿服务联合会，联合中共重庆市委、重庆市人民政府共同举办的2015年志愿服务重庆交流会暨第二届中国青年志愿服务项目大赛。提交报名申请9项，其中“暖夕”助老志愿服务项目、“阳光助残志愿家庭”计划、“成长加油站”青少年素质拓展项目进入决赛
2015年7月	西城团区委组织拍摄西城区志愿家庭主题微电影《我们》
2015年7月	由首都文明办、团市委、市志愿服务联合会、西城区委区政府主办的“邻里一家亲　志愿你我他”——北京市“志愿家庭”行动计划西城区推进活动在德胜街道办事处举行
2015年8月	区志愿者联合会成功申请团中央建设“七彩小屋”1所，地点在陶然亭街道红土店社区，西城区共有团中央建设“七彩小屋”4所
2015年10月	由西城团区委重新设计制作的、西单图书大厦门前的“蓝立方”开始对外服务
2015年10月	由西城区志愿者联合会、西城区众欣志愿服务中心联合发起的“护夕”中老年预防金融诈骗志愿服务项目正式启动。该活动每月举办二期，深入社区向老年人讲解诈骗手段、金融知识
2015年10月	“志愿西城”官方微信正式上线
2015年11月	西城区志愿者联合会召开志愿服务体制机制改革征求意见座谈会，分别向各委办局、街道代表和志愿服务领域专家学者、志愿组织负责人和优秀志愿者代表等就进一步完善西城区志愿服务工作的组织体系、领导机制和工作机制广泛征求意见建议
2015年11月	西城区志愿者联合会赴重庆参加第二届中国青年志愿服务项目大赛决赛，通过路演、答辩、项目展示等环节，最终“成长加油站”青少年素质拓展项目获得金奖，“暖夕”助老志愿服务项目、“阳光助残志愿家庭计划”获得银奖
2015年11月	中国志愿服务联合会面向全国开展了2015年“邻里守望”志愿服务成果征集活动，西城区有6项被中国志愿服务联合会评选为优秀成果。获得“优秀实践成果奖”的有“‘邻里互助　守望幸福’综合包户志愿服务项目”“邻里守望　笑脸相约”“西城区大栅栏街道石头社区助老志愿服务队”“王玉珍、王玉梅同志先进事迹”。获得“优秀作品奖”的有《幸福阳光》《综合包户三十载　爱心畅行大栅栏》宣传片

续表

时　间	事　件
深化阶段（2016 年至今）	
2016 年 3 月	召开西城区“志愿家庭”及中小学生参与志愿服务对接会，各街道和志愿服务岗位提供方的单位和组织就中小学生开展志愿服务进行了交流和对接，并签署了“志愿服务合作协议”
2016 年 3 月	3·5 学雷锋日期间，区四套班子领导赴北京动物园、北京儿童医院、金融街养老院、西城区第一图书馆带头开展志愿服务活动
2016 年 3 月	在中宣部、中央文明办、民政部、团中央等 13 家单位共同发起的宣传推进志愿服务“四个 100”先进典型活动中，西城区“邻里互助　笑脸相约”志愿服务主题活动，获得最佳志愿服务项目，西城区天桥街道太平街社区“萤火虫”志愿服务队获得最佳志愿服务组织
2016 年 4 月	《关于西城区志愿服务工作体制机制改革的意见》（京西办发〔2016〕4 号）正式出台。该意见明确了新时期志愿服务工作全面深化改革的指导思想、总体目标、实施步骤和主要任务
2016 年 11 月	西城区志愿者联合会赴宁波参加第三届中国青年志愿服务项目大赛暨志愿服务交流会，最终“青春映夕阳·平安我护航——西城大妈微众汇”项目、“O2O 手语助残　让沟通零距离”项目获得金奖，“童心伴夕阳志愿家庭计划”项目、“打造街区生态共同体环境志愿服务”项目、“一维一梦公益计划”项目获得银奖
2016 年 11 月	西城区民政局与西城区志愿者联合会联合表彰“社区志愿服务之星”，同时召开“2016 年西城区社区志愿服务工作回顾暨志愿服务月推进会”
2017 年 1 月	北京市“西城大妈”平安志愿者团队获得“四个 100”最佳志愿服务组织称号
2017 年 5 月	“北京市西城区志愿者联合会”正式更名为“北京市西城区志愿服务联合会”
2017 年 7 月	西城区志愿服务联合会第二次会员代表大会顺利召开，会议审议通过了《北京市西城区志愿服务联合会章程（修订草案）》，选举产生西城区志愿服务联合会第二次会员代表大会理事会、监事会
2017 年 7 月	启动西城区“背街小巷”治理志愿者骨干培训班，对志愿者骨干进行志愿服务理论知识、志愿服务团队管理、项目发布、志愿服务平台操作等知识培训
2017 年 11 月	启动西城区通过志愿服务走进社区推动“五大青年行动”试点工作，在德胜街道 24 个社区围绕清洁空气、节水护水、垃圾分类、文明出行、背街小巷整治全面开展志愿服务工作
2017 年 12 月	西城区民政局、西城团区委联合举办 2017 年西城区志愿服务评优暨志愿者回馈活动
2017 年 12 月	开展以“爱满西城”为主题的志愿服务活动，活动月期间全区共开展 554 项志愿服务活动，累计参加服务志愿者 8500 人次，累计服务时长 33000 余小时。评选出 2017 年度优秀志愿服务团队、优秀志愿服务项目、优秀志愿服务工作者各 10 名

第三节　西城区志愿服务政策法规

政策是推动志愿服务可持续发展的根本保障。目前，一些西方发达国家已经将志愿服务纳入到国家的社会保障体系和法律体系，制定了一系列法律法规。按照中央的部署要求，为贯彻落实中央深改组、国务院、中央文明委以及中央文明办、民政部、共青团中央、教育部和北京市等出台的关于志愿服务发展的相关政策、意见、条例，西城区先后制定了推进志愿服务发展的系列政策意见，用制度促进西城区志愿服务规范化、常态化发展。

一、章程类

章程是组织、社团经特定的程序制定的关于组织规程和办事规则的规范性文书，是一种根本性的规章制度。组织规程是该组织的最高准则，规定了一个组织的组织规程和办事规则，具有纲领的性质，下属所有组织和成员都得承认、共同遵守。早在 2005 年 3 月，西城区成立青年志愿者协会和西城区青春奥运志愿服务团，并制定了《西城区青年志愿者协会章程》。2009 年 7 月，北京市西城区志愿者联合会第一次会员代表大会在北京隆重举行，会议审议通过了《北京市西城区志愿者联合会章程（草案）》。2010 年 1 月，原宣武区召开志愿者联合会成立大会暨第一次会员代表大会，会议通过《宣武区志愿者联合会章程（草案）》，表决产生区志愿者联合会领导机构。2012 年 5 月，区志愿者联合会成功召开西城、宣武两区合并后的第一次会员代表大会，会议审议通过了《北京市西城区志愿者联合会章程（草案）》。

二、制度类

制度是指一个系统或单位制定的要求下属全体成员共同遵守的办事规程或行动准则。制度可使某个团体或单位的所有成员共同遵守某些办事规程和行动准则，从而为完成任务或目标提供保证。为进一步扩大志愿服务的覆盖面，鼓励有热情、勇于开拓创新的志愿服务团队开展志愿服务工作，西城区志愿者联合会设立专项资金，每年定向资助一批志愿服务项目，2011 年，制定《西城区志愿者联合会项目资金申报制度》。2012 年 5 月，下发了《北京市西城区志愿者联合会分会建立制度》，积极推进在各会员单位中成立联合会分会。为做好西城区志愿服务精品项目及重点孵化项目评估、考核工作，2012 年，西城区志愿者联合会制定了《西城区志愿服务精品项目及重点孵化项目管理及考核办法》。2014 年 10 月，西城区社区综合服务中心制定并下发了《西城区社区志愿服务记录管理办法》（西社中发〔2014〕3 号）和《西城区社区志愿服务记录颁发实施细则》（西社中发〔2014〕4 号）。

三、通知类

通知是向特定受文对象告知或转达有关事项或文件，让对象知道或执行的公文。2011 年 5 月，西城区志愿者联合会下发了《关于首批开展志愿者注册工作的通知》（西志愿发〔2011〕1 号），面向 15 个街道、区直、卫生、教育、环卫、人民医院、宋庆龄故居等会员单位开展志愿者注册工作。为了贯彻落实《西城区志愿服务时间累积及志愿者星级评定实施细则》（西志愿发〔2012〕4 号），2012 年，西城区志愿者联合会制定下发《关于开展志愿服务时间累积及志愿者星级评定工作的通知》。2016 年，为深入贯彻落实《关于北京市中小学开展志愿服务工作的意见》（京教基〔2015〕8 号），以及《关于西城区志愿服务工作体制机制改革的意见》（京西办发〔2016〕4 号）相关工作要求，推动中小学生参与志愿服务，中共北京市西城区教育工作委员会、北京市西城区教育委员会、共青团北京市西城区委员会、北京市西城区志愿者联合会联合下发《关于西城区教育系统志愿服务评优活动的通知》。

此外，为确保各项志愿服务工作顺利推进，西城区制定下发了大量关于开展志愿服务具体工作的通知，如《关于做好北京市志愿服务站建站相关工作的通知》《关于在会员单位中开展志愿者实名注册工作的通知》《关于开展“西城区志愿服务精品项目”评选活动的通知》《关于在全区各社区中开展“志愿者示范争创”活动的通知》《关于“敬老月”期间集中开展志愿服务活动的通知》《关于“两节”期间集中开展志愿服务活动的通知》《关于开展 2013 年度志愿服务时间累积及志愿者星级评定工作的通知》《关于规范 2014 年度星级志愿者评定工作的通知》《关于在 3·5 学雷锋日期间集中开展志愿服务活动的通知》《关于开展“温暖衣冬——为最需要的人送去一份寒冬里的温暖”活动衣服捐赠的通知》《关于召开西城区“志愿家庭”及中小学生参与志愿服务对接会的通知》《关于申请 2015 年西城区志愿服务活动项目帮扶经费的通知》《关于做好 2016 年西城区志愿服务项目岗位征集申报工作的通知》《西城区民政局关于印发2017年度社区志愿服务行动计划的通知（西民发〔2017〕14号)》等。

四、意见类

意见是上级领导机关对下级机关部署工作，指导下级机关工作活动的原则、步骤和方法的一种文体。意见的指导性很强，有时是针对当时带有普遍性的问题发布的，有时是针对局部性的问题而发布的，意见往往在特定的时间内发生效力。

2012年，为充分发挥青年志愿者在关爱外来务工人员子女健康成长、促进和谐社会建设中的积极作用，西城区志愿者联合会下发《关于进一步推进西城区“携手相牵·快乐成长”关爱外来务工人员子女志愿服务项目的实施意见》，要求关爱行动对接单位，各对接学校针对外来务工人员子女在学习、生活、思想上存在的实际困难和问题，采取组织化动员、社会化运作、项目化实施的方式，团结凝聚广泛的志愿服务力量为外来务工人员子女提供形式多样、切实有效的志愿服务。

2016年4月21日，中共北京市西城区委办公室、北京市西城区人民政府办公室联合下发的《关于西城区志愿服务工作体制机制改革的意见》（京西办发〔2016〕4号）明确规定：西城区文明办、团区委负责牵头建立完善全区志愿服务组织领导体制和统筹协调机制，研究制定全区志愿服务工作发展规划和相关政策措施。

2017年，为进一步推进西城区志愿服务活动规范化、制度化、常态化，加强和巩固区街巷胡同环境整治成果，积极构建政府、社会和居民共治共建的长效治理格局，努力实现区域环境“共治共建共享全覆盖，十有十无促提升”的文明城区创建目标，根据中央文明委《关于推进志愿服务制度化的意见》和中央文明办颁布的《社区志愿服务方案》等文件精神，北京市西城区精神文明建设委员会办公室、北京市西城区城市环境建设委员会办公室、共青团北京市西城区委员会联合下发关于印发《关于广泛开展街巷文明劝导志愿服务活动的意见》（西精建办〔2017〕4号）的通知，要求在全区广泛开展“街巷文明劝导”志愿服务活动。

五、方案类

工作方案是对未来要做的重要工作做了最佳安排，并具有较强方向性、导性的粗线条筹划。2009 年，制定《西城区中小学志愿服务实施方案》，根据学生年龄特点，明确“重服务体验和提升社会实践能力”的志愿服务职能。2011 年 5 月 23 日，按照《北京市志愿者管理办法（试行）》的要求，西城区社工委、社建办、团区委、区志愿者联合会联合下发了《西城区志愿服务时间累积及志愿者星级评定实施细则》（西志愿发〔2011〕4 号），规定志愿者参加志愿服务通过“志愿北京”网站进行注册，所认定时长为“志愿北京”网站所记录志愿服务时间。2015 年 3 月，区委社会工委、区文明办、西城团区委、区民政局联合发布了《“邻里互助　笑脸相约”志愿服务主题活动实施方案》，全区各志愿服务组织开展志愿服务活动近百场，直接服务近万人，志愿服务类型涉及助老、助残、医疗卫生、科普、城市运行、关爱青少年等方面。

此外，为推动各项志愿服务工作顺利进行，西城区志愿者联合会先后制定了大量的工作方案，如《12·5 国际志愿者日活动方案》《西城区中小学生志愿服务评优活动方案》《区志愿者联合会关于区领导参加“学雷锋”志愿服务活动的方案》《北京市第九届民族传统体育运动会志愿服务工作培训方案》《西城区志愿服务精品项目及孵化项目支持方案》《西城区志愿者联合会标准化工作方案》《西城区关爱农民工、关爱空巢老人志愿服务活动方案》《西城区志愿服务精品项目征集及评选方案》《志愿西城及 96156 西城社区公共服务信息网对接方案》等。

六、倡议类

倡议是由某一组织或社团拟定、就某事向社会提出建议或提议社会成员共同去做某事的要求或提议。2009 年 7 月，北京市西城区志愿者联合会第一次会员代表大会在北京隆重举行。会上，志愿者代表宣读了热情洋溢的《西城区志愿者倡议书》，号召全体志愿者继承奥运志愿服务成果，弘扬志愿服务精神，为建设社会主义和谐社会首善之区做出更大的贡献。

2012 年，为弘扬大爱精神，营造敬老助老的和谐社会氛围，西城区志愿者联合会下发《关于开展 2012 年重阳节助老敬老爱老志愿服务的倡议》，提议社会各界从自己做起，从家庭和身边做起，向老人奉献爱心、敬献孝心；要急老人之所急，想老人之所想，尽心竭力解决疑难问题，力所能及提供温馨服务。

2013 年 12 月 19 日，中国志愿服务联合会发出《关于开展“邻里守望”志愿服务活动的倡议书》，向全国志愿服务组织、志愿者朋友们提出倡议：邻里守望从关爱做起。

为使打工人员子女度过一个快乐而有意义的寒假，2014 年，西城区志愿者联合会下发《关于举办“与爱心作伴　与智慧同行”图书兑换活动的倡议》，提议各单位发动本单位志愿者捐赠内容健康、适合中小学生阅读的图书，帮助教学资源较匮乏的贫困地区儿童，为他们提供更多学习、阅读的机会。

第三章　西城区志愿服务发展现状

〔引言〕

1983 年，西城区第一份“综合包户”协议签订；截至 2017 年 10 月，全区开展志愿服务项目 13653 个。

2008 年，西城区综治办发起并成立“西城大妈”平安志愿者团队；截至 2017 年 10 月，全区志愿服务团队达 4323 个。

2010 年，西城区开始持续开展“西城区十大志愿者”评选表彰活动；截至 2017 年 10 月，全区注册志愿者总数已达到 287242 人。

靓丽的不仅是西城区志愿服务的数据，还有西城区长期坚守的战略定力，用战略思维和战略眼光描绘了西城志愿服务发展的蓝图。时至今日，这张蓝图已经发展成为志愿服务组织体系逐步健全、阵地建设不断加强、线上线下逐步融合、激励机制愈加健全、项目活动逐渐丰富、文化氛围愈加浓厚的“生生不息”的美好画卷。

第一节　西城区志愿服务组织发展现状

志愿服务组织是以开展志愿服务为宗旨的非营利性社会组织，是汇聚社会资源、传递社会关爱、弘扬社会正气的重要载体，是形成向上向善、诚信互助社会风尚的重要力量。2016 年，中共中央宣传部、中央文明办、民政部、教育部、财政部、全国总工会、共青团中央、全国妇联印发《关于支持和发展志愿服务组织的意见》，要求到 2020 年，基本建成与经济社会发展相适应，布局合理、管理规范、服务完善、充满活力的志愿服务组织体系。在西城区政府的孵化、培育、

促进和支持下，西城区志愿服务组织不断涌现，对促进志愿服务活动广泛开展，推进精神文明建设、推动社会治理创新、维护社会和谐稳定发挥了重要作用。

一、西城区志愿服务组织规模不断壮大

近年来，西城区志愿服务组织发展规模不断扩大。截至2017年10月31日，西城区志愿服务团队数量为4323个，相比2015年的3493个，增加了830个。

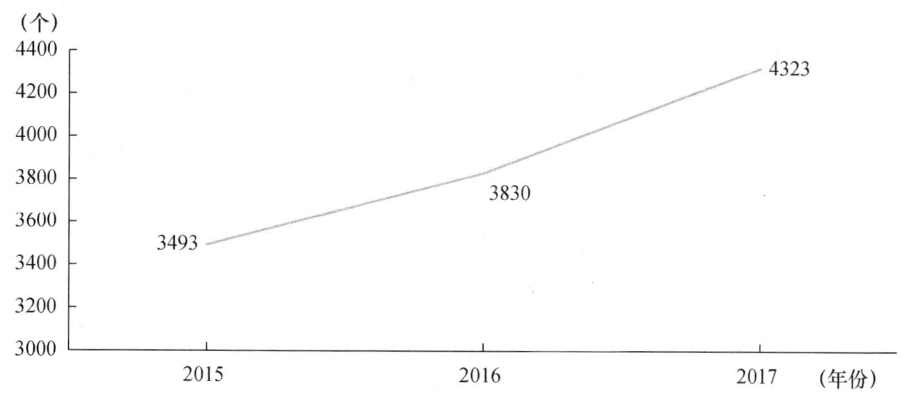

图3－1　西城区志愿服务团队数量

二、枢纽型志愿服务组织不断完善

2008年12月，西城区正式成立了西城区志愿服务指导中心，为西城团区委下设的全额拨款事业单位。2009年7月17日，区志愿者协会全面提升为志愿者联合会。之后，西城区的志愿服务工作在团市委、市志愿者联合会的密切关注和支持下，在全区广大志愿者的共同努力下，一直立足服务区域发展大局、凝聚各方才智，同时积极发挥区志愿者联合会枢纽型社会组织作用，不断强化自身建设，扩大志愿者联合会的社会凝聚力、影响力和感召力，在推动西城区志愿服务事业的进一步发展上，取得了显著成效。

2009年7月，西城区成立区志愿者联合会，确立了主席、副主席、常务理事、理事、会员代表的层级管理制度，2010年3月召开区志愿者联合会一届二次理事会，增补联合会副主席、常务理事、理事10名。继承并转化奥运遗产，对奥运城市志愿者队伍、站点、运行机制等进行整合利用，充分发挥枢纽性组织作用，凝聚全区志愿服务资源，建立健全覆盖全区的志愿服务网络和队伍体系，对

全区各类志愿者组织及志愿者进行系统化管理。

2015 年开始，西城区志愿者联合会孵化培育了一批志愿服务组织和团队。北京市西城区心飞扬青少年志愿服务中心、北京市西城区众欣志愿服务中心获批成为西城区民办非企业单位，西城团区委作为其业务主管单位，在提供活动场地、项目支持、物资保障、人才培训、管理咨询、项目策划、推介展示、资源对接等方面扶植其持续良性发展。此外，加大对莱百、红丹丹等优秀志愿服务团队的指导和扶持，帮助其健康持续发展。

2016 年，区志愿者联合会制定并向各街道、区直、卫生、教育等各系统下发了《西城区志愿服务联合会分会建设指南》，指导其建立联合会分会。向联合会理事征求意见，将“北京市西城区志愿者联合会”正式更名为“北京市西城区志愿服务联合会”，统筹协调西城区各志愿服务团队开展志愿服务。

三、民间志愿服务组织逐步兴起

2010 年以来，在西城区委、区政府的引导、支持和孵化下，民间志愿服务组织不断兴起。民间志愿服务组织举办的志愿服务项目既不是为了组织自身的利益，也不是为了获取经济利润，而是以助人自助为原则，以满足社会弱势群体需求、实现社会公益为目标。如北京市红丹丹视障文化服务中心，主要服务残疾人群体，开展心目影院为盲人讲电影，举办心目工坊为视障人群提供表演机会。另外，大多数民间志愿者组织中，不论是管理者还是项目实施人员，多是兼职人员，都是利用自己的业余时间奉献自己的爱心参与到志愿服务中，志愿者秉承“奉献、友爱、互助、进步”的志愿精神，发扬无私和互助的特性。如二龙路社区“便民服务队”队长马广明坚持志愿服务 26 年，义务为社区居民的广大群众修理家用电器等，发扬老党员的无私奉献精神，深受社区居民的好评。

目前，西城区志愿服务联合会、团区委、综治办会按照一定规定对正式注册的志愿服务组织和部分品牌志愿服务项目进行资金支持，如西城团区委发起的“青桥计划”，会对经过审批的项目进行 1 万 ~5 万元的经费支持。然而，仍有很多民间志愿服务队没有项目资金支持，在开展项目时，由组织内部成员自己拿钱，阻碍了项目的顺利开展和组织的可持续发展。从国外志愿服务发展实践看，针对志愿服务组织的资金支持是必要且必需的。在英美国家，很多民间志愿服务组织可以获得政府资助，筹集的社会捐款也在不同程度上享受免税优惠。除缺少资金支持外，民间志愿服务组织在专业培训、品牌塑造、项目策划、活动实施、资源对接等方面也需要区政府及社会给予支持。

四、志愿服务组织类型逐渐多元

志愿服务组织的发育程度是衡量一个国家社会活力的重要尺度。西城区紧紧围绕党和政府中心工作及群众所需所盼，不断创新志愿服务组织注册、备案制度，鼓励国家机关、群团组织、企事业单位、其他社会组织和基层群众性自治组织围绕治安、扶老、救孤、恤病、助残、救灾、助医、助学、环保和大型社会活动等重点领域成立志愿服务组织。支持志愿服务组织发挥优势、各展所长，积极推进党员志愿服务、青年志愿服务、老年志愿服务、学生志愿服务、家庭志愿服务、文化志愿服务等有序开展，打造精品项目，形成品牌效应。鼓励博物馆、图书馆、纪念馆、文化馆、文物保护单位等成立志愿服务队伍，招募使用志愿者。定期举办志愿服务论坛和沙龙活动，扩大志愿服务组织之间的交流合作，为志愿服务组织的成长与发展搭建平台。

根据不同的划分标准，西城区志愿服务组织可以划分为不同的类型。以组织化程度为标准，可以分为注册志愿服务组织和未注册志愿服务组织；以志愿者来源为标准，可以分为学校志愿服务组织、医院志愿服务组织、党员志愿服务组织、综治志愿服务组织、企业志愿服务组织、文化志愿服务组织和家庭志愿服务组织等。

表3－1　西城志愿服务组织类型举例

分类标准	类别名称	代表组织
组织化程度	注册志愿服务组织	西城区众欣志愿服务中心
	未注册志愿服务组织	生命缘公益联盟
志愿者来源	学校志愿服务组织	北京市41中志愿服务队
	医院志愿服务组织	北大人民医院志愿服务队
	党员志愿服务组织	国家电网首都电力共产党员服务队
	综治志愿服务组织	“西城大妈”平安志愿者服务队
	企业志愿服务组织	菜百志愿服务队
	文化志愿服务组织	恭王府文化志愿服务队
	家庭志愿服务组织	北京市心飞扬青少年志愿服务中心
	外籍友人志愿服务组织	“和平天使”外籍公益团队
	专业机构志愿服务组织	晨夕法律援助队
	流动人员志愿服务组织	“新居民新家园”志愿服务队

第二节　西城区志愿者发展现状

西城区志愿者和志愿队伍持续增长，建立了普通志愿者、志愿者骨干、项目负责人、志愿者团队负责人、志愿服务工作协调管理者五个层级的志愿者管理体系，强化志愿者和志愿服务组织分级分类管理，提高规范化管理水平。

一、西城区志愿者总体情况

（一）志愿服务规模不断扩大，注册志愿者达 29.12 万人

近年来，西城区志愿服务发展规模不断扩大。据统计，截至 2017 年 10 月底，西城区注册志愿者总数已达到 291187 人，占西城区常住人口的 23.4%。

（二）共评定星级志愿者 23232 人

2011 年 11 月 16 日，为适应北京市志愿服务事业快速发展的形势，推进志愿服务制度化，西城区制定了《西城区志愿服务时间累积及志愿者星级评定实施细则》。该办法规定，志愿者注册后，参加志愿服务时间累计达到 100 小时、200 小时、500 小时、800 小时和 1000 小时的，分别认定为“北京市一星志愿者”“北京市二星志愿者”“北京市三星志愿者”“北京市四星志愿者”和“北京市五星志愿者”。2016 年西城区星级志愿者认定标准参照民政部相应标准更改为：一星 100 小时、二星 300 小时、三星 600 小时、四星 1000 小时、五星 1500 小时。截至 2016 年底，在“志愿北京”系统登记注册的志愿者中有 554 名达到“五星志愿者”认定时数；845 名达到“四星志愿者”认定时数；1522 名达到“三星志愿者”认定时数；9936 名达到“二星志愿者”认定时数，达到“一星志愿者”认定时数的最多，为 10375 名（见表 3－2）。

表 3－2　西城区星级志愿者数量分布　　单位：人次

年份	一星	二星	三星	四星	五星
2012	253	209	92	38	31
2013	171	206	43	34	18
2014	611	755	33	6	12
2015	2774	3207	422	247	247
2016	6566	5559	932	520	246
总计	10375	9936	1522	845	554

二、西城区志愿者构成分析

（一）注册志愿者性别比例较为平衡

西城区注册志愿者性别比例较为平衡。其中，女性志愿者 146481 人，占到 51%；男性志愿者 140761 人，占 49%；女性志愿者所占比例略大。

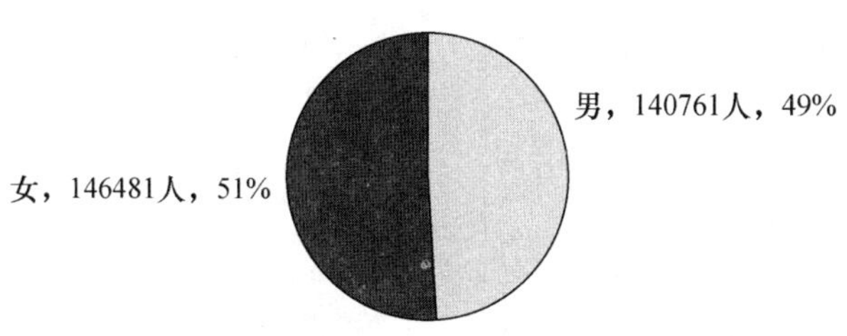

图 3－2　西城区注册志愿者性别分布

（二）青壮年和老年注册志愿者人数最多

目前，西城区注册志愿者各个年龄层都有分布，截至 2017 年 10 月底，6～18 岁志愿者 19588 人，19～45 岁志愿者 113509 人，46～60 岁志愿者 62604 人，61 岁及以上志愿者 91541 人。整体上看，青壮年和老年人志愿者人数最多，其次是中年人，未成年人也积极加入志愿者队伍，但人数较少。

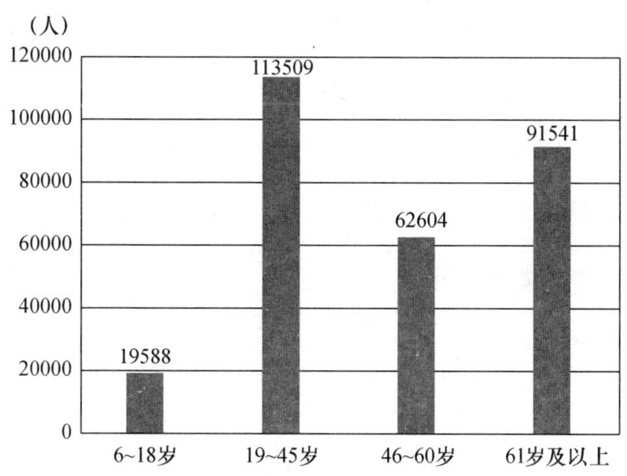

图 3－3　西城区注册志愿者年龄分布

（三）注册志愿者政治面貌多元

截至2017年10月底，在填写了政治面貌的志愿者中，西城注册志愿者中有中共党员48873人，共青团员40055人，少先队员7671人，群众188076人，民主党派人士1261人。中共党员占17.1%，共青团员占14.0%，少先队员占2.7%，群众占65.8%，民主党派人士所占比例为0.4%。

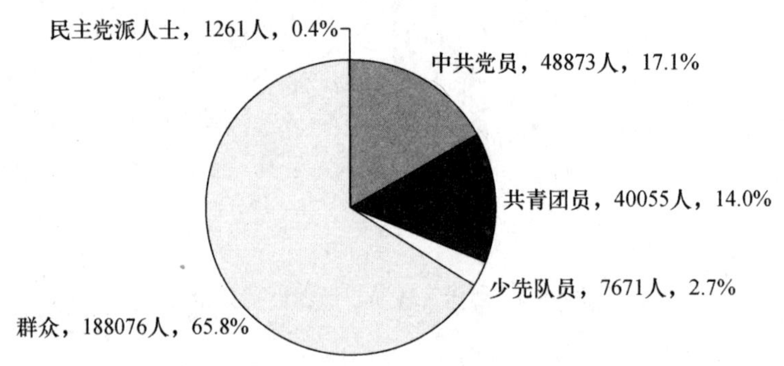

图3－4　西城区注册志愿者政治身份分布

（四）高中、中专及以下学历注册志愿者占比达61.4%

在填写了受教育程度的注册志愿者中，高中、中专及以下的99031人，占61.4%，比例超过一半；大专22255人，占13.8%；本科32597人，占20.2%；硕士6573人，占4.1%；最高学历博士836人，占0.5%。

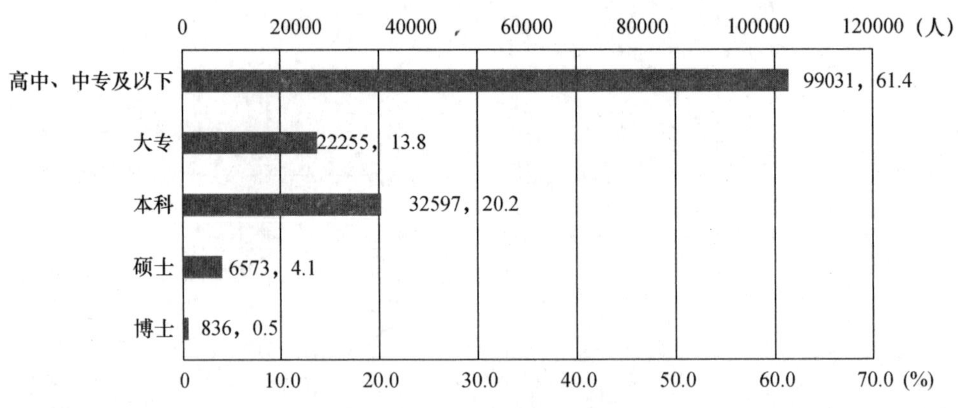

图3－5　西城区注册志愿者学历分布

三、西城区志愿者街道分布

西城区有15个街道，分别是德胜街道、什刹海街道、西长安街街道、大栅栏街道、天桥街道、新街口街道、金融街街道、椿树街道、陶然亭街道、月坛街道、广内街道、牛街街道、白纸坊街道和广外街道。在注册志愿者中，参与志愿服务时间累计≥1小时的志愿者有66395人，占33.0%。参与志愿服务时间累计≥10小时的志愿者有53172人，占26.4%。

（一）展览路等9个街道注册志愿者人数突破1万

在西城区15个街道中，包括展览路街道、德胜街道、广外街道、月坛街道、新街口街道、白纸坊街道、什刹海街道、广内街道、西长安街街道在内的9个街道注册志愿者人数超过1万。其中，展览路街道注册志愿者人数最多，为28574人。

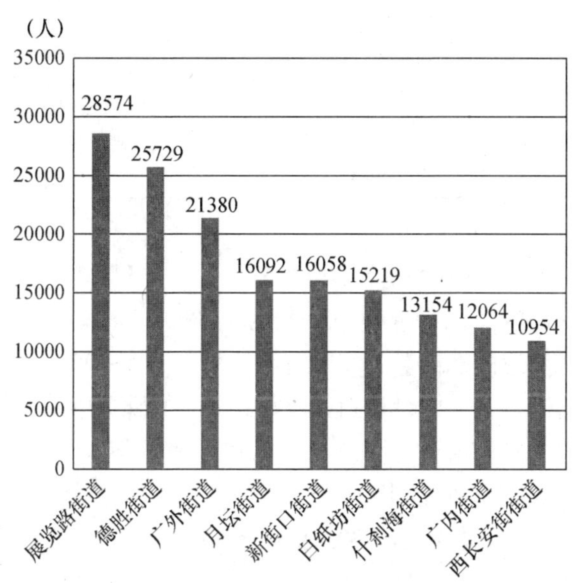

图3－6　西城区注册志愿者街道分布

（二）德胜街道等10个街道注册志愿者率超过13%

根据“十三五”规划，“十三五”时期，我国注册志愿者人数占居民人口比例将提高到13%。目前，结合各区常住人口，西城区15个街道中，德胜街道、展览路街道、陶然亭街道、广外街道、什刹海街道、牛街街道、白纸坊街道、西长安街街道、椿树街道、广内街道注册志愿者比率已超过13%。

表3-3　西城区各街道常住人口、注册志愿者及比率　　单位：人,%

街道	常住人口	注册志愿者	注册志愿者率
德胜街道	131646	25729	19.5
展览路街道	148971	28574	19.2
陶然亭街道	56645	9686	17.1
广外街道	131530	21380	16.3
什刹海街道	83351	13154	15.8
牛街街道	53450	8412	15.7
白纸坊街道	100401	15219	15.2
西长安街街道	77185	10954	14.2
椿树街道	38230	5173	13.5
广内街道	91787	12064	13.1

（三）展览路街道等10个街道志愿服务小时数达到60万小时以上

西城区所有街道的志愿服务小时总数为11866437小时。按照志愿服务小时总数排名，展览路街道的志愿服务小时总数最多，为1640596小时。在西城区15个街道中，展览路街道、大栅栏街道、椿树街道、白纸坊街道、新街口街道、广内街道、天桥街道、月坛街道、西长安街街道、德胜街道这10个街道的志愿服务小时总数达到了60万小时以上。

（四）椿树等9个街道人均服务时长超过50小时

在志愿者人均服务时长方面，椿树街道、大栅栏街道、天桥街道、广内街道、牛街街道、白纸坊街道、西长安街街道、展览路街道、新街口街道9个街道人均服务时长超过50小时。其中，椿树街道人均服务时长最多，为251.1小时。

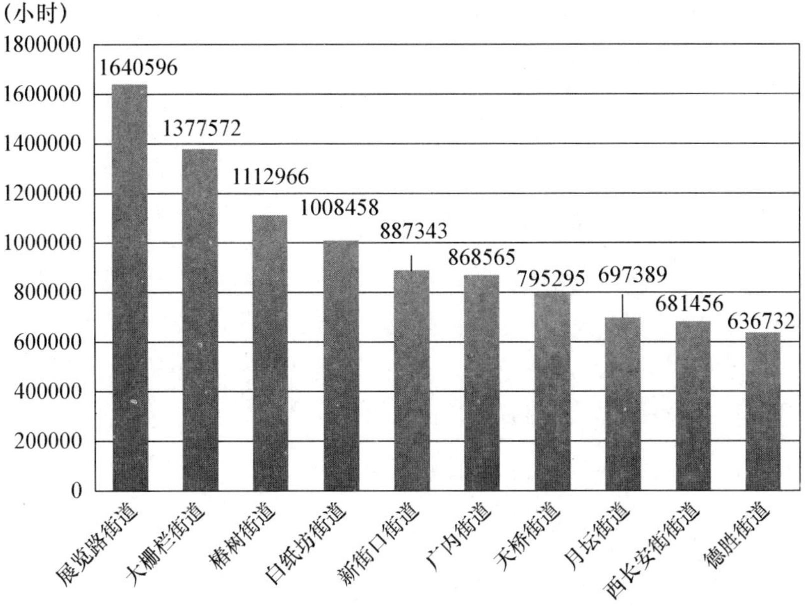

图 3－7　西城区志愿服务小时总数街道分布

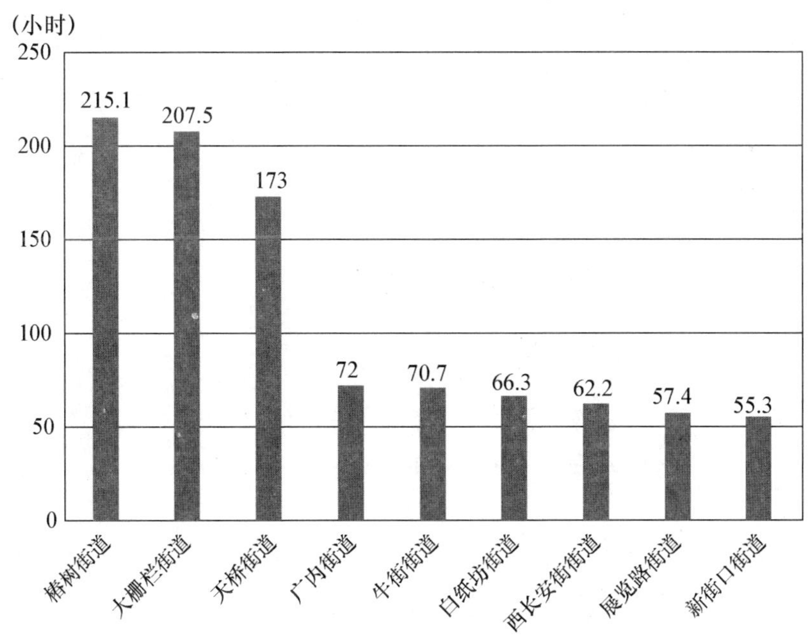

图 3－8　西城区志愿者人均服务时长街道分布

第三节　西城区志愿服务项目发展现状

西城区按照“服务对象所需、志愿者所能”的原则，广泛动员志愿者调查研究，积极开发形式多样的志愿服务项目，进一步完善志愿服务项目开发机制，实现志愿服务供需对接。围绕历史文化名城保护、助学、助困、助老、助残、保护环境、博物馆讲解、心理疏导等，积极开发了一批优秀的志愿服务项目和主题活动，在创新社会治理、文明城区建设等方面发挥了积极作用。

一、志愿服务项目规模不断壮大

西城区志愿服务活动的发展由来已久。从 1983 年第一份“综合包户”协议由大栅栏地区 11 家志愿服务单位和 19 户受助居民签订，至今西城区志愿服务已发展 30 余年，志愿服务项目不断增加。截至 2017 年 10 月 31 日，西城区共开展志愿服务项目 13653 个，相比 2015 年的 2179 个增加了 11474 个。

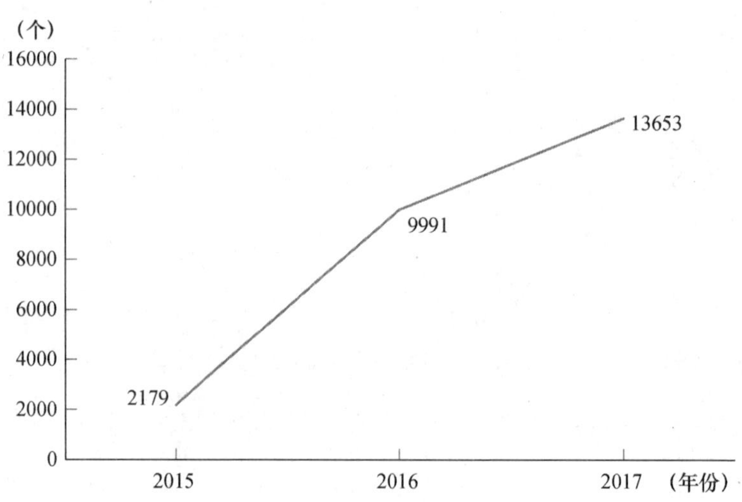

图 3－9　西城区志愿服务项目数量

二、志愿服务项目类型逐步多元

2017 年 7 月 13 日，西城区志愿服务联合会第二次会员代表大会顺利召开，会上成立了西城区十二支专业志愿服务总队，包括综治、环境、医疗、金融、法律、教育等各个领域。根据不同的实践载体和业务管理条线，西城区志愿服务项目主要有以下六类。

（一）依托志愿服务联合会开展志愿服务项目

自 2009 年西城区志愿者联合会成立以来，每年都会开展形式多样的志愿服务项目。

1. 深化综合包户经验，开展关爱志愿服务项目

西城区原有志愿服务项目在保留发展的同时，力争有所创新，组织动员广大志愿者适应新形势要求，不断拓宽服务领域，拓展服务内容，丰富志愿服务内涵。2013 年，西城区志愿者联合会“携手相牵　快乐成长”关爱外来务工人员子女志愿服务项目开展了“菜单式”服务，为 10 所打工子弟学校 2321 名外来务工人员子女，提供了 8 类 36 项志愿服务活动。项目得到了驻区和区属单位志愿者组织的积极响应和大力支持，中国银行、中国移动、北大医院、北京师范大学、宋庆龄故居等 27 家团体会员单位的 40 余支志愿者团队与西城区 10 所外来务工人员子女较为集中的中小学建立“多对一”的结对关系，定期开展成长辅导、亲情陪伴、感受城市、爱心捐助等志愿服务活动。志愿者们带领孩子们一起读书学习、进行体育锻炼，为孩子们提供免费健康体检，开展“爱北京、知家乡”成长体验活动，在帮助孩子们增长学识的同时引导他们认识、了解社会，培养他们养成健康正确的生活习惯和面对困难挫折时乐观向上的生活态度。

此外，为适应新形势要求，区志愿者联合会不断开发新的志愿服务项目。如主动发掘区内群众需求，开启了以关爱“失独”家庭为对象的“聚爱·暖心”志愿服务行动，通过社会组织承接，志愿者导师分类指导，专业志愿者团体对接的方式为“失独”人员家庭带去温暖。针对老年群体，启动“美丽西城　留下最美夕阳红”志愿者摄影比赛，号召志愿者为老人提供个性化服务。

2. 整合社会资源开展企业志愿服务

2010 年，由西城团区委、西城区志愿者联合会组织开展“金融法律知识进社区”志愿服务活动，该项目采取“项目 + 团队 + 社区”的工作思路，充分整合社会资源，积极动员区域金融机构、司法机关、律师事务所履行社会责任，组建专业志愿服务团队，为社区居民讲解身边的金融、法律知识，切实解决社区居

民在生活中遇到的金融、法律方面的问题和困惑。截至2016年底，该项目已走进全区15个街道的数十个社区，逐渐探索出以项目带团队，以团队对接社区的志愿服务模式。

2013年，西城区志愿服务联合会与安利北京分公司合作开展“安利手语第二课堂”项目，举办“让志愿走进生活　健康伴你同行”“北京志愿者组织乒乓球团体邀请赛”“社区青年汇志愿者台球邀请赛”等活动，倡导时尚动感的志愿生活方式。

3. 组织开展党员志愿服务活动

自2016年开始，每年3月5日，区四套班子领导都会带头参加“3·5”学雷锋志愿服务活动，深入贯彻落实中共北京市委组织部等6部门印发的《关于组织全市共产党员、共青团员积极参加学雷锋志愿服务的实施意见》的要求，营造西城区党员领导干部带头参与志愿服务活动的氛围。例如，2017年，在第54个“学雷锋纪念日”到来之际，区委书记卢映川、区长王少峰、区人大常委会主任杜灵欣、区政协主席章冬梅等四套班子领导，深入西城区养老院、图书馆、志愿者之家和“蓝立方”城市志愿服务站点，参与志愿服务活动。

（二）依托综治办开展志愿服务项目

在2008年，由西城区综治办发起并成立了“西城大妈”平安志愿者团队，通过志愿引领、政府扶持、精神激励等多种形式，充分调动广大人民群众参与平安建设的积极性和主动性。“西城大妈”平安志愿者团队协助公安等专门机关圆满完成了奥运会、党的十八大、北京APEC会议、纪念抗战70周年等一系列重大活动的安全保卫工作。除此之外，“西城大妈”还参与反恐防爆的线索提供、重大安保活动的社会面防控，把简单的治安巡逻扩展到社区的应急处突、邻里守望、民意收集、隐患排查、矛盾调解、秩序劝导、特殊人群帮扶、环境服务等，极大地丰富了“西城大妈”开展项目的内容，

“西城大妈”平安志愿者团队自2015年开始实施的“青春映夕阳　平安我护航”——“西城大妈”微众汇项目在2016年北京市志愿服务项目大赛中荣获金奖，并作为北京市唯一平安志愿类参赛项目参加全国大赛，且获得大奖。

（三）依托教委开展志愿服务项目

西城区教委高度重视学校志愿服务。区教委注重加强志愿服务品牌化建设，积极推广优秀志愿服务项目，推动中小学生积极参与学雷锋志愿服务。目前，西城区教育系统学雷锋志愿服务由区委教工委、区教委统筹领导，由团委（少工委）、中教科、小教科、宣传部等相关科室共同参与组成志愿服务联动机制，负

责组织与实施，纳入未成年人思想道德建设工作评估体系。各中学普遍成立校级志愿者组织，学校团组织统筹本校学生志愿者具体工作，班级团支部成立志愿服务队。各小学少先队组织统筹本校学生志愿者工作，教工团支部成立志愿服务队，开展志愿服务活动。

1. 组织开展全区“学雷锋”统一行动日活动

自1996年起，西城区每年利用“3·5”学雷锋日，结合7路公交路线贯穿西城的特点，组织7路公交沿线20余个站点沿线学校开展“学雷锋”志愿服务活动。各学校积极参与、精心设计，涌现出了许许多多生动典型的志愿服务活动。此项活动至今已延续开展21年，参加活动人数3万余人次。

2. 组织开展学雷锋志愿服务常态化系列活动

各学校利用国旗下讲话、班团队会、宣传展板、志愿服务工作推进会等形式，开展“续写雷锋日记”“讲述雷锋故事”“观看雷锋电影”“传唱雷锋歌曲”等系列活动，引导学生学习雷锋事迹，志愿传承雷锋精神。寒暑假和节假日期间，组织开展敬老助老、走进社区等志愿服务活动。

（四）依托医疗卫生系统志愿服务项目

西城区卫计委利用西城区丰富的医疗资源深入打造“青年健康使者火炬行动”和“关爱空巢老人”“志愿服务在医院”等志愿服务品牌，利用元旦、春节、“3.5”学雷锋日、劳动节、端午节、中秋节、重阳节、志愿者日等重点节日为驻区单位、社区居民、空巢老人、农民工子女和远郊区县困难群体开展义诊咨询、健教宣传、免费健康体检、送医送药送温暖等活动。开展“优质服务、便民服务、清廉服务”的岗位实践活动，引导广大医疗卫生志愿者为提高人民健康水平，推动卫生事业的发展贡献青春力量。

在西城区卫计委的带领下，西城区各大医院也积极开展志愿服务项目。宣武中医院开展“慰问百岁老人”关爱服务项目；首都医科大学附属复兴医院开展“微笑陪护透析患者”项目；北京第二医院开展“健康讲师团”和“小饭桌”项目；回民医院开展“天使伴夕阳构建和谐社区”项目；护国寺中医医院开展“与什刹海街道手拉手扶贫帮困共建”项目；等等。

以北京大学人民医院为例。北大人民医院建立了规范化和科学化的志愿服务模式，开展一系列以人为本，以患者为中心的医务志愿服务项目。医院目前开展了门诊大厅就诊引导服务、协助患者打印检验报告单服务、协助患者办理就诊卡服务、急诊室就诊引导服务、关爱患儿服务、文秘工作、为患者提供图书借阅服务、透析室患者陪伴服务、健康宣教服务、喂爱工程、阳光爱心传递服务和志愿者培训等19项志愿服务工作。从2009年4月2日起至2017年9月12日，北京大学人民医院注册志愿者5524人，参与志愿服务35918人次，服务累计88960小时32分钟。志愿者在为患者服务的同时，也积极发现医院服务流程中的不足，为医院提出合理化建议200余条，一系列方便患者的服务举措得到落实，树立起医院全新的社会形象。

（五）依托公共文化设施开展志愿服务项目

文化志愿服务是现代公共文化服务体系建设的重要内容，是推进基层文化队伍建设的有效手段，是培育和践行社会主义核心价值观的重要载体。文化志愿服务具有奉献爱心、传播文化、服务社会、实现自我的特点，由文化志愿者提供的文化志愿服务成为推进我国文化建设的创新之举。

西城区依托毛主席纪念堂、宋庆龄故居、恭王府、首都博物馆、什刹海、陶然亭公园等文化景点，开展了丰富多彩的文化志愿服务项目。例如：由团区委联合各大高校和社会组织开展的“毛主席纪念堂志愿服务项目”、宋庆龄故居联合会开展的“时代小先生”和恭王府文化志愿服务队开展的“传统文化进社区”项目等。这些项目传承了中国传统文化，向世界传递爱国情怀，彰显了文化自信。

（六）依托民间志愿服务组织开展志愿服务项目

民间公益主要指居民自发组成的组织。近年来，西城区涌现出一批优秀的民间志愿服务组织，这些民间志愿服务组织开展了一系列优秀志愿服务项目。包括西城区心飞扬青少年志愿服务中心开展的“志愿家庭”项目，红丹丹教育文化交流中心为视障人士策划的“心目影院——为盲人讲电影”项目，生命缘公益联盟开展的“禁毒志愿服务”项目以及新街口街道5600文化志愿服务队开展的“社区老人文化培训班”项目等。这些项目的开展形式更加灵活，是对前面五种项目模式的补充。

案例：金融街街道联合志愿者协会举办“社区微创投项目”大赛

“社区微创投项目”大赛作为街道“爱心时间银行”项目的活动之一，于2016年10月正式启动。其目的是进一步加强社区志愿者队伍建设，建立健全社区志愿者管理体系，推进社区志愿服务工作专业化、常态化、科学化发展，以政府购买服务的形式，开展社区志愿服务能力建设活动。

同时也可以通过此项目发挥社区自治功能，培育社区志愿团队自治能力，让居民积极参与社区治理。2017 年 3 月，金融街街道联合北京市老年志愿者协会举办了“社区微创投项目”大赛，优选出以发挥志愿者或志愿团队的作用，为社区老人、青少年或社区困难群体服务为主的 19 个项目，预计受益人次 4400 人次，志愿服务时长 2226 小时。

第四节　西城区志愿服务成果

近年来，西城区志愿服务在理论创新、制度创新、实践创新和文化创新等方面取得了一系列的成果，广泛开展了一系列接地气、惠民生、促和谐的志愿服务活动，持续引领社会风尚，不断提高市民文明素质、社会文明程度和人民生活水平。

一、志愿服务组织体系逐步健全

为转化奥运会、残奥会志愿者工作成果，完善社会志愿服务体系，构建新型社会动员机制，全面提升区域志愿服务，2009 年，西城区率先成立了“西城志愿者联合会”。2016 年 4 月，西城区委办、西城区政府办联合印发《关于西城区志愿服务工作体制机制改革的意见》，初步建立由区文明委领导，区文明办业务指导、团区委业务主管的领导体制。2017 年 5 月 25 日，“北京市西城区志愿者联合会”正式更名为“北京市西城区志愿服务联合会”，统筹全区志愿服务工作，初步建立区（系统）、街（单位）、社区（队伍）三级志愿服务组织管理体系，提高志愿服务社会动员能力。进一步推动各街道和区直机关工委、区委教工委、区委卫生计生工委、区国资委党委等系统成立区志愿服务联合会分会，由党（工）委主管或分管领导担任会长，统筹推动系统内各单位开展志愿服务工作，初步形成“条块结合、纵横交错”的志愿服务组织协调体系。

二、志愿服务支持力度不断加大

志愿服务相关政策相继出台。按照中央的部署要求，贯彻落实中央深改组、国务院、中央文明委以及中央文明办、民政部、共青团中央、教育部和北京市等出台的关于志愿服务发展的相关政策、意见、条例，先后制定了《关于西城区志愿服务工作体制机制改革的意见》《关于广泛开展街巷文明劝导志愿服务活动的意见》《西城区志愿服务保障激励办法》《星级志愿者表彰及奖励标准》《西城区志愿服务时间累积及志愿者星级评定实施细则》《星级治安志愿服务管理规范》等政策，逐步推进西城区志愿服务制度化、规范化、常态化发展。

领导高度重视志愿服务工作。2009 年，西城区志愿者联合会成立，由区领导兼任联合会领导职务。2016 年 3 月，为深入贯彻落实中共北京市委组织部等 6 部门印发的《关于组织全市共产党员、共青团员积极参加学雷锋志愿服务的实施意见》的要求，区志愿者联合会首次邀请区四套班子领导带头参与志愿服务活动，在全区营造了党员领导干部带头参与志愿服务活动的氛围。此外，根据西城区委办、西城区政府办联合印发的《关于西城区志愿服务工作体制机制改革的意见》，区直机关工委、区委教工委、区委卫生计生工委和区国资委党委等系统成立区志愿服务联合会分会，会长由各党（工）委主管领导担任，副会长由各系统相关部门负责人和基层单位党组织领导担任，充分提高对志愿服务工作的重视程度，加大协调力度。

志愿服务资金投入不断提高。设立了每年 200 万元的区志愿服务专项资金，保障志愿服务活动的开展。同时，区内大部分街道、各中小学校按照区级经费的相应配比，设立了志愿服务工作专项经费，保障本单位、本系统、本地域内志愿服务活动的开展。据统计，2016 年西城区社会建设资金中，志愿服务项目总经费达到 859. 48 万元，是 2009 年志愿服务项目经费的 4. 9 倍。

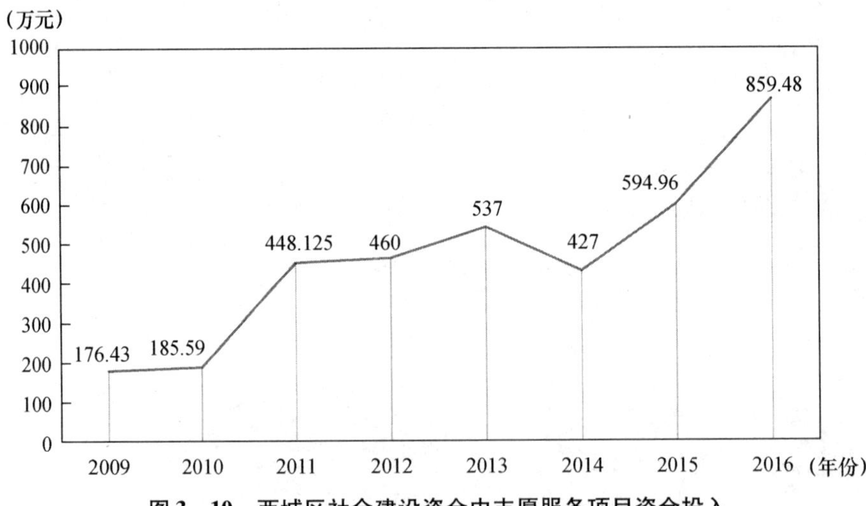

图 3 – 10　西城区社会建设资金中志愿服务项目资金投入

三、志愿者和志愿队伍持续增长

建立普通志愿者、志愿者骨干、项目负责人、志愿者团队负责人、志愿服务工作协调管理者5个层级的志愿者管理体系，强化志愿者和志愿服务组织分级分类管理，提高规范化管理水平。在区志愿者综合管理平台建设基础上，2011年5月，西城区率先启动了首批志愿者实名注册工作，首批注册共涉及全区15家街道、卫生系统、教育系统等单位。志愿服务参与人群逐渐多元化，男女比例基本持平，分布在各个年龄段，学历构成也比较多样。同时，大力推进志愿者团队建设和项目化运营，目前全区注册志愿团队达4323个，志愿服务项目共有13653个，全区注册志愿者总服务时长为14105570.8小时。

四、志愿服务阵地建设不断加强

加强志愿服务阵地建设，推进首都学雷锋志愿服务站（岗）、社区志愿服务站（岗）、城市志愿服务站（岗）、“志愿岛”和“志愿者之家”建设，形成了“蓝立方”、北京北站志愿服务站点、文明加油站等一批具有西城特色的志愿服务基地，成为展示西城志愿服务发展水平的“窗口”。五年来累计申报首都学雷锋志愿服务站114个，首都学雷锋志愿服务岗84个。建立西单图书大厦、什刹海荷花市场、北京北站三个“蓝立方”城市志愿服务站，利用重要纪念日、节假日等契机，广泛组织志愿者开展服务活动。分别在大栅栏街道三井社区、什刹海街道四环社区、新街口街道育德社区、陶然亭街道红土店社区建立4个团中央专项支持“七彩小屋”。将西城区志愿者之家打造成为“三位一体”的综合性志愿服务平台，为培育志愿服务组织、培养志愿服务人才、创新志愿服务项目提供服务。

五、志愿服务线上线下逐步融合

顺应“互联网+”趋势，西城区建立“志愿西城”信息平台，为志愿者的注册、管理、培训、交流、考核及志愿服务项目的申报、管理提供全面、完善的平台支撑，提高志愿服务管理效率。完善平台的志愿服务时长统计、手机二维码扫码记录服务时长、志愿者服务质量评价等功能，促进志愿服务线上与线下融合发展。通过线上平台改造了志愿者团队层级体系，将原有的区级—街道—站点三级志愿团队管理模式变更为区级—街道（单位）—志愿者团队—志愿者分队等无限制层级管理模式，增加志愿服务项目审批功能，加强线上培训、志愿者通知管理、安全性建设等方面内容，完善志愿者用户体验功能，提高志愿服务管理的规范化水平。推动“志愿北京”向“志愿西城”开放注册接口，更好实现“志愿西城”注册志愿者与“志愿北京”同步注册工作。同时，尽管西城区很多部门都有自己的志愿者信息管理系统，但西城区打通了各条线的志愿服务后台系统，实现了数据的共享，推动了西城区志愿服务的互联互通。

六、志愿服务激励机制不断健全

规范全区志愿服务保障标准，完善志愿服务表彰激励机制，初步建立了以精神激励为主、物质奖励为辅的志愿服务表彰激励机制。发布《西城区志愿服务时间累积及志愿者星级评定实施细则》，2012 年起，连续 5 年开展西城区志愿者星级认定工作，累计认定一至五星级志愿者 23453 名，向北京市推荐优秀五星志愿者 137 名。2010 年起，持续开展“西城区十大志愿者”评选表彰活动，深入发掘志愿者典型人物。区志愿服务联合会、区教委、区医疗卫生系统以及区内优秀社会组织挖掘各自优势，采取荣誉奖励、免费体检、观看演出、优秀评选、费用补贴、政策优惠等方式，进一步完善以精神激励为主、物质奖励为辅的志愿服务激励回馈机制，营造“我为人人、人人为我”的良好风尚。目前，西城区每年志愿服务相关经费中，团区委用于志愿服务激励回馈的资金达 30 万元，区综治办用于志愿服务激励回馈的资金达 250 万元，各街道按照一定配比，根据志愿服务时长给予物质奖励，促进志愿服务可持续发展。

七、志愿服务项目活动逐渐丰富

按照“服务对象所需、志愿者所能”的原则，广泛动员志愿者调查研究，积极开发形式多样的志愿服务项目，进一步完善志愿服务项目开发机制，实现志愿服务供需对接。围绕历史文化名城保护、助学、助困、助老、助残、保护环境、博物馆讲解、心理疏导等，积极开发了一批优秀的志愿服务项目和主题活动，在创新社会治理、文明城区建设等方面发挥了积极作用。截至 2017 年 10 月，全区累计志愿服务发布项目达 13653 个。着力打造“西城大妈”“志愿家庭”“盲人讲电影”“你来西城　我来导游”“‘童心暖夕阳’志愿家庭计划”“志愿北京之白衣天使进社区”“暖夕”“青春伴夕阳”等一批具有西城特色的精品志愿服务项目。高质量地完成市区重大活动志愿服务任务，圆满完成国庆六十五周年、北京市第九届民族传统体育运动会、庆祝“中国人民抗日战争暨世界反法西斯战争胜利七十周年纪念大会”等各项大型活动志愿服务工作，展现了西城志愿者风采。大力推动“志愿家庭”西城模式和中小学生开展志愿服务，通过社会化动员方式，建立学生、家长、学校、社会组织相结合的志愿服务模式。截止到2017年底，西城区志愿家庭组织377个，志愿家庭12130个，家庭志愿者36000余人，涉及志愿服务项目600余个，累计开展志愿服务时长415863小时。“志愿家庭”西城模式得到中央、市区领导的高度认可，在全市各区进行推广。

八、志愿服务文化氛围愈加浓厚

文化是民族的血脉，是人民的精神家园。区志愿者联合会一直以来非常重视志愿服务文化建设，充分运用新媒体和文化产品，积极构建以志愿服务精神为核心的志愿服务文化体系，努力发挥文化引领时尚、教育人民、服务社会、推动发展的作用。

结合区域特点，深入挖掘志愿文化内涵。将以“绝对忠诚、责任担当、首善标准”为核心的“红墙意识”作为志愿文化主体，围绕“3·5”学雷锋日、“12·5”国际志愿者日开展主题志愿服务活动，倡导志愿服务人人可为、处处可为、时时可为，推动志愿服务走进生活。区四套班子领导带头参加志愿服务，营造党员领导干部带头参与志愿服务活动的良好氛围。组建西城区志愿服务文化宣讲团，走进社区、企业、学校等基层单位开展志愿服务精神和事迹宣讲活动。西城区志愿服务联合会策划推出以西城为背景、以志愿者的真实故事为主题的舞台剧《传递》，拍摄《志愿西城　你我同行》《美丽西城　和谐邻里》《我们》等微电影，组建志愿家庭艺术团，创作原创集体诗朗诵《志愿人家》和快板《志愿赞》，深入社区、敬老院开展演出活动。设计志愿服务联合会LOGO、形象大使“志多多”，制作志愿服务日志、宣传海报、地铁图、停车卡等文化产品，将志愿服务打造成为社会时尚。

开展年度优秀志愿者、优秀志愿服务团队、优秀志愿服务项目评选，宣传弘扬“奉献、友爱、互助、进步”的志愿精神。2010年以来，每两年举办一次“西城区十大志愿者”评选活动。2011年开展“志愿者示范争创”和“西城区志愿服务精品项目”评选活动，评选出了“百名优秀社区志愿者”和多个“优秀志愿服务项目”。2012年举办“西城区志愿服务终身成就奖”，共评选出5名“终身成就奖”志愿者。2016年开展西城区中小学生志愿服务评优活动，共评选出“西城区最美学生志愿者”10名、“西城区最美教师志愿者”10名、“西城区教育系统最佳志愿服务项目”10个、“西城区最美家庭”10个、“西城区教育系统最佳志愿组织”10个等。

第五节　西城区志愿服务荣誉

近年来，随着西城区志愿服务事业的蓬勃发展，涌现出了一批志愿服务典型，获得国家级、市级荣誉，成为西城志愿服务的响亮品牌。

一、国家级荣誉

在中宣部、中央文明办、民政部、团中央等 13 家单位共同发起的宣传推进志愿服务“四个 100”先进典型活动中，“邻里守望　笑脸相约”志愿服务主题活动荣获 2015 年最佳志愿服务项目，天桥街道太平街社区“萤火虫”志愿服务队荣获 2015 年最佳志愿服务组织，“西城大妈”平安志愿者团队荣获 2016 年最佳志愿服务组织。

在团中央、中央文明办和民政部等组织的中国青年志愿服务项目大赛中，西城区大栅栏三井社区“成长加油站”青少年素质拓展项目分别荣获 2015 年第二届中国青年志愿服务项目大赛金奖和 2016 年第十一届中国青年志愿者优秀项目奖。“暖夕”助老志愿服务项目、“阳光助残志愿家庭计划”获得 2015 年银奖。

在团中央举办的中国青年志愿者优秀个人、优秀组织和优秀项目评选表彰中，北京师范大学附属实验中学崔博然，首汽集团第四运营分公司王新锋，安利北京分公司吕嘉珩三位同志获得中国青年志愿者优秀个人；北京市西城区志愿者联合会和北大人民医院志愿服务团队获得优秀志愿组织奖；大栅栏街道“关爱成长助力未来”——成长加油站青少年素质拓展项目、“青春映夕阳　平安我护航”——“西城大妈”微众汇项目、O2O 手语助残、让沟通零距离志愿服务项目，获得优秀项目奖。

中国志愿服务联合会开展的 2015 年“邻里守望”志愿服务成果征集活动中，《“邻里互助　守望幸福”综合包户志愿服务项目》《邻里守望　笑脸相约》《西城区大栅栏街道石头社区助老志愿服务队》《王玉珍、王玉梅同志先进事迹》获得“优秀实践成果奖”，《幸福阳光》《综合包户三十载　爱心畅行大栅栏》宣传片获得“优秀作品奖”。

此外，北京市第四中学获得团中央 50 所首批全国中学生志愿服务示范学校称号。西城团区委获得毛主席纪念堂志愿服务项目优秀单位和突出贡献奖。

二、市级荣誉

西城区获评2014年度应急志愿者培训“优秀组织奖”。2013年，西城分赛区获得“让志愿走进生活　健康伴你同行”北京志愿者组织乒乓球团体邀请赛优秀组织奖。西城区优秀志愿者代表马广明在首都文明办举办的“身边雷锋——最美北京人”评选活动中获评“身边雷锋”标兵，金琳获评“身边雷锋”，首汽新锋班获评“身边雷锋”团队。2015年，和韧等9名同志获评北京市首批五星志愿者称号。2016年，西城区志愿服务联合会推荐的西城区58名志愿者获得北京市第二批五星志愿者称号。

截至2016年底，西城区获评首都学雷锋志愿服务站44个，学雷锋志愿服务岗74个，学雷锋志愿服务示范站11个，学雷锋志愿服务岗5个。广外街道马连道、金融街街道兴融中心商务楼宇工作站、陶然亭街道黑窑厂三家社区青年汇获评北京市社区青年汇示范志愿服务站。“红丹丹教育文化交流中心”“西城区悦群社会工作事务所”被评选为“首都学雷锋志愿服务示范站金牌项目”，“西单图书大厦蓝立方志愿服务岗”被评选为“首都学雷锋志愿服务示范岗金牌项目”。

第二部分　模式与创新

第四章　西城区志愿服务运行机制

〔引言〕

党的十九大报告指出，加强社区治理体系建设，推动社会治理重心向基层下移，发挥社会组织作用，实现政府治理和社会调节、居民自治良性互动。这为志愿服务参与社区治理指明了方向。但创新社会治理是一项新的伟大工程，面临许多挑战，志愿服务如何参与、参与到什么水平、能达到什么效果，都需要我们系统思考。

“上面千条线，下面一根针”。西城区紧紧抓住志愿服务体制机制建设这根“针”，不断创新志愿服务统筹协调机制、完善志愿服务顶层设计，初步实现了“立治有体、施治有序”管理目标，志愿服务正成为西城区聚合各种社会正能量的有效手段。

第一节　西城区志愿服务统筹协调机制

为转化奥运会、残奥会志愿者工作成果，完善社会志愿服务体系，构建新型社会动员机制，全面提升区域志愿服务，2009 年，西城区率先成立了“西城志愿者联合会”。2016 年 4 月，西城区委办、西城区政府办联合印发《关于西城区志愿服务工作体制机制改革的意见》，初步建立由区文明委领导，区文明办业务指导、团区委业务主管的领导体制。2017 年 5 月 25 日，“北京市西城区志愿者联合会”正式更名为“北京市西城区志愿服务联合会”，统筹全区志愿服务工作，初步建立区（系统）、街（单位）、社区（队伍）三级志愿服务组织管理体系，提高志愿服务社会动员能力。进一步推动各街道和区直机关工委、区委教工委、区委卫生计生工委、区国资委党委等系统成立区志愿服务联合会分会，由党（工）委主管或分管领导担任会长，统筹推动系统内各单位开展志愿服务工作，初步形成“条块结合、纵横交错”的志愿服务组织协调体系。

一、组织领导体制

（一）完善组织体系

2008 年北京奥运会期间，西城区建立了区（系统）—街（单位）—社区（队伍）三级志愿服务组织管理体系，广泛动员驻区企事业单位、社会组织建立多领域、专业化的志愿服务组织或志愿者团队，并根据专业服务领域划分志愿服务组织类型，加大全区志愿服务资源整合力度。奥运后，西城团区委认真研究奥运遗产转化工作，对奥运城市志愿者综合管理平台进行升级改造，梳理了志愿者团队层级体系，由原有的区级—街道—站点三级志愿团队管理模式变更为区级—街道（单位）—志愿者团队—志愿者分队等无限制层级管理模式，提高志愿服务社会动员能力。

按照中央和北京市志愿服务管理体制，目前，西城区明确了志愿服务工作由区精神文明建设委员会集中领导，区文明办、团区委牵头组织，各区直有关单位和部门、街道协调配合，驻区企事业单位、社会组织共同参与的组织领导体制。为确保志愿服务工作顺利推进，西城区成立了志愿服务指导中心和志愿服务联合会，具体负责做好各项志愿者工作、推进志愿服务工作组织体系建设、开发宽领域、多层次的志愿服务项目，推进完善志愿服务制度保障体系，推动志愿服务制度化、规范化、常态化发展。

西城区志愿服务指导中心是团区委下设的专门部门，负责志愿服务联合会日常事务，以及研究提出志愿服务工作规划和计划并组织实施，指导并协调志愿服务工作，开展志愿服务工作的理论研究，开发志愿服务工作项目并组织实施等。

西城区志愿服务联合会是由共青团北京市西城区委员会发起，经西城区民政局核准登记，为非营利性社会团体法人，受区精神文明建设委员会领导，接受区文明办的业务指导，团区委为业务主管单位，是政府联络、团结、凝聚本行政区域内各部门、各系统、各领域志愿者组织的桥梁和纽带。

（二）明确职责分工

2016 年 4 月 21 日，中共北京市西城区委办公室、北京市西城区人民政府办公室联合下发的《关于西城区志愿服务工作体制机制改革的意见》（京西办发〔2016〕4 号）明确规定：西城区文明办、团区委负责牵头建立完善全区志愿服务组织领导体制和统筹协调机制，研究制定全区志愿服务工作发展规划和相关政策措施。

区委社会工委负责将志愿服务工作纳入全区社会建设和社会治理工作体系，推动街道、社区、社会组织的志愿服务工作开展，督促各街道成立志愿服务联合会分会，指导推动社会组织发展与志愿服务发展紧密结合。

团区委负责区志愿服务联合会秘书处日常工作，统筹开展各类区级志愿服务活动，加强对志愿服务联合会成员单位的联系、协调、服务。

区直机关工委、区委教工委、区委卫生计生工委、区国资委党委等系统内各单位和各街道负责做好志愿服务活动的具体组织实施。

区委督查室、区政府督查室负责党政机关承担的志愿服务发展相关工作任务的督查考核。

二、统筹协调机制

（一）建立并完善“枢纽型”组织

2009 年 7 月，西城区在区志愿者协会的基础上，率先在全市正式升级成立了“西城志愿者联合会”（下称“联合会”），并于 17 日隆重召开了西城区志愿者联合会第一次会员代表大会。联合会的定位是由热心志愿服务事业的社会各界人士自愿结成，用以联络、团结、凝聚本行政区域内各部门、各系统、各领域志愿者组织的“枢纽型”社会组织，秘书处设在西城区志愿服务指导中心。联合会吸收团体会员和个人会员。团体会员主要涵盖驻区企事业单位、金融机构、医院、文化机构、公益组织、NGO 组织等。

2016 年 4 月，《关于西城区志愿服务工作体制机制改革的意见》中明确提出将“北京市西城区志愿者联合会”更名为“北京市西城区志愿服务联合会”（以下简称“区志愿服务联合会”），统筹全区志愿服务工作，在领导组织机构上进一步吸收驻区机关单位、企事业单位、社会组织、群众自组织和草根组织等为团体会员。2017 年 5 月 25 日，“北京市西城区志愿者联合会”正式更名为“北京市西城区志愿服务联合会”，建立了区（系统）、街（单位）、社区（队伍）三级志愿服务组织管理体系，广泛动员驻区单位和社会组织建立多领域、专业化的志愿服务组织或志愿者团队，并根据专业服务领域划分志愿服务组织类型，加大全区志愿服务资源整合力度。

（二）建立工作协调机制

在北京奥运会后，2009 年成立志愿者联合会的基础上，西城区成立了“西城区志愿服务活动领导协调小组”（下称“协调小组”），协调小组常设办事机构设在区文明办，进一步强化全区志愿服务领导体制机制建设，吸纳各驻区单位志愿者组织、区属单位专业志愿者队伍、社会公益组织以及优秀志愿者个人加入。2012 年上半年，西城区文明办下发了《关于调整北京市西城区志愿服务活动领导协调小组成员的通知》，进一步调整小组成员单位组成，完善协调小组职能。

在建立“领导协调小组”基础上，西城区建立了志愿服务工作联席会制度。2016 年 4 月出台的《关于西城区志愿服务工作体制机制改革的意见》提出，由区文明办、团区委负责牵头组织，每季度召开 1 次志愿服务工作联席会，区综治办、区直机关工委、区委社会工委、区委教工委、区民政局、区委卫生计生工委、区国资委党委和各街道工委等单位以及志愿服务组织负责人共同参加。联席会负责统筹整合全区志愿服务资源，研究制定全区志愿服务工作发展规划、制定相关政策措施，协调解决工作中的重大难点和问题，协调全区各相关单位和部门共同推进志愿服务工作。

第二节　西城区志愿服务线上和线下有效结合

顺应“互联网＋”趋势，西城区了建立“志愿西城”信息平台，为志愿者的注册、管理、培训、交流、考核及志愿服务项目的申报、管理提供全面、完善的平台支撑，提高志愿服务管理效率。完善平台的志愿服务时长统计、手机二维码扫码记录服务时长、志愿者服务质量评价等功能，促进志愿服务线上与线下融合发展。

一、“志愿西城”平台建设

（一）升级改造“志愿西城”网站

“志愿西城”网站建设于 2007 年。为了更好地组织、管理奥运城市志愿者队伍，提高志愿者管理效率，西城团区委与清华大学、北京正辰科技有限责任公司共同开发了一套志愿者综合管理平台。奥运期间，该平台在北京市共青团系统推广使用，为北京市 40 万名奥运城市志愿者的管理提供支持。奥运后，西城团区委认真研究奥运遗产转化工作，将“志愿西城”网站作为重要成果进行转化。2009 年，西城区正式开通“志愿西城”网站，加强全区志愿服务信息化建设，拓展志愿者信息沟通渠道，加强驻区、区属团体会员及社会志愿者的信息交流，

为志愿者的注册、管理、培训、交流、考核及志愿服务项目的申报、管理提供了全面、完善的支撑平台，同时与社会公益论坛挂钩，共享服务信息。

2010 年，顺应“互联网 +”趋势，西城区对奥运城市志愿者综合管理平台进行了升级改造。2010 年 3 月 16 日，改造后的“志愿西城”网站正式开通，为志愿者的注册、管理、培训、交流、考核及志愿服务项目的申报、管理提供全面、完善的平台支撑，完善志愿者用户体验功能，提高志愿服务管理的规范化水平。梳理了志愿者团队层级体系，由原有的区级—街道—站点三级志愿团队管理模式变更为区级—街道（单位）—志愿者团队—志愿者分队等无限制层级管理模式。增加了项目审批机制，各级志愿者组织可根据自身志愿服务开展情况申请志愿服务项目，也可利用“志愿西城”平台对志愿者服务时间、培训时间进行管理，同时，可对志愿者服务质量进行评价。经过开展属地审批，各级志愿者组织可利用“志愿西城”平台展开志愿者招募工作。

志愿服务工作被纳入西城区“三级联动”体系，通过标准化管理打造优质高效行政服务。2012 年 7 月 19 日，召开“全区通办　三级联动”志愿者实名注册培训会。“志愿者之家”作为西城区行政服务大厅的窗口单位，对志愿服务项目申请、志愿者注册以及志愿服务时间累积三项工作率先开展了标准化建设。在电子化、信息化的基础上，“志愿者之家”严格按照规定流程进行业务手续办理，不拖沓，不简化，为标准化、流程化、高效化的行政服务做出了榜样。

（二）率先开展志愿者线上注册

西城区在全市各区县中率先开展志愿者注册工作。2011 年 5 月底以来，西城区志愿者联合会下发了《关于首批开展志愿者注册工作的通知》（西志愿发〔2011〕1 号），面向 15 个街道、区直、卫生、教育、环卫、人民医院、宋庆龄故居等会员单位开展志愿者注册工作。注册工作是在“志愿西城”（www. xczyz. cn）网站上集中开展的。志愿西城网站是西城区志愿者联合会的官方网站，可以实现志愿者注册、志愿服务时间积累、志愿服务项目发布、志愿者团队后台管理等多项功能。在志愿者注册工作的基础上，根据《北京市志愿者管理办法》的相关规定，启动志愿者时间积累、星级志愿者评定工作，并积极探索志愿者激励保障措施，有效地凝聚区域志愿者力量，服务区域发展。

2011 年以来，西城区志愿者联合会大力推进志愿者注册管理制度，以志愿服务项目、志愿服务团队等为单位进行志愿者网络注册，并实行志愿者身份认证、时间积累，以此推进志愿服务项目化建设，逐步完善、整理社会志愿者人员及志愿服务项目信息，建立健全网络数据库，实现全区各类志愿者信息统一入库，实行统一的管理、考核以及激励表彰。西城区健康运动科普大讲堂等志愿者团队均被首批纳入志愿者管理系统。

案例：开展在线服务系统培训

2011 年，西城区志愿者联合会充分利用网络优势，团结凝聚志愿者力量，目前已开办了官方网站——志愿西城（www. xczyz. cn），新浪微博（用户名“志愿西城”），社会志愿者交流 QQ 群（129327579）。为了进一步强化互联网知识储备，西城区志愿者联合会特别聘请正辰科技有限公司技术专家对联合会工作人员进行了在线服务系统培训。

二、“志愿西城”平台功能

（一）志愿者管理

“志愿西城”平台具有实现志愿者注册、审核功能，还可以对自己所属范围内志愿者进行管理，可查询、修改、新增、删除志愿者信息等操作。志愿者管理除管理自己组织内志愿者，还可对网上注册且选择了兴趣单位为本单位的实名志愿者进行管理。对于批量注册志愿者，志愿西城平台可实现批量信息导入功能。注册单位根据平台提供 xls 文件格式整理志愿者信息，即可通过平台统一提供的导入接口实现志愿者信息导入工作，提高志愿者注册工作效率。

志愿者转会是“志愿西城”平台的一个特色功能，志愿者因工作变动，居住地变动等原因迁离原管理单位，可由志愿者自行发起志愿者转会。转出单位会收到志愿者转会提示，转出单位同意志愿者转出后，转入单位会收到转会提示，由转入单位确认志愿者转入，实现志愿者在全区范围内的合理流动。

（二）项目管理

项目发起。志愿服务项目可由任意级别志愿者组织发起，项目发起时除填写基本信息、上传项目资料外还可以选择是否在前台显示。如果该项目在前台显示，全区志愿者可在“志愿西城”网站查看志愿服务项目并报名参与。

项目审批。项目发起时需填写预计开展志愿服务区域，如果该区域在某街道，需由街道管理员进行审核，如果在全区范围内开展志愿服务，需由西城区管理员进行审核。

项目撤销。项目申请、审核后，发起团队因自身原因不能如期开展志愿服务项目可申请撤销，撤销志愿服务项目时需注明撤销理由。

项目人员招募。项目发起后，全区志愿者可在“志愿西城”网站进行报名。经过确认的志愿者即为该项目的志愿者，统一进行服务时间累积及培训累积。

服务日志管理。服务日志管理由项目负责人填写，服务结束后对服务记录进行填写，总结项目服务经验。

（三）志愿者个人登录

基本信息维护。志愿者个人可自行对本人基本信息进行维护。基本信息除姓名、身份证号码、服务时间、培训时间不能修改外，其余项目均可自行修改。

活动报名管理。志愿者对某个区域、某个项目感兴趣即可申请加入该项目。志愿服务组织也可针对性邀请志愿者，志愿者收到邀请后可以查看，可同意参加或拒绝参加。

志愿服务证书。志愿者通过个人账号登录后可查询志愿者证书，志愿者证书中写明志愿者姓名、志愿服务编号等信息，志愿者可直接进行打印。

三、数据共享与平台开放

在互联网信息化的大背景下，为了加强志愿服务的高效管理，西城区一些部门、街道创新性建立了自己的志愿者信息管理系统。目前，团区委的“志愿西城”平台统筹接入了西城区各部门系统、街道的志愿服务信息管理平台，通过开放数据接口、实现数据共享，形成了西城区志愿服务管理平台的互联互通。

2011 年底，为了更好地实现“志愿西城”与“志愿北京”同步注册，“志愿北京”向“志愿西城”开放注册接口，实现了“志愿西城”注册志愿者实时在“志愿北京”平台注册。2014 年 11 月 24 日，中国志愿服务联合会在北京会议中心举行“志愿云”信息系统上线发布仪式。“志愿西城”网络平台率先正式接入中国志愿服务联合会“志愿云”系统，利用该系统规范对全区志愿者的招募注册、服务记录、团队管理和项目发布，并对志愿者服务进行绩效考核。“志愿云”信息系统是中国志愿服务联合会为贯彻落实中央文明委《关于推进志愿服务制度化的意见》，基于云技术和大数据理念，研发推出的志愿者信息综合管理系统。该系统利用信息技术手段规范全国志愿者招募注册、服务记录和异地转移接续，具有志愿者实名注册、自动生成志愿服务证、志愿服务时间 APP 记录、志愿服务证书自动下载、服务记录异地转移接续等特色功能。

第三节　西城区志愿服务健全的激励保障体系

《中国志愿服务大辞典》对“志愿服务激励”定义为：志愿者组织以及社会其他部门根据志愿服务评估结果，根据志愿者的需求、服务绩效和组织目标要求，对志愿者进行奖励的行为；通过认可、肯定、赏识志愿者，使其得到成长和发展来促进志愿者更积极主动地从事志愿服务。激励的因素，即满足志愿者自我实现的需要，包括成就感、学识、挑战性工作、增加工作责任及赋权、成长和发展的机会、给予社会认可和奖励。激励的对象是志愿者，激励措施一般包括精神激励和物质激励两方面。精神激励包括对优秀的志愿者进行表彰，进行优秀志愿项目评选以及对优秀志愿活动进行宣传等措施；物质激励包括为志愿者提供交通补贴、餐费补贴，为志愿者购买人身安全保险、衣物以及一定的资金回报鼓励等。西城区高度重视规范全区志愿服务保障标准，完善志愿服务表彰激励机制，初步建立了以精神激励为主、物质奖励为辅的志愿服务表彰激励机制。

一、星级志愿者认定机制不断完善

西城区星级志愿者认定工作走在了全国前列。从志愿者注册、服务时长记录，到星级志愿者认定标准、细则、流程制定，再到星级志愿者的信息核查、网络公示以及标识设计、荣誉授予、回馈活动、评优推荐等，已经形成了相对完善的星级志愿者认定长效机制和运行机制。

2011 年 5 月 23 日，按照《北京市志愿者管理办法（试行）》的要求，西城区社工委、社建办、团区委、区志愿者联合会联合下发了《西城区志愿服务时间累积及志愿者星级评定实施细则》（西志愿发〔2011〕4 号）。此后，西城区先后制定了《星级志愿者表彰及奖励标准》《志愿服务时间累积补录通知》和《关于西城区星级认定工作的情况说明》等。

2011 年 11 月，西城区认定首批一星级志愿者 14 名，并在志愿者年终答谢活动中对优秀星级志愿者代表给予表彰。此后，由西城区志愿者联合会每年度开展一次星级志愿者的认定工作。7 年来，全区累计认定星级志愿者 23246 人次。

在评选方式方面，2011 ~ 2012 年度，采取志愿者组织自行申报的方式，其年度内星级志愿者认定时长以组织证明的时间为主，“志愿北京”记录的时间为

辅。星级志愿者“志愿北京”时长不足者，按照组织证明时间给予补录。2014年，北京市吸收民政、综治等部门志愿者登记信息，实现了网站数据的互联互通，加之“志愿北京”网站普及工作的开展，星级志愿者数字有了显著提升，认定形式规范为以“志愿北京”网站记录时长为认定依据。2015～2016年度，星级志愿者认定要求进一步提高，除要求时长达到标准外，还对志愿时长计时、参加志愿服务是否在本区域服务给予规范，要求录入时长异常的志愿者由志愿服务组织提供其原始志愿服务记录并出具证明。

在激励方式方面，2012年开始，西城区志愿者联合会设计制作了星级徽章和相应文化产品，经常性地开展星级志愿者免费体检、观影、游园、素质拓展、兴趣培养等志愿者回馈活动。2015年开始，北京市开展五星级优秀志愿者评选，西城区向北京市推荐并认定五星级优秀志愿者137名。

二、激励回馈的支持力度不断加强

西城区十分重视志愿服务的激励回馈。先后制定出台了《关于西城区志愿服务工作体制机制改革的意见》《星级志愿者表彰及奖励标准》等政策，为志愿服务激励回馈的发展创造了有利的制度环境，促进志愿服务的规范化、常态化发展。西城区部分街道也根据自身特点，探索制定了志愿服务激励回馈的相关制度。以大栅栏街道为例，依据“志愿北京”的志愿者服务时长，建立了本街道公益志愿服务激励反哺机制，明确工作责任，细化服务类型，制定了积分奖励办法。

西城区相关部门、部分街道设立了志愿服务专项经费，并将一定比例经费用于志愿服务的激励回馈，为西城区志愿服务活动的开展和激励回馈举措的落实提供了保障。目前，每年西城团区委志愿服务相关经费达到200万元，其中用于志愿服务激励回馈的资金有30万元左右；区综治办志愿服务资金达到300万元，用于志愿服务激励回馈的资金为250万元左右。各街道按照相应比例进行配比，根据志愿服务时长给予一定的回馈奖励。

三、激励回馈的实践探索不断创新

近年来，西城区志愿服务联合会、西城区教委、西城区医疗卫生系统、部分街道以及优秀的志愿服务组织发挥各自优势，积极探索合适的志愿服务激励回馈措施。

自2012年起，区志愿者联合会便开始探索志愿服务的有效激励措施。从最初的志愿者星级评定，逐步拓展到经常性地组织星级志愿者开展观影、游园、素质拓展、兴趣培养等回馈活动。2017 年 7 月，西城区志愿服务联合会组织 578 名优秀志愿者开展了西城区志愿者专场“公益赠书观影活动”；邀请西城区 80 名五星级志愿者代表和优秀志愿团队负责人观看《都有一个戏剧的梦——国家大剧院戏剧演员队一周年训练及表演片段汇报》演出；2017 年 8 月 6 日，为优秀志愿者团队发放了 38 张国家大剧院《爱之甘醇》的门票，回馈优秀志愿者。

西城区部分中小学也探索多种方式对优秀志愿者进行精神激励，通过举办志愿服务评选活动，鼓励并推动中小学生参与志愿服务。如西城区实验小学连续 8 年开展“学雷锋优秀志愿者”活动，评选 2000 余人次优秀志愿者；实验二小的“育爱杯”每年评选一次，目前已表彰 480 名学生；等等。

西城区部分医院结合实际情况为志愿者提供交通补贴、餐费补贴和免费体检机会，并设立奖项对优秀志愿者进行精神激励等。如北京大学人民医院对当年服务超过 100 小时的志愿者提供免费体检机会，给优秀在校生出具志愿证明，并在参与奖学金评定时给予加分；北京大学第一医院对志愿者提供免费午餐、水和每天 10 元的交通补贴；宣武中医院设立个人单项奖，给学生志愿者设立“孜孜不倦奖”，给医生志愿者设立“闻鸡起舞奖”，鼓励更多的志愿者参与志愿服务。

除此之外，西城区一些优秀的社会组织也积极探索志愿者激励措施。如“绿色啄木鸟”制定了志愿服务奖励制度，定期开展形式多样的户外以及疏导心理的活动，年终评选 1 ~2 名优秀志愿者骨干到国际分部考察学习；生命缘公益联盟结合禁毒办的资源，为优秀志愿者发放禁毒小礼品，依据项目为志愿者发补贴；北京天平社会服务绩效管理评估与促进中心结合西城区志愿服务联合会开展星级评定，在机构内部进行星级评定，并根据项目对志愿者进行 50 元或者 100 元的补贴。

四、激励回馈的文化氛围不断巩固

近年来，西城区志愿服务领域涌现出了一批优秀典型，并荣获了国家级荣誉。通过开展一系列的志愿服务评选、榜样宣传、回馈活动等，逐步形成了全区志愿服务激励回馈的文化范围，并且不断巩固。

西城团区委鼓励并支持优秀志愿服务组织、优秀志愿者积极申报国家级荣誉。在中宣部 2015 年和 2016 年评选的“四个 100”先进典型活动中，“邻里守望 笑脸相约”志愿服务主题活动荣获 2015 年最佳志愿服务项目，天桥街道太平街社区“萤火虫”志愿服务队荣获 2015 年最佳志愿服务组织，“西城大妈”平安志愿者团队荣获 2016 年最佳志愿服务组织。

在团中央、中央文明办和民政部等组织的中国青年志愿服务项目大赛中，三井社区“成长加油站”青少年素质拓展项目分别荣获2015年第二届中国青年志愿服务项目大赛金奖和2016年第十一届中国青年志愿者优秀项目奖。在团中央举办的中国青年志愿者优秀个人、组织和项目大赛中，北大人民医院志愿服务团荣获中国青年志愿者优秀组织奖，中学生志愿者——师大附属实验中学崔博然和北京公交集团电车客运分公司李芳芳荣获中国青年志愿者优秀个人奖。

此外，西城团区委在全市范围内连续组织开展一系列的志愿服务创评活动，营造了志愿服务良好的文化氛围，使得志愿者备受鼓舞。2010年以来，西城区每两年举办一次“西城区十大志愿者”评选活动，评选出一批优秀志愿者。2011年开展“志愿者示范争创”和“西城区志愿服务精品项目”评选活动，评选出“百名优秀社区志愿者”和多个“优秀志愿服务项目”。2012年举办“西城区志愿服务终身成就奖”评选活动，评选出5名“终身成就奖”志愿者。2016年开展西城区中小学生志愿服务评优活动，评选出10名“西城区最美学生志愿者”、10名“西城区最美教师志愿者”、10个“西城区教育系统最佳志愿服务项目”、10个“西城区最美家庭”和10个“西城区教育系统最佳志愿组织”等。

第四节　西城区完善的志愿服务阵地平台

西城区高度重视志愿服务阵地建设，积极推进首都学雷锋志愿服务站（岗）、社区志愿服务站（岗）、城市志愿服务站（岗）、“志愿岛”和“志愿者之家”建设，形成了“蓝立方”、北京北站志愿服务站点、文明加油站等一批具有西城特色的志愿服务基地，成为展示西城志愿服务发展水平的“窗口”。

一、打造志愿服务终端平台

（一）核心功能

为贯彻落实北京市共青团工作会议要求，充分发挥枢纽型社会组织职能，加强基层组织建设和基层工作，打造志愿服务终端平台建设，2012年，北京市志愿服务指导中心启动了北京市志愿服务站建设工作，在北京市各级团组织及志愿者组织的支持和配合下，启动当年建设志愿服务示范站100个。西城区志愿服务站建站领域包括：①符合条件的青年汇；②公共空间领域：交通枢纽、名人故居、纪念馆、旅游景点、基层社区等；③重点人群服务领域：养老机构、打工子弟学校、助残机构、卫生医疗机构等。

志愿服务阵地的主要功能包括管理功能、服务功能、活动功能、培训功能和宣传展示功能，具体包括：

（1）招募、联系、管理、服务本区域或行业领域内的志愿者和志愿者组织；

（2）本区域或领域内的志愿者实名注册和计时认定；

（3）开发、管理、监督本区域或领域内的志愿服务项目；

（4）培训本区域或领域内的志愿者和志愿者组织；

（5）宣传弘扬志愿精神和理念；

（6）发掘、培养、选树、宣传本区域或领域内的志愿者和志愿者组织事迹和典型；

（7）服务城市运行，如城市形象的宣传推介展示、信息咨询、应急服务等；

（8）开展有本地特色和领域特点的志愿服务活动。

（二）建设标准

根据北京市志愿服务终端建设要求，西城区志愿服务阵地建设的标准主要包括硬件和软件两个方面。

1. 硬件设施要求

（1）有明显的统一标识。北京市将为志愿服务工作站配备统一标识、简单的外观装潢及志愿者服装等。各站在条件允许的情况下，可根据本站特色自行设计本站风格。

（2）有固定的活动场所。通过改造、合用、租用、借用等方式使用城市公共空间场地。

（3）有必要的办公设施。作为志愿服务工作站要有必要的办公设施，如桌椅、上网电脑、打印机等办公设备。

2. 软件设施要求

（1）有专职的工作人员。通过政府购买、聘用骨干、培训会员等方式，确保志愿服务工作站有一名专职负责人，负责志愿服务站的日常管理、志愿者的注册、活动的组织、档案的整理等工作。

（2）有稳定的志愿服务队伍。每个志愿服务工作站至少要有一支较为稳定的志愿者骨干队伍，能够坚持在站开展服务和参加活动。

（3）有丰富的志愿服务项目。志愿服务工作站在覆盖范围内至少要有一个以上志愿服务项目。同时可以设计并持续开展城市运行、社区服务、文化教育、绿色环保等方面的志愿服务活动。

（4）有健全的制度规范。志愿服务工作站要根据全市的统一规定和本站特点建章立制，同时建立活动档案，规范志愿服务工作。

（三）取得效果

自2012年以来，西城区累计申报首都学雷锋志愿服务站114个，首都学雷锋志愿服务岗84个。建立西单图书大厦、什刹海荷花市场、北京北站3个"蓝立方"城市志愿服务站，利用重要纪念日、节假日等契机，广泛组织志愿者开展服务活动。分别在大栅栏街道三井社区、什刹海街道四环社区、新街口街道育德社区、陶然亭街道红土店社区建立4个团中央专项支持"七彩小屋"。将西城区志愿者之家打造成为"三位一体"的综合性志愿服务平台，为培育志愿服务组织、培养志愿服务人才、创新志愿服务项目提供服务。

案例：学雷锋志愿服务主题公园揭牌

2016年，天桥街道启动"831"志愿服务体系建设工作，建立以8个社区志愿者之家，友谊医院"守护天使"、都宇"灶具维修"、珠市口地铁站"红色导航"3个志愿服务岗为载体，1个志愿服务主题公园为基地的"831"志愿服务体系，形成多方位、全覆盖的志愿服务。

2017年3月1日，在毛泽东题词"向雷锋同志学习"54周年和天桥街道学雷锋志愿服务34周年这个特殊日子里，天桥街道"学雷锋·志愿行"志愿服务主题公园正式揭牌。天桥街道将着力把这个志愿服务主题公园打造成市民精神文化的新家园，精心开展公民思想道德建设宣传和主题实践活动，提升广大市民文明素质，实现美景与美行的高度统一和融合提升，使之成为精神文明建设的重要载体和阵地。

二、"志愿者之家"

（一）建设背景

"志愿者之家"旨在围绕"奉献""友爱""互助""进步"的志愿服务精神，打造一个集志愿者注册管理、志愿服务团队凝聚、志愿服务项目征集、社会意见反馈、志愿服务理念宣传等多元化功能为一体的综合性服务平台，并为社会团体及民间志愿者团队提供项目洽谈、发布、总结、研讨的场地。2011年4月，

案例：打造社区示范青年汇，拓展青年活动实践载体

社区青年汇志愿服务将结合社区中心图书馆示范青年汇建设，以“七彩小屋”为实践载体，开展青少年才艺大赛、青少年读书分享会和青少年机器人拼装大赛等多项暑期文体活动，促进了地区青年汇工作的全面提升。此外，还结合市级青年汇传统品牌活动建设，整合和挖掘老字号资源，与老舍茶馆合作，开发一条“体验老北京商业文化，品大碗茶观经典皮影戏”的青年汇品牌活动。青年汇以“汇聚青年，服务青年”为宗旨，发挥资源优势，为地区乃至北京市青少年朋友提供更多参观学习的机会，加强青少年间交流。

西城区“志愿者之家”及区志愿者联合会对外服务窗口正式启动。9月，“志愿者之家”已完成了装饰、装修的相关工作，并制定了月活动计划，按照计划开展系列志愿服务活动，使“志愿者之家”真正成为凝聚志愿者组织，团结志愿者个人的活动阵地。“志愿者之家”设有工作室和对外服务窗口，也是培育孵化公益项目及团队领袖的基地。热心公益的各界人士只需凭身份证件就可以在这里直接通过电脑进行志愿者身份的网上注册和志愿服务项目的报名。

“志愿者之家”自运营以来，策划了系列活动，组织志愿者培训，开展资源服务体验互动，主动与社会组织、社会公益人士建立联系，得到了社会各界人士的认可和支持，进一步扩大了共青团的影响力，营造了参与志愿服务的良好氛围，吸引了大批社会公益人士和志愿者前来“志愿者之家”进行志愿服务项目的咨询和志愿者身份的注册登记。

（二）运营管理

西城区为首都功能核心区之一，是党和政府首脑机关的办公所在地，驻区企事业单位、金融机构、医疗、教育等社会资源丰富。随着北京奥运会的成功举办，人们参与志愿服务的意识逐渐提高。西城团区委、区志愿者联合会抓住有利契机，探索社会管理创新工作，希望通过志愿者之家积极整合社会资源，建立了“三位一体”的志愿者工作体系。“三位”即需求、团队和项目三结合。西城区志愿者之家作为团区委、区志愿者联合会对外联络的窗口，通过志愿者组织社会化动员方式提升西城区志愿服务水平。

1. 明确功能定位

志愿者之家成立以来，区志愿者联合会遵循“三位一体”的工作思路，根据西城区志愿者工作实际情况，将志愿者之家功能定位为三个方面：

（1）志愿服务信息的转运站：“您有需求，我来服务”是西城区志愿者联合会的工作理念，“您有需求”即受助对象的被服务需求和服务对象的服务需求，作为信息的收集者，了解区域志愿服务资源，收集区域志愿服务需求是志愿者之家工作的关键。开展志愿服务需求调研，开通志愿服务“邀邀邀我”热线，开通“志愿西城”微博，通过组织内信息流转及社会化收集的工作模式，将志愿服务需求整理分类，向各志愿者组织发布，建立志愿服务需求信息的发布平台。

（2）志愿者及志愿者团队的加油站：如何实现“我来服务”，服务是否专业，服务是否注重实效，是志愿服务的根。帮助志愿者及志愿者团队提高服务技能，优化志愿服务活动是志愿者之家为志愿者服务的具体表现。组织开展自救互救、护理、礼仪知识培训，志愿者心理疏导、减压，志愿者团队建设等内容活动，使志愿者更好、更专业地为受助对象提供服务。

（3）志愿服务项目的服务站：志愿服务项目化的运作有利于“需求”向“服务”的转化。志愿者之家为志愿服务项目提供宣传、展示、交流的平台，协助项目负责人招募志愿者，为项目提供智力支持及体验式服务。

2. 统一管理标准

作为枢纽型社会组织，西城区志愿者联合会是政府联络、团结、凝聚本行政区域内各部门、各系统、各领域志愿者组织的桥梁和纽带。为建立志愿服务管理标准体系，西城区统一志愿服务标识、统一网络平台、统一业务办理流程，实现西城区志愿服务的规范化、便民化、高效化。志愿者之家以全区申报国家级行政标准为契机，对志愿服务项目申请、志愿者注册以及志愿者服务时间累积三项工作率先开展了标准化建设。规定了西城区志愿者标志为“西城区志愿者联合会会标”，注册志愿者管理平台及统计志愿者时间累积的为“志愿北京”网络平台；建立了以志愿者联合会窗口为依托、街道公共服务大厅为纽带、社区服务站为基础的志愿服务事项“三级联动”服务体系。

3. 培养骨干队伍

区志愿者联合会探索社会化运作模式，通过“志愿北京”网络平台发布志愿者之家志愿者招募启示。现已组建成一支由 10 名志愿者组成的志愿者之家团队，负责志愿者之家日常运营。定期召开志愿者工作会议，听取志愿者在服务过程中的意见及建议。调动志愿者自身能动性，以志愿者管理志愿者，合理设计志愿服务岗位，丰富志愿者工作内容，让志愿者团队参与公益组织联络、志愿服务需求调研，网络志愿服务信息反馈，志愿服务活动策划、志愿人物访谈、《志愿快递》报纸编辑等工作。搭建了“10－50－300”的志愿服务团队联络框架，即10名骨干志愿者联系50家有区域影响力的志愿服务团队，50家有区域影响力的志愿服务团队带动300家志愿者联合会会员单位。

（三）取得效果

（1）建立了开放性的志愿服务体系。在“三位一体”的工作思路引导下，各志愿者组织均能够结合自身特色，从被服务对象实际需求出发，了解并找到合适的切入点和契合点，便于各组织开展活动。吸引各级领导到志愿者之家参观，通过媒体报道和“志愿西城”微博、《志愿快递》报纸宣传，吸引到中投公司、国家电网北京公司、首汽集团新锋班等社会爱心组织参与西城区志愿服务，实现了志愿资源的有效拓展。

（2）破解了志愿服务缺乏延续性的难题。志愿服务缺乏延续性主要原因在于需求和服务的信息不对等，志愿者之家“三位一体”的工作思路，从受助对象需求出发，通过志愿服务调研、志愿需求采集等方式，收集真实的志愿服务需求信息，减少“被服务”事件发生。结合真实需求寻找有意愿提供此类服务的志愿服务组织，通过团队接力的方式，充分体现志愿者的服务意愿，有效保证了志愿服务的可持续性。

（3）激发了志愿者参与服务的热情。通过参与志愿者之家组织开展的志愿服务体验活动，很多志愿者都受到了很大程度的启发和教育，激发了他们的爱心和责任，扩大了西城区志愿服务的影响力。

三、“蓝立方”

（一）建设背景

“蓝立方”，2008年北京奥运会期间志愿者服务活动平台，是北京奥运会志愿者活动的一项创举，奥运期间“蓝立方”分布在北京市18个区县的227个点，“蓝立方”里除配备笔记本电脑、服务提示牌和爱心留言板等服务装备外，还有地图、急救药箱等常备品，更有一群青春、活泼、热情的“80后”“90后”志愿者为行人提供各种特色服务。

北京奥运会的志愿服务开创了一个先例：即城市志愿者和社会志愿者不进场馆，而是在城市的各个角落进行服务的模式；星罗棋布在北京街头的550多个“蓝立方”，正是城市志愿者们的大本营。“蓝立方”的出现成为城市志愿者工作的阵地与展示志愿者风采的舞台。奥运会期间无数人感受到了“蓝立方”的温暖，迷路的外地游客在这里被指点，赶着看比赛的外国朋友在这里得到最方便快速的交通咨询，这里有小马扎让路人歇脚，有药品供老人解暑。“蓝立方”已经成为志愿者活动的重要载体之一，成为北京一道靓丽的风景线。

奥运会结束后，很多“蓝立方”里的志愿者表达了他们对这段生活的难忘与不舍，希望有更多的有志于社会公益事业和志愿服务的人走进“蓝立方”里来。随着奥运会、残奥会结束，“蓝立方”作为奥运成果被保留下来。作为重要的精神财富，“蓝立方”的价值主要有以下四个方面：

一是“蓝立方”是奥运精神的传承，承载着志愿者服务的一种精神象征。它是城市志愿者工作的一个前沿阵地，一扇宣传人文北京、科技北京、绿色北京的窗口，一个构筑社会和谐的平台、一种新时期社会文明的先进形象。

二是能很好地保留志愿者骨干，借助站点骨干培训带动更多志愿者，提高群众广泛参与奉献的热情。在服务中提升自我，相互促进，使志愿者队伍不断扩大。

三是充当政府宣传、事务咨询的固定场所。社区居民若需要了解日常生活中遇到的政策法规，可与志愿者预约，志愿者定期上岗提供服务，答疑解惑。成为了解民生问题的窗口，衍生城市志愿者的功能。

四是“蓝立方”很好地体现了北京城市独有的特色，为城市增添色彩。站点装饰各种彩旗，志愿者统一着装，为来往路人提供服务，成为一道亮丽的城市风景。

（二）运营管理

“蓝立方”作为奥运成果保留下来后，“蓝立方”的管理与使用权限移至团区委，由于部分保留在街面上的站点人流较少，团区委协调街道将站点转移至社区和学校，以更方便地开展志愿服务，作为开展志愿服务的平台。经过2009年和2010年两年的管理与运行，站点的服务均是与假日、节庆有关的服务，但要常态化运行难度较大，表现突出的问题有三个方面：一是“蓝立方”存在安全隐患。在奥运会筹备期间，建设的“蓝立方”的使用寿命仅为3个月。站点为塑料与钢板结构，随着近两年来在街面上风吹雨淋，内部钢板出现不同程度生锈，外包装塑料发生变形膨胀，很容易发生脱落，志愿者在站点服务时存在一定安全隐患。二是西城区的特殊区位。西城区作为首都功能核心区，“蓝立方”在开放阶段就与城管、市政多次协调沟通，在某些人流集中地区开放“蓝立方”容易造成安全隐患，加大了城管与市政的管理难度。三是维修渠道不畅通。“蓝立方”需要修理时，并没有对应的公司对“蓝立方”进行维修，即使维修，维修报价也较高。

为全面服务首都和谐社会首善之区建设，发挥志愿者在城市运行中的积极作用，规范西城区志愿服务站点“蓝立方”的日常运行，2011 年，西城区制定了《西城区“蓝立方”志愿服务工作运行方案》，对“蓝立方”的工作内容、工作机制、运营管理等方面进行了明确。

1. “蓝立方”工作内容

西城区“蓝立方”主要开展以下三类工作：①全年开展信息咨询、语言翻译、应急服务等志愿服务活动；②在传统节假日期间开展特色志愿服务活动；③结合地域特色及实际城市运行需要，开展其他类型城市志愿服务活动。

服务时间：全年 365 天（早 9：00 至下午 17：00）

站点设置：设置在人流密集的车站、商业区。

人员安排：每个站点每天至少需安排 2 名志愿者上岗服务。

2. 工作机制和职责分工

（1）工作机制。“蓝立方”城市志愿服务站点实行项目化管理，项目总负责人为区志愿者联合会工作人员，街道团工委书记为站点负责人。该项目由十几名志愿者形成一个团队共同开展活动，在志愿者中挑选 2 ~ 3 名骨干作为班次负责人。

（2）区志愿者联合会工作职责。区志愿者联合会主要负责以下工作：

1）负责整体统筹规划、部署安排以及信息上传下达等各项工作；

2）积极履行工作职责，协助街道完成“蓝立方”城市志愿者的招募动员、通用培训等工作；

3）配合做好信息宣传、典型人物上报、先进事迹遴选等工作；

4）和街道一起做好后勤保障工作；

5）每周对各街道志愿服务站点进行巡查 1 次。

（3）街道团工委工作职责。

街道团工委主要负责以下工作：

1）负责“蓝立方”城市志愿者工作的统筹协调；

2）根据本方案，结合本地区实际情况，制定区域工作实施方案；

3）统筹开展本区域“蓝立方”城市志愿者的资格确认、培训宣传、测试演练、运行管理等工作；

4）每周对志愿服务站点进行巡查 1 次。

案例："蓝立方"融入城市文明行动

2010 年 8 月 11 日上午 10：30，由展览路街道、西城区城管队、北京北站城管分队等联合开展的展览路地区"蓝立方"城市文明行动启动仪式在北京北站南广场顺利举行，标志着展览路地区的志愿服务工作将逐渐向"大而深"的长远方向延伸。这次城市文明行动的内容主要是结合西直门交通枢纽人流量大、服务需求多的特点，以"蓝立方"志愿服务站为载体，凝聚地区志愿者，通过日运行、周总结、季活动、年表彰的长效服务机制在这里长期为过往游客和居民提供指路咨询、语言翻译、便民和应急服务等全方位、多视角的志愿服务工作，让"蓝立方"发挥更大、更为深远的作用，以更好地融入到城市和谐、文明建设中。

案例：德胜门城市志愿者站点圆满完成春节服务周活动

2011 年春节正月初一至初五，德胜街道团工委在德胜门城市志愿者站点开展"春节服务周"志愿服务活动，志愿者来自德胜科技园区企业白领、在校学生、医疗系统志愿者、公交系统青年职工、青年自组织指路迷论坛网友、地区非公团建单位志愿者、社会爱心人士等社会各层面，共计 60 余人次志愿者上岗服务，提供义务指路、翻译等服务超过 2 万人次。

德胜门公交枢纽是北京最大的游客集散地之一，是去往八达岭长城的必经之地，也是各条旅游专线的始发地，每天的人流量达 10 多万次。德胜门 345 交通枢纽城市志愿者站点在北京奥运会、残奥会期间就已为游人提供义务指路、语言翻译、医疗救助等各项志愿服务超过 15 万人次。2009 年元旦、春节、劳动节、端午节，2010 年春节期间，345 交通枢纽城市志愿者站点始终坚持服务周上岗，国庆节期间更是坚持志愿服务 1 个月，为游人提供热情、便捷的志愿服务。

（三）取得成绩

截至2017年，西城区共有西单图书大厦、什刹海荷花市场、北京北站3个“蓝立方”城市志愿服务站，利用重要纪念日、节假日等契机，广泛组织志愿者开展服务活动，成为志愿服务形象展示的重要窗口，成为全区志愿服务的交流、体验和互动平台，在便民服务及社会防控、志愿服务信息采集等方面发挥了重要作用。

四、“七彩小屋”

（一）建设背景

伴随着我国经济社会的全面发展和工业化、城镇化进程加快，农民工问题已经摆在了越来越突出的位置，他们子女的教育发展，时刻牵动着党和政府的心。2010年五四青年节，团中央在全国启动实施“共青团关爱农民工子女志愿服务行动”（简称关爱行动），广泛组织基层团组织、青年志愿者团队与农民工子女结对帮扶，主要围绕学业辅导、亲情陪伴、感受城市、自护教育、爱心捐助等内容开展志愿服务，为农民工子女健康成长提供切实有效的帮助。为整合各类社会资源，推动“关爱行动”深入发展，在广泛征求各地志愿者和农民工子女意见的基础上，团中央决定2011年起在全国推广建设“关爱行动”阵地——“七彩小屋”。

2012年，根据团中央关于关爱农民工子女志愿服务行动的部署和要求，北京团市委、北京市志愿者联合会将关爱项目作为一项常态化的重要工作，广泛动员首都广大团员青年、青年志愿者，紧紧围绕“心手相牵　快乐成长”主题，不断深化学业辅导、亲情陪伴、感受城市、自护教育、爱心捐赠五项志愿服务内容，深入推进“七彩课堂”“七彩小屋”建设及项目专员队伍建设等工作。

（二）运营管理

为深入贯彻落实团中央《关于开展“共青团关爱农民工子女志愿服务行动”的通知》（中青发〔2010〕5号）精神，以及团市委、市志愿者联合会的相关工作要求，积极践行“志愿北京之蓝天行动”，广泛动员西城青年志愿者关爱外来务工人员子女成长、生活，为外来务工人员子女提供形式多样、切实有效的志愿服务。2010年底，西城区志愿者联合会在全区范围内积极开展“携手相牵·快乐成长”关爱外来务工人员子女志愿服务项目。大栅栏街道三井社区七彩小屋是西城区第一家由中央财政支持团中央命名的七彩小屋，建成于2012年7

月，七彩小屋是“成长加油站”的主要活动场地，“成长加油站”在团中央和市区街道领导的关心和指导下，秉承“关爱成长，助力未来”的主题长期开展关爱活动。

创新项目机制。采取“志愿服务团队+农民工子弟学校+接力”的运行模式，并在此基础上衍生出“1+1+3+X”模式，由团区委总牵，教委协同，高校、街道、农民工小学参与服务模式、“n+1”多个对接单位服务一所对接学校服务模式，全方位助力农民工子女健康成长。

推出“爱心课表”，制订关爱套餐。推出志愿读书会、参观博物馆、成长话题讨论、体验快乐运动四项“爱心课程”，为农民工子女成长成才提供学业辅导、心理辅导、自护教育等志愿服务。采用“走出去 请进来”的志愿服务模式，志愿者带着农民工子女到宋庆龄故居、恭王府等博物馆进行参观学习；同时部分博物馆带着文物、展板走进农民工子弟学校讲解，让孩子们感受北京历史文化，接受爱国主义教育，学习自然科技、文化艺术等知识。

打造志愿者工作站，开辟志愿者活动的实践平台。社区志愿服务依托“七彩小屋”心理辅导室，以三井社区为试点，探索与高校结成互助合作的社区志愿者工作站建设，依靠北京师范大学京师社会工作服务中心的软实力，以高校专业社工、社区青年社工和社区积极分子为主力，开展以流动人口家庭和青少年为主要对象的青少年成长小组、“三井之家”社区冬夏令营、心理辅导小组和流动图书馆等活动，提升青少年综合竞争力，同时提升社区工作的专业化与创新化。

案例：“七彩小屋”开启大栅栏青少年活动新天地

2012年，在团区委和区志愿者联合会的大力支持下，两座“七彩小屋”在大栅栏街道落成，将惠及大栅栏地区1万余名青少年。大栅栏街道团工委以“七彩小屋”建设为契机，以地区青少年为主体，通过与社区示范青年汇、志愿者工作和“综合包户”品牌活动相结合的形式，努力开创地区青少年活动的崭新局面。

案例：温馨小屋　七彩童梦——三井社区“七彩小屋”正式投入使用

2012年8月，在团区委、大栅栏街道团工委的大力支持与帮助下，三井社区“成长加油站”成功申请中央财政支持的中国青年志愿者协会关爱农民工子女志愿服务行动——“七彩小屋”，并正式投入使用。三井社区“七彩小屋”由“成长加油站”项目专员管理，是一个面向社区流动儿童、农民工子女的关爱阵地，划分为学习辅导区、读书写作区、休闲娱乐区、谈心角、亲情沟通区和活动区，供社工和志愿者为社区青少年特别是流动儿童、农民工子女进行课业辅导、开展小组工作和阅读活动之用。“七彩小屋”挂牌完成后，项目专员连同北京师范大学社工志愿者，结合社区实际，根据青少年喜好特点，共同规划布置了一个温馨的“七彩小屋”。“七彩小屋”的落成加强了“成长加油站”项目的硬件设施，“成长加油站”也将充分利用七彩小屋的各种资源，为更多的社区青少年提供个性化的优质服务。

（三）取得成绩

目前，西城区在大栅栏街道三井社区、什刹海街道四环社区、新街口街道育德社区、陶然亭街道红土店社区建立4个团中央专项支持“七彩小屋”，直接服务贫困青少年2000余名。“七彩小屋”已成为西城区青年志愿者为农民工子女提供经常性志愿服务的活动阵地，也是农民工子女课余开展集中学习和活动的场所。西城区“关爱行动”形成了以“结对＋接力”为工作机制、项目专员为骨干志愿者、“七彩课堂”为服务载体、“七彩小屋”为活动阵地的“四位一体”工作格局。

第五节　西城区志愿服务良好的文化氛围

结合区域特点，深入挖掘志愿文化内涵。将以“绝对忠诚、责任担当、首善标准”为核心的“红墙意识”作为志愿文化主体，围绕“3·5”学雷锋日、

"12·5"国际志愿者日开展主题志愿服务活动，倡导志愿服务人人可为、处处可为、时时可为，推动志愿服务走进生活。

一、星级志愿者认定

星级志愿者认定工作是推进志愿者实名注册工作和志愿者激励工作的重要手段。2010 年 10 月，北京市颁布《北京市志愿者管理办法（试行）》，该办法要求注册机构根据志愿者服务的时间累计及服务评价情况，认定其为北京市一至五星志愿者。星级志愿者佩戴相应标志，同时在"志愿北京"网站进行标注和宣传。2011 年 5 月 23 日，以西城区社工委、社建办、团区委、区志愿者联合会名义向全区各单位下发了《西城区志愿服务时间累积及志愿者星级评定实施细则》（西志愿发〔2011〕4 号），细则规定志愿者参加志愿服务要通过"志愿北京"网站进行注册，所认定时长为"志愿北京"网站所记录志愿服务时间。先后制定了《星级志愿者表彰及奖励标准》《志愿服务时间累积补录通知》和《关于西城区星级认定工作的情况说明》等。同年 11 月认定首批 1 星级志愿者 14 名，并在志愿者年终答谢活动中对优秀星级志愿者代表给予表彰。工作开展 7 年来，累计认定星级志愿者 23246 人次。

（一）认定标准

2011 ~2012 年度，志愿者星级认定采取志愿者组织自行申报方式，由于"志愿北京"网站尚未普及，其年度内星级志愿者认定时长以组织证明时间为主，"志愿北京"时间为辅。星级志愿者"志愿北京"时长不足者，按照组织证明时间给予补录，并于 2012 年 8 月 1 日向联合会各会员单位及相关志愿服务组织下发了《关于开展志愿服务时间累积及志愿者星级评定工作的通知》（西志愿发〔2012〕9 号）。2012 ~2013 年度分别认定星级志愿者 623 名和 472 名。2014 年，北京市吸收民政、综治等部门志愿者登记信息，实现了网站数据的互联互通，加之"志愿北京"网站普及工作的开展，星级志愿者数字有了显著提升，认定形式也规范为以"志愿北京"网站记录时长为认定依据。当年累计认定志愿者 1417 名，近 70% 为民政社区志愿者。2015 ~2016 年度星级志愿者认定要求进一步提高，除要求时长达到标准外，还对志愿时长计时、参加志愿服务是否在本区域服务给予规范，要求录入时长异常的志愿者由志愿服务组织提供其原始志愿服务记录并出具证明。

2011 ~2015 年度西城区星级志愿者认定时长参照《北京市志愿者管理办法（试行）》关于星级认定标准的细则，定为一星 100 小时、二星 200 小时、三星

500小时、四星800小时、五星1000小时，其中五星志愿者由北京市认定。2016年西城区星级志愿者认定标准参照民政部相应标准更改为：一星100小时、二星300小时、三星600小时、四星1000小时、五星1500小时，五星志愿者由西城区认定。

2015~2016年度西城区共认定星级志愿者13823名，其中一星志愿者6566名，二星志愿者5559名，三星志愿者932名，四星志愿者520名，五星志愿者246名。

表4-1　星级志愿者认定标准

	标准
2010~2015年	志愿者注册后，参加志愿者服务时间累计达到100小时、200小时、500小时、800小时、1000小时的，可分别认定为“北京市一星志愿者”“北京市二星志愿者”“北京市三星志愿者”“北京市四星志愿者”“北京市五星志愿者”，其中五星志愿者由北京市认定
2016年至今	认定标准参照民政部相应标准更改为，一星100小时、二星300小时、三星600小时、四星1000小时、五星1500小时，五星志愿者由西城区认定

（二）激励方式

星级志愿者激励以精神激励为主、物质激励为辅。自2012年起，区志愿服务联合会设计制作了星级、徽章和相应文化产品，经常性开展星级志愿者免费体检、观影、游园、素质拓展、兴趣培养等志愿者回馈活动。从2015年起，北京市开展五星级优秀志愿者评选活动，向北京市推荐并认定五星级优秀志愿者137名。

表4-2　星级志愿者表彰及奖励标准

志愿者 表彰方式	一星志愿者	二星志愿者	三星志愿者	四星志愿者	五星志愿者
授予荣誉称号	√	√	√	√	√
颁发星级志愿者徽章	√	√	√	√	√
颁发星级志愿者证书	√	√	√	√	√
赠阅一年《志愿快递》报纸			√	√	由北京市志愿者联合会负责表彰
文化纪念品	志多多毛巾一个	志多多抱枕一个	志愿者便携工具箱一套	志愿者服装一套	由北京市志愿者联合会负责表彰

2011 年 11 月，西城认定首批 1 星级志愿者 14 名，并在志愿者年终答谢活动中对优秀星级志愿者代表给予表彰。此后，由西城区志愿者联合会每年度开展一次星级志愿者的认定工作。7 年来，全区累计认定星级志愿者 23246 人次。

二、开展评优评奖

（一）开展优秀评选

开展年度优秀志愿者、优秀志愿服务团队、优秀志愿服务项目评选，宣传弘扬“奉献、友爱、互助、进步”的志愿精神。2010 年以来，每两年举办一次“西城区十大志愿者”评选活动。2011 年开展“志愿者示范争创”和“西城区志愿服务精品项目”评选活动，评选出了“百名优秀社区志愿者”和多个“优秀志愿服务项目”。2012 年举办“西城区志愿服务终身成就奖”，共评选出 5 名“终身成就奖”志愿者。2016 年开展西城区中小学生志愿服务评优活动，共评选出“西城区最美学生志愿者”10 名、“西城区最美教师志愿者”10 名、“西城区教育系统最佳志愿服务项目”10 个、“西城区最美家庭”10 个、“西城区教育系统最佳志愿组织”10 个等。

（二）树立优秀典型

近年来，随着西城区志愿服务事业的蓬勃发展，涌现出了一批志愿服务典型，获得国家级荣誉，成为西城志愿服务的响亮品牌。在 2015 年和 2016 年中宣部举办的“四个 100”先进典型评选活动中，西城区“邻里守望　笑脸相约”志愿服务主题活动荣获 2015 年最佳志愿服务项目，天桥街道太平街社区“萤火虫”志愿服务队荣获 2015 年最佳志愿服务组织，“西城大妈”平安志愿者团队荣获 2016 年最佳志愿服务组织。

案例：首届“西城区十大志愿者”揭晓

2010 年 4 月 28 日，首届“西城区十大志愿者”揭晓。2010 年 3 月，“西城区十大志愿者”评选活动正式启动。在两个月时间内，驻区、区属各单位和广大志愿者踊跃参与、积极报名，经过专家评审、网络投票和报纸公示等工作流程，10 名来自全区各领域、各行业的优秀志愿者代表脱颖而出，当选为首届“西城区十大志愿者”。他们是“安全卫士”金融街社区治安志愿者王凤玲、“社区园丁”月坛社区党员志愿者颜秉新、“真情站台”文明乘车志愿者沈崇艳、“用爱点亮希望”北京儿童医院医护志愿者贾晨光、“搭建人与自然的桥梁”北京动物园义务讲解志愿者张楠溪、“德胜‘活地图’”345 公交枢纽义务指路志愿者邵南海、“与志愿的不解之缘”中国银行志愿者黄东浩、“志愿天使的羽翼”复兴医院青年志愿者钟勤、“文化使者”文化志愿者笑林、“无声奉献”北京第四聋人学校学生志愿者杨子。

案例：西城区志愿者联合会最美志愿者微笑评选活动揭晓

为汇集广大网友对志愿者的美好祝愿，呼吁网友关注志愿服务事业，亲身参与到志愿服务活动中来，共青团北京市西城区委员会、西城区志愿者联合会于 2011 年 4 月 26 日至 5 月 15 日历时 20 天开展了“最美志愿者微笑”网络评选活动。

在团中央、中央文明办和民政部等组织的中国青年志愿服务项目大赛中，西城区三井社区“成长加油站”青少年素质拓展项目分别荣获 2015 年第二届中国青年志愿服务项目大赛金奖和 2016 年第十一届中国青年志愿者优秀项目奖。在团中央举办的第十一届中国青年志愿者评选表彰中，北京师范大学附属实验中学志愿者崔博然、首汽集团第四运营分公司志愿者王新锋、安利北京分公司志愿者吕嘉珩获得中国青年志愿者优秀个人等。

案例：2017 年西城区志愿服务评优暨志愿者回馈活动

2017 年 12 月 5 日，在第 32 个国际志愿者日，区民政局联合团区委在繁星戏剧村壹剧场举办“2017 年西城区志愿服务评优暨志愿者回馈活动”，全区 200 多名志愿者代表参加活动。颁奖仪式上，宣读了 2017 年西城区志愿服务评优活动表彰决定，并为获奖的优秀志愿者代表和优秀志愿服务组织代表颁奖。区民政局与团区委通过街道自荐、网络票选、专家评审等形式，分别评选出 100 名社区志愿者为“2017 年度西城区社区志愿者之星”、100 个社区志愿服务组织为“2017 年度西城区社区志愿服务优秀组织”；方芳等 5 名志愿者为“群众喜爱的西城区明星社区志愿者”、清华池志愿者小分队等 5 个志愿服务组织为“群众喜爱的西城区明星社区志愿服务组织”；安利语翼手语服务队等 10 个团队为“2017 年度西城区优秀志愿服务团队”，“爱心在西城，凤凰助养老”金融养老志愿服务项目等 10 个项目为“2017 年度西城区优秀志愿服务项目”，李宁等 10 名同志为“2017 年度西城区优秀志愿服务工作者”。

三、党团员带头示范

深入落实中共北京市委组织部等 6 部门联合印发的《关于组织全市共产党员、共青团员积极参加学雷锋志愿服务的实施意见》和共青团中央《关于推进团员成为注册志愿者的意见》的要求，结合在职党员回社区报到工作，要求各单位党、团组织成立志愿服务队，并在“志愿西城”平台统一注册。每名党、团员每季度参加志愿服务不少于 8 小时，全年不少于 32 小时，区领导带头参加志愿服务活动。将入团前接受志愿服务培训作为制度性安排，推进团员成为注册志愿者，实现全区团干部全部成为注册志愿者。

2016 年 3 月，为深入落实中共北京市委组织部等 6 部门印发的《关于组织全市共产党员、共青团员积极参加学雷锋志愿服务的实施意见》的要求，在西城区营造党员领导干部带头参与志愿服务活动的氛围，在第 53 个“学雷锋纪念日”到来之际，区四套班子领导带头参与志愿服务活动，在全区弘扬志愿服务精神，营造志愿服务氛围。

案例：工商联非公企业党委开展“党员进社区志愿服务”系列活动

2012 年 6 月 5 日，北京和合谷餐饮管理有限公司党支部组织志愿服务活动小组，为陶然亭街道龙泉居委会的六户退休居民更换了节能水龙头与节能灯管，既体现了党组织与党员为群众服务的根本宗旨，也带头践行了国家倡导的低碳节能措施。当天下午，支部又带领和合谷负责产品质量控制的入党积极分子李妍妍到三里河社区，为居民们讲解夏季食品购买、储存常用知识，以早餐为切入点，讲述日常最营养、最方便的食品加工办法。自工商联非公企业党委开展“党员进社区志愿服务”活动以来，各基层党组织积极响应，认真组织和参加活动，得到了社区居民的一致赞同。

案例：“服务他人、提升自我”

——青年党员志愿者慰问社区老党员活动

2012 年 9 月 3 日下午，新街口街道团工委联合北京交通大学理学院 2011 级本科生党支部开展主题为“服务他人、提升自我”——青年党员志愿者慰问社区老党员活动。20 余名志愿者深入社区，到 3 户老党员家中开展慰问活动，为老人带去了毛巾、坐垫、牛奶等生活用品和营养品，并为老人打扫卫生、表演节目，受到了社区老党员的交口称赞。活动中，老党员为志愿者讲述了自己年轻时候的革命故事，以及在党的领导下人民生活发生的翻天覆地的变化，并鼓励志愿者们要好好学习、好好生活，为党和国家奉献自己的力量。

案例：城区供电公司党员服务队志愿者走进三义里小学

秋高气爽，风轻云淡，2012 年 9 月 29 日，伴着明媚的朝阳，城区供电公司党员服务队的志愿者们走进北京市西城区三义里小学，在中秋、国庆“双节”到来之前，为小学生们送上一份“安全礼”。团区委书记、区志愿者联合会常务副主席王丹、北京市电力公司团委副书记左芳芳共同出席了此次活动。三义里小学是一所外来务工人员子女相对集中的学校，全校共有学生 490 人，其中有 2/3 都是外来务工人员子女。城区供电公司党员服务队在深入开展“六进三送”活动中，与西城区志愿者联合会结成友好共建关系，在放假前，联手开展“关爱青苗行动”。此次活动也是区志愿者联合会“关爱行动”中“童心圆梦”活动内容的一项。三义里小学学生的梦想是希望能够上一堂与生活息息相关的常识课，城区供电公司党员服务队认领了该梦想，并在节日前夕为同学们送去了别开生面的电力常识课程。

此次活动以“安全伴我行”为主旨，帮助小学生树立安全用电意识，通过幻灯片演示、动画片问答、电力强手棋游戏和模拟触电急救的形式，分别从室内安全用电、户外自我防护、电力基础知识和触电自救四方面，讲解最贴近小学生实际生活的安全常识，将概念性较强的知识转化为可观性、可感性强的动手项目，让孩子们在游戏中体验知识的运用。

三义里小学校长表示，许多学生的家长忙于工作，对孩子的安全教育比较薄弱，尤其是外来务工人员子女，大多数时间都是独自在家。城区共产党员服务队开展的活动形式，比起平日里老师们对安全教育的口头宣传更加生动，更能吸引孩子的注意力，也就更强化了孩子对知识记忆的过程。活动中，城区共产党员服务队和青年团员还将漫画式的书籍《儿童节约用电漫画读本（家庭篇、公共篇）》赠予了学校图书馆。

四、多样化传播方式

为在全社会普及志愿精神，西城区不断创新志愿服务传播方式、传播内容与传播形式，组建西城区志愿服务文化宣讲团，走进社区、企业、学校等基层单位开展志愿服务精神和事迹宣讲活动。策划推出以西城为背景、以志愿者的真实故

案例：开展“在职党员社区统一行动日”活动

为了将党的建设与推动改革发展、保障改善民生紧密结合起来，从2015年开始，西城区将每年7月的第一个休息日确定为“在职党员社区统一行动日”，组织在职党员到社区集中开展志愿服务活动。2015年7月4日，西城区西交民巷社区里摆下长长一串流动摊位——驻区部队、天安门工商分局、西长安街司法所等单位的驻区党员“八仙过海”，各展所长，为居民提供志愿服务。当天，全区共有837个基层党组织、9531名党员参与了活动。

案例：弘扬志愿精神，展现人性光辉

生龙活虎辞旧岁，厚德包容求创新，2012年德胜街道新春团拜会于1月14日下午举行，德胜街道工委书记马小鹏、办事处主任陈献森等领导出席，与全体机关干部欢聚一堂，共贺新春。街道团工委积极协助工会做好新春团拜会工作，在节目收集、节目主持、后台保障等方面积极行动，确保团拜会的顺利进行，特别是舞台剧《志愿者在行动》在整台晚会中独具一格，并获得了节目组织二等奖荣誉称号。舞台剧《志愿者在行动》以街道公共服务大厅为蓝本，通过展示大厅工作人员耐心为地区居民服务、心平气和地安慰低保求助人员的不满情绪、在危难时先让居民逃生、工作人员之间的自救和互救，以及志愿者救助队不怕危险，迎难而上的大无畏精神等场景的描写，讴歌社会主义核心价值观，颂扬人性之美、党的坚强领导和志愿者的无私奉献精神。

事为主题的舞台剧《传递》，拍摄《志愿西城　你我同行》《美丽西城　和谐邻里》《我们》等微电影，组建志愿家庭艺术团，创作原创集体诗朗诵《志愿人家》和快板《志愿赞》，深入社区、敬老院开展演出活动。设计志愿服务联合会LOGO、形象大使“志多多”，制作志愿服务日志、宣传海报、地铁图、停车卡

等文化产品，将志愿服务打造成为社会时尚。

（一）加大传播力度

在区委、区政府的文化引领下，西城区志愿者联合会以助力建设活力、魅力、和谐新西城为目标，加大志愿服务精神传播力度，用先进文化的力量感召更多的人投身志愿服务，努力营造“人人皆是志愿者，时时处处皆可志愿”的浓厚社会氛围。

区志愿者联合会设计制作“西城志愿者”系列服装、星级志愿者徽章、宣传海报、志愿者绿色出行交通卡等一批文化产品；创办官方刊物《志愿快递》，展示志愿者风采，交流志愿服务心得；策划推出区志愿者联合会卡通形象大使——志多多，创作演出以西城为背景、以志愿者的真实故事为主题的舞台剧《传递》，用艺术的形式展现志愿者的奉献与收获，打造志愿服务文化精品。

案例：“西城区志愿文化进校园”精品志愿服务项目校园巡展

2012年4月23日上午10点，团区委、区志愿者联合会启动的“西城区志愿文化进校园”精品志愿服务项目校园巡展活动走进第一站——北京师范大学。区志愿者联合会常务副主席兼秘书处处长王丹同志参加了此次活动。

活动一开始便吸引了很多路过师生的注意，老师及同学们纷纷走到展架前驻足观看，不时还有师生向工作人员询问如何参加西城区的志愿服务。工作人员耐心细致地为每一位前来询问的师生进行讲解与介绍，并帮助有参与意向的师生现场进行报名注册。此次巡展活动很好地向高校师生展示了西城区志愿服务工作的成果，现场报名注册志愿者60余名，发放宣传折页300余份，还有很多学生表示将通过网络报名注册，为西城区志愿者大家庭注入了新鲜的血液，同时也很好地展现出了西城区志愿服务的特色与魅力。

本次活动是区志愿者联合会继3月23日召开西城区志愿服务精品项目高校推介会后，开展的又一项走进高校校园的特色活动。活动旨在普及志愿服务理念，让高校青年参与志愿服务的热情更加高涨，让更多的大学生朋友不出校园就可以了解西城地域志愿文化特色及志愿服务项目，并亲身参与其中，让每一位高校青年都成为良好社会风尚的倡导者。

（二）创新传播手段

一项创新性工作的开展首先需要工作经验的大量积累和对工作的不断思考总结。区志愿者联合会成立几年来一直在志愿文化建设领域不断摸索，志愿者服装、志愿者联合会 LOGO、卡通形象大使、舞台剧……每一项工作的背后都体现了对志愿服务精神及理念的理解。

区志愿者联合会致力于寻找一种全新的艺术表达方式，展现真实生动的志愿者故事，传播志愿服务理念，感召更多的人加入西城区志愿者大家庭。微电影作为当下较为流行的文化元素之一，不仅利于民众接受，表达形式也更为直观形象。与舞台剧的实时在场性相比，微电影在传播上更具优势，时间短，故事性、逻辑性强，成本较低，可不限场地循环放映。2013 年，西城区志愿者联合会启动志愿服务主题微电影拍摄工作。

2013 年 9 月 16 日，在西城区志愿者联合会一届二次理事会上，微电影《志愿西城　你我同行》正式对外发布。《志愿西城　你我同行》是由西城志愿者联合会历经 3 个月拍摄制作完成的，微电影中主要角色均由西城志愿者担任。整个微电影分为：心目影院篇、关爱行动篇、夕阳红篇，三个篇章分别展现了志愿者在关爱残疾人、关爱外来务工人员子女、关爱老人三个服务项目中的真实故事，旨在通过这种全新的艺术表达方式，展现生动的志愿服务过程，真实地传递志愿服务精神的内涵，感召更多的人加入西城区志愿者大家庭。微电影在西单老佛爷户外电子屏、缤纷西城等媒体播出后，在社会上引起了广泛的关注，共青团中央还将其作为经典案例，收录在团干部培训教材里。2014 年，区志愿者联合会以“和谐邻里·守望幸福”为主题，策划、拍摄了微电影第二季。

第五章　西城区志愿服务经验模式

〔引言〕

历史之中有智慧，历史之中有营养，要在对过去工作的经验总结中汲取前行的智慧、养分和力量。长期以来，西城区志愿者们坚持“道虽迩，不行不至；事虽小，不为不成”的精神，以饱满的志愿服务热情深耕一个个细小而实在的项目，在平凡中创立了一件又一件不平凡的事迹。

从社区志愿服务到综治志愿服务，从医院志愿服务到学生志愿服务，从家庭志愿服务到文化志愿服务，西城区志愿者勇于创新，行稳致远，将志愿服务工作做实做小做细，积累了大量的经验财富，是未来创新开展志愿服务工作的永不干涸的思想源泉。

第一节　综合包户

——社区志愿服务发展模式

社区是社会动员的最基层细胞，开展社区志愿服务，有助于发动民力、汇集民智，引导居民积极投身社区建设；有助于化解矛盾，减少冲突，促进和谐社区建设。1983 年，西城区大栅栏街道西柳幼儿园签订的第一份“综合包户”协议书被公认为首都青年志愿行动的开端。在历经 30 多年的坚持与传承中，如今在西城形成了“你帮我助邻里情，温暖幸福‘一家亲’”的幸福群落。2013 年，中国志愿服务联合会发出了“邻里守望”志愿服务活动的倡议，结合“邻里情”这一中华民族传统美德，唤起了公民助人自助的意识。“邻里守望”将居民通过空间聚集在一起，运用“情”体现了新时期志愿服务的“内涵”，同时也赋予了

“综合包户”项目新的生命力。

一、缘起与发展

（一）源起大栅栏

1983 年 2 月 27 日，当第一份“综合包户”协议书在大栅栏街道签订的时候，人们也许没有想到，这个以党委领导、政府主导、团组织统筹、各方面广泛参与的学雷锋活动，今后将给人们的生活带来怎样的变化。

为了改变“雷锋是临时户口，3 月里来 4 月里走”的状况，1983 年，原宣武共青团率先发起“综合包户”志愿服务活动，大栅栏地区的百货、副食、菜蔬、粮食、煤炭、浴池、理发、房管、医院等行业以及街道办事处的团员青年自发组织起来，为本地区 19 户身边无儿女、年迈体弱的老人定期提供送日用百货、送副食品、送菜、送煤、送粮、维修房屋、理发、洗澡、卫生巡诊、打扫卫生 10 项综合服务。这一新生事物迅速在全区推广。1983 年 3 月，8 个街道全部签订了“综合包户”协议书，对 137 户老人实行“综合包户”服务。与此同时，菜市口地区的 10 个单位与盲人工厂签订了“综合包户”服务协议，为 92 位盲人提供送货、理发、量体裁衣等 10 项服务。服装公司、修理公司等单位组织团员青年对本系统退休工人、伤残军人实行综合包户。这样，全区形成了一整套有组织、有制度、互相联系、互相配合的综合包户服务网，做到了组织领导、服务人员、服务内容、服务时间、服务制度五落实，使学雷锋活动走上了经常化、系统化、制度化的轨道。

（二）迅速发展，服务内涵不断丰富

“综合包户”志愿者从一部分企业团员青年到各系统团员青年，再到驻区单位、共建高校等社会各界青年的广泛加入，志愿服务的队伍不断发展壮大；服务内容从关注受助对象日常生活困难到物质帮扶与精神慰藉并重，再到今天强调提供个性化的服务，工作内容在不断地丰富。

1989 年 8 月 19 日，北京市第一个社区志愿者邻里互助协会在天桥街道成立。邻里互助队员们有的为托幼难的双职工照看孩子，有的走街串巷为大家义务理发、修理灶具、家电，广大群众亲切地称这些志愿者为“小巷雷锋”。自 1997 年起，北京城区供电公司团委的青年志愿者坚持每年到敬老院开展日常走访、节假日慰问联欢，义务检查、更换老旧线路、安装院落照明灯、遥控小夜灯等。从 2000 年开始，张一元茶叶公司每年都会为大栅栏地区残疾人子女及社区孤儿提供爱心助学金，这份爱心从未因任何原因间断或延时。菜市口百货有限公司深入

社区，常年坚持开展免费首饰维修、清洗、咨询志愿服务。2003 年，团区委与区老干部局共同启动“青春映晚霞”——关爱离退休干部志愿服务行动，卫生、教育、街道等团组织与离休老干部签订志愿服务协议书。从 2008 年开始，安利公司志愿者在区培智中心学校定期开展对特殊儿童帮扶活动。2009 年，“综合包户”志愿服务被确立为奥运志愿精神与文化成果的保留转化阵地。

截至 2017 年 10 月，大栅栏街道签订“综合包户”协议 483 份，综包单位由最初的 11 家发展到 99 家，现有的志愿者队伍 64 支，形成了 8 支专业服务队，目前 3090 名志愿者中已有 2859 名通过实名认证，北京市星级志愿者 1179 人，党团员占 76%。发布志愿服务项目 57 个，近万人受益，服务总时突破 90 万小时。

二、发展模式

（一）项目内涵

所谓“综合包户”，就是各团组织发挥所在行业优势，共同扶助社会弱势群体和特殊群体，并通过签订协议书，将扶助时间、内容、责任等进一步明确和固化。团员青年们通过签订“综合包户”协议书，与包户对象建立起长期的服务关系，并将每次活动情况写在“综合包户”记录本上，保存在包户对象家中。随着时代的发展，居民的生活方式和需求在不断变化，“综合包户”志愿服务从由党、团组织为主导的模式逐渐向社会化发展。1984 年 3 月 5 日，共青团中央发出《关于学习、推广团北京市委开展综合包户服务经验的通知》，将“综合包户”作为青少年学雷锋、送温暖的一种好形式，作为学雷锋见行动经常化、制度化的途径。广大团员青年积极响应号召，投身社区服务、帮扶弱势群体、参与公益活动。

（二）项目模式

作为北京市志愿服务的宝贵精神财富，西城区积极创新“综合包户”项目模式，不断赋予“综合包户”新的时代内涵。西城区不断构建“政府引导，社会参与”的志愿服务模式，面向全区各街道、社区、社会公益组织和志愿者团队征集“综合包户”志愿服务项目，针对区域特点和重点功能街区建设，投入智力、物力、财力资源，支持项目孵化运行，努力形成“一街道一特色”工作模式。

1. 拓宽服务对象

团区委根据变化的情况，不断将其他群体纳入“综包”服务范围，将“社救”户、离退休老干部、失独家庭、特困家庭青少年、社区矫正青少年、社区失业人员、进京创业人员纳入服务范围。以社区青年汇、志愿服务站为阵地开展社会融入服务，以社区邻里互助为载体，主动包容、接纳居住在社区的外来务工人员及其子女，为他们提供学习成长、情感婚恋、身心健康、就业创业等方面的服务，帮助他们形成宽松融洽的人际关系，从生活、就业、心理等各方面融入社区。

2. 深化服务内涵

20 世纪 80 年代“综包”志愿服务的主要内容是物质支持，满足生活基本需要；20 世纪 90 年代以来，“综包”主要内容转变为物质支持加精神关怀；进入 21 世纪，志愿服务呈现常态化、个性化、专业化发展趋势，各志愿服务队根据服务对象具体需要，发挥各自优势，分别开展有针对性的志愿服务。做到活动有声势，宣传有效果，扩大了“综合包户”的社会影响。近年来，在内联升、张一元、老舍茶馆、同仁堂等老字号企业中开展了以敬老为主题的百岁老人公益实践项目，凭借传统文化特色资源为 28 位百岁老人提供专业志愿服务。驻区中国银行、光大银行、北京银行深入社区将反假币防金融诈骗等知识传授给老人。区文化馆、文联将文学评鉴和文艺慰问带到社区和养老机构，丰富老年人晚年精神生活。西城区摄影志愿团队走进社区和养老机构为老年人留下最美的夕阳红。西城区图书馆和信息办志愿者走进社区为外来务工青年和老年人讲解计算机知识，特别帮助老年人适应和接受新事物。

3. 动员社会力量

依托社区，机关企事业单位、社会组织，定期集中开展志愿服务活动，按照西城区党的群众路线教育实践活动的要求，广泛发动有志于参与志愿服务的热心人士，积极参与综合包户志愿服务。整合梳理区、街现有志愿服务项目和资源，对招募的志愿者进行分类，组建综合型、专业型、共建型等多类型志愿服务队。加强专业志愿资源的引入，采取集中培训与专项培训相结合的方式，提升志愿者的服务水平。主动培育和引入社会组织和专业力量，积极探索志愿服务社会化运作机制。一是以社区为龙头加大志愿服务组织培育力度。加强对社区的指导力度，根据社区不同的特色及资源优势，在每个社区打造一个精品型、枢纽型的党员志愿服务组织，重点打造“成长加油站”“金石公益团队”等 10 支志愿服务品牌队伍。二是建立街道社会组织孵化器。着力构建以街道为主导、以社区为依托、以专家学者和专业社会组织为智力驱动的社会组织培育体系，建设了集社会组织登记注册、业务培训、定期年检、信息交流、项目引领等功能为一体的社会组织服务发展中心——家和苑，与专业 NGO 组织合作，围绕便民服务、为老服务、青少年教育、特殊人群职业技能培训、社区民主自治、绿色环保等内容开展社区公共服务和文化活动。通过街道每年20万元的社会组织培育专项资金和社区公益金，扶持社区居民自主开展社区服务，举办“微创投”社区公益项目大赛，引入企业、媒体、高校、基金会等跨界资源，重点打造“成长加油站”“家庭公益博物馆”等优秀社区公益项目，为社区治理营造良好氛围，为邻里守望注入新的活力。

4. 打造工作平台

以“志愿西城”网络信息管理平台为基础，开发“综合包户”志愿服务专题模块，综合服务方与接受服务户捆绑对接，实现服务项目的网络点击、网络计时、网络评估等职能，不断积累和丰富新时期综合包户志愿服务的有效经验，并积极与“全响应”社会服务管理信息化支撑系统对接。依托“志愿者之家”服务阵地，开通“82141115”（邀邀邀我）服务热线，诚邀百姓需求，对接专业服务团队，同时借助“蓝立方”站点和分布在全区各街道的社区青年汇，全面感知、汇集志愿服务需求。目前大栅栏3090名志愿者中已有2859名通过实名认证，发布志愿服务项目57个，服务总时突破90万小时。同时，依据志愿云软件的志愿者服务时长，拟定了大栅栏街道公益志愿服务激励反哺机制，评选出街级星级志愿者844人。

5. 创新服务模式

面向全区各街道、社区、社会公益组织和志愿者团队征集“综合包户”志愿服务项目，针对区域特点和重点功能街区建设，投入智力、物力、财力资源，支持项目孵化运行，努力形成“一街道一特色”工作模式。在大栅栏街道试点建立“1135”综合包户志愿服务工作模式，待运行完善后向全区推广。“1135”工作模式即“一个运行中心，一个工作平台，三类服务形式，五支特色队伍”互为支撑、整体联动的学雷锋“综合包户”志愿服务活动全新工作模式。运行中心负责综合包户活动的整体工作统筹、具体指导和效果督导，具有整体运营、项目孵化和服务评估三大职能。一个工作平台是指搭建志愿服务终端工作平台，设立综合包户活动志愿工作示范站点，完善志愿服务组织网络。三类服务形式是互助式温情服务、菜单式项目服务、平台式专业服务。五支特色队伍分别为“和平天使”外籍公益团队、大栅栏导游志愿者队、“七彩童心”青年社工圆梦队、“新居民新家园”志愿服务队及晨夕法律援助队。

6. 推进服务升级

2013年，中国志愿服务联合会发起“邻里守望”志愿服务活动倡议。西城区在总结31年学雷锋“综合包户”“邻里互助”志愿服务工作经验基础上，结合区位特征，对接群众需求，正式启动了全区“邻里互助，守望幸福”综合包户志愿服务行动，推出了志愿服务主题歌《幸福阳光》，并将这一活动纳入全国文明城区建设，健全完善了志愿服务工作机制，积极推进志愿服务升级。

案例：“感受传统文化　弘扬志愿精神”综合包户文化体验行

为纪念“综合包户”志愿服务活动29周年，2012年7月6日，一场主题为“感受传统文化　弘扬志愿精神”综合包户文化体验行志愿服务活动在湖广会馆隆重举行。来自西城区炭儿小学和东城区史家小学的40余名师生参与此次活动。活动首先播放了“传统文化体验行”综合包户志愿活动项目宣传片，全面展示了“综合包户”由单一物质帮扶向物质帮扶和精神关怀相结合的双向服务转型。

作为第65家参与综合包户的单位，北京京都文化投资管理公司与大栅栏街道达成了综合包户共建互赢的共识，并签订了协议书。随后，京都公司分别与炭儿小学、史家小学签订了首批以文化体验为内容的综合包户服务协议书。

伴随着“传统文化体验行”综合包户志愿服务行动的启动，湖广会馆等四家文化场所成为首批“综合包户”文化体验行活动实践基地。来自大栅栏街道和京都公司的青年志愿者代表向地区志愿者发出倡议，号召广大青年积极加入“感受传统文化　弘扬志愿精神”综合包户志愿服务实践项目中，推动综合包户活动的长效发展。

炭儿小学和史家小学40余名师生成为首批文化体验行成员，参观了北京戏曲博物馆和湖广会馆大戏楼。同学们置身于有着两百多年历史的戏楼，感受其中历史。传统文化体验活动将面向地区机关、事业单位、学校、社区、驻区单位及社会单位中的青少年群体和已经结对的“综合包户”服务对象。活动以大栅栏及其周边为文化汲取地，以传统文化为主体，基于地区文化的需求，采取菜单式文化体验路线选择的方式，通过参观具有代表性的文化场所，体验传统文化技艺。此活动每年将提供4次体验机会，将惠及400余名青少年。

三、经验与启示

“综合包户”活动是雷锋精神与时代精神的有机结合，是中华民族传统美德与共产主义光辉思想的有机结合，是新时期团组织开展青少年群众性精神文明建设的一条有效途径，是团组织发挥育人功能，提升青少年素质，促进青少年成长进步的一个成功模式，具有极其重要的借鉴意义。

（一）充分发挥党团员的模范带头作用

按照党的群众路线教育实践活动的要求，结合基层服务型党组织建设，西城区各级党团组织将广泛组建党员志愿服务队、团员青年志愿服务队，引导党团员到社区报到参与综合包户志愿服务，从关爱身边人做起，从日常做起，从小事做起，积极参与志愿服务。

（二）切实对接群众需求

按照问题导向，根据服务对象的不同，组建综合型、专业型、共建型等多类型志愿服务队。对需开展综合包户志愿服务的空巢老人、残疾人的范围认真界定，街道社区负责组织志愿服务团队与空巢老人和残疾人结对，根据服务需求，通过“一对一”“一对多”或“多对一”等形式开展志愿服务活动。实现传统社区志愿者与社会志愿者对接，实现“综合包户”传统志愿活动内容与现代化志愿服务对接，引导学雷锋活动向经常化、制度化方向发展。

（三）完善保障机制

继续完善“社工＋志愿者”的工作模式，不断拓展综合包户志愿服务领域，采用项目管理的方式促进志愿服务项目的持续开展。同时，建立健全志愿服务活动保障体系，通过多种渠道整合各类资源，为志愿服务活动的开展提供必需的资金和物质支持。进一步规范志愿者服务活动的管理机制，探索志愿者服务激励机制、权益保障机制和专业培训机制。按照“对象固定 + 志愿接力”模式，通过签订协议方式，把志愿服务组织或团队和空巢老人、残疾人、农民工及其子女、留守儿童等需要帮助的人连接起来，把志愿服务项目明确下来。

(四) 做实做细服务内容

西城区不断总结“综合包户”成功经验，将志愿服务工作做实做细，要求在开展服务过程中做到“三必四清五及时”，三必：必须签订协议、必须经过培训、必须志愿服务；四清：清楚服务对象的脾气秉性、清楚服务对象的生活习惯、清楚服务对象的服务需求、清楚服务对象的家庭状况；五及时：及时联系沟通、及时提供服务、及时服务记录、及时消除误会、及时应对突发。2014 年西城区发布了《“邻里互助　守望幸福”综合包户志愿服务行动实施方案》，经过一年的运行，志愿者与社区的空巢老人、残疾人形成了一对一的结对关系，开展“四有服务”，即日有联系、周有探视、月有活动、年有慰问。

第二节　西城大妈

——综治志愿服务发展模式

北京市西城区位于北京市核心城区的西部，部分地区紧邻着中南海和天安门。在这片特殊区域，活跃着一群“神秘”人物——“西城大妈”，他们和北京市的“朝阳群众”“海淀网友”“丰台劝导队”被人戏称为京城四大“神秘”组织。早在 20 世纪 50 年代，“小脚侦缉队”就依托街道居委会活跃在西城区的大街小巷，她们邻里守望，调解纠纷，检查安全，举报线索。50 多年来，从“小脚侦缉队”到“西城大妈”，始终传承着守护社区的精神。

一、缘起与发展

作为首都政治的核心区域，西城区志愿工作者“红墙意识”深入在心，在工作和生活中不断强化“红墙意识”，始终坚持着“首善标准”。在志愿服务中严格要求自己，始终践行“红墙意识”，形成一道坚固的思想“红墙”。“西城大

妈”作为西城区的治安志愿者，是“红墙意识”的积极践行者，为西城区和谐稳定贡献出自己的力量，发挥“钉子精神”和“工匠精神”，一起打造西城平安。在治安防控、提供案件线索方面屡建奇功，在生活中化解邻里矛盾、进行文明乘车引导，圆满完成各项重大活动安全保卫和服务保障任务，“西城大妈”功不可没。他们用自己的行动诠释着“红墙意识”，特别是党员志愿者，在志愿活动中起到了模范带头作用，以理论带实践，以学习促实践。

“西城大妈”平安志愿者团队自2008年成立以来，旨在推进平安建设和社会治理，注重将传统的政治动员与现代志愿服务理念紧密结合，不断推进群众参与平安建设的新机制、新模式、新内容。因为在治安防控、提供案件线索方面的屡建奇功，他们更被管片儿民警们形象地比喻为“千里眼”“顺风耳”。西城成功创建综合减灾示范区，创新完善立体化社会治安防控体系，构建全民反恐防恐工作格局，圆满完成各项重大活动安全保卫和服务保障任务，“西城大妈”功不可没。2015年，“西城大妈”共发现举报了72条涉恐信息，帮民警破获多起恶性案件。2016年，“西城大妈”共提供了各类线索万余条。

二、发展模式

西城区平安志愿者通过搭建群防群治力量自我管理、自我服务的有效平台，对各层次、各领域、各方面的社会力量进行动员整合。

（一）服务内容

“西城大妈”平安志愿者经常开展的志愿服务项目有：治安志愿、应急处突、邻里守望、民意收集、隐患排查、矛盾调解、秩序劝导、特殊人群帮扶，广泛分布在公交、地铁、旅游、商市场等六大重点行业。

由于“西城大妈”不仅参与反恐防爆的线索提供、重大安保活动的社会面防控，还把简单的治安巡逻扩展到社区的应急处突、邻里守望、民意收集、隐患排查、矛盾调解、秩序劝导、特殊人群帮扶、环境服务等，极大地丰富了“西城大妈”的服务内涵，也重新诠释了平安志愿服务的全新理念。“西城大妈”的志愿者团队从原来的治安志愿者团队转型为平安志愿者团队。

（二）科学管理

西城区平安志愿者有近8万人，如何分工管理需要十分精细的计划。西城区综治办在发动志愿者时，便按照巡逻、宣传、守护岗、安全检查等十个不同的岗位，按照志愿者个人的性别、年龄和体力等特点量身定制了个个不同岗位。在实名注册的志愿者之外，剩余的群防群治力量也根据各自所在的岗位不同承担着自己的职责。例如，加入了群防群治力量的停车管理员，在街面收费停车时，也会对可疑车辆的情况予以关注，而社区或单位里的专职保安，则更多的是发现自己负责区域中疑似盗窃的可疑人员并进行辨别。

西城区综治办还为志愿者配发了一本《随身手册》。橘黄色封面的手册有巴掌大小，方便大家随身携带，22 页的内容中，囊括了志愿者们平时会遇到的各种情况和应对措施。其中，有关“发现哪些线索可以报警”的内容中，就包括了七种可疑人员、三种可疑物品和三种可疑事件的分类。同时，为了方便可疑情况的迅速汇报和第一时间得到处置，西城区 29 个派出所的报警电话也都一一列明。

（三）重大活动保障

通过志愿引领、政府扶持、精神激励等多种形式，充分调动了广大人民群众参与平安建设的积极性和主动性，“西城大妈”平安志愿者团队协助公安等专门机关圆满完成了奥运会、党的十八大、北京 APEC 会议、纪念抗战 70 周年等一系列重大活动的安全保卫工作。西城警方提供的数据显示，“西城大妈”2015 年度共提供 31777 条线索，其中重大事件 128 件。

图 5－1　西城区平安志愿者

案例：守一方平安　护一路稳定——记车站东街社区治安巡逻队

在京九铁路沿线旁，有这样一支治安巡逻队，在风中，在雨中，时刻能看到他们的身影，他们有一个共同的名字——“西城大妈”，这就是广外街道车站东街社区治安巡逻队。这支队伍正式组建于2015年7月，几年来，在辖区居民的协助配合下，在车站东街社区成员的努力下，为车站东街社区建立了良好的治安氛围。车站东街辖区位于手帕口桥南侧，又毗邻火车道，因此辖区内的治安是个很大的挑战。辖区有社区志愿者150人，其中护路人员36人，平均年龄62岁，志愿者大都是铁路退休职工，护路经验丰富，有很强的专业知识。

因为车站东街的地理位置很特殊，又加上紧临火车道，护路成为社区的一个重要任务。2017年5月8日，正值“一带一路”高峰论坛在京召开之际，车站东街社区铁路护路志愿者与往常一样正在巡逻，突然发现有一位老人在辖区内广运饭店门口花池边正在爬护墙，欲往铁轨方向跳。危急关头，社区治保主任赵明智根据日常工作中的专业素养，立刻判断出情况危急，当机立断攀上三米高铁路围墙拉住老人对其进行劝阻。此时一同巡逻的其他工作人员陆续爬上该铁路围墙，社区工作人员一边拉住老人一边报告街道综治办，并呼喊广运饭店保安，拨打天宁寺派出所电话及时报警。车站东街社区书记及社区工作人员和广运饭店保安一同处置情况时，老人情绪激烈，态度强硬，拒不配合，继续向铁轨方向挣扎。社区书记吴春英果断决定，组织在场人员将老人强行带离到安全地带。在大家的劝阻和拖拽下，老人从三米多高的护墙被硬抱回马路上，约2分钟后，一列火车快速经过，由于护墙离火车轨道很近，所产生的气压让人触目惊心。当时还有些后怕，但也很庆幸，由于处置及时避免了一起重大事件的发生。

在党的十九大安保期间，这些志愿者自动发起了“我为党的十九大来站岗”活动，在党的十九大召开的当天，志愿者们上午在家看习总书记的讲话，中午来到岗位上巡逻；有的家里有事，就让自己的老伴替岗，问他们这是为什么，志愿者总是笑着说，社区的安全无小事，我们辛苦一些，换来的是大家的和谐生活！在岗位上经常遇到问路的人，无论其年纪大小或是外地、本地，只要是有问路需求的人，志愿者都非常热情地予以帮助，包括告知路线、乘坐公交线路以及换乘车站，避免他们走冤枉路。

案例："西城大妈"荣膺第三届中国青年志愿服务项目大赛特别奖和重磅金奖

2016 年 12 月 3 日，在宁波举办的第三届中国青年志愿服务项目大赛中，"青春映夕阳　平安我护航——'西城大妈'微众汇"项目披荆斩棘，一举夺得了全国邻里守望组仅有的 3 个金奖之一，还以全国优秀项目公开路演前五强的佳绩获得了大赛十大特别奖项之最佳互助奖，受到各界媒体广泛关注。在评选中，"微众汇"项目"三微一端"的线上管理新模式、"四分法"的线下服务新体验和落地微网格的工作新机制获得了专家们的一致好评。

三、经验与启示

"西城大妈"助警协警、守护平安，更重要的作用是日常的邻里守望，"西城大妈"不仅是西城的平安志愿者名片，更是爱与责任的代名词。

（一）打造西城特色志愿服务品牌

"西城大妈"是具有典型西城地域文化特色的志愿服务品牌。西城区位于北京的中心城区，是党中央、全国人大、国务院、全国政协等党和国家首脑机关的办公所在地，自中华人民共和国诞生以来，全心全意服务中央、保障中央、守护中央，就成为一代又一代西城人自觉的责任与担当。"西城大妈"成员多在 58 ~ 65 岁，女性人员占到了七成比例，对西城具有浓厚的感情，是西城"红墙意识"的践行者。此外，"西城大妈"的组成人群分布在各行各业，有停车管理员、环卫工、保安大叔……真正实现了治安举报监控的"全覆盖"，可以有效发挥治安志愿服务的效果。

（二）加强志愿服务工作培训和指导

西城区在相信民间的治安自治的能力和放手民间治安管理的同时，积极地对"西城大妈"进行指导和培训，让志愿者了解相关的法律法规及政策，掌握社会治安管理的艺术，提高自我保护能力。

（三）精神激励与物质激励相结合

由于西城区独特的地理区位和人文环境，"西城大妈"具有极高的荣誉感，

是以情感为纽带的群众参与社区治安管理的新模式。西城区建立了治安志愿者星级评价办法，根据服务时长和星级对“西城大妈”给予精神激励。此外，西城区将对“西城大妈”的物质激励常态化和制度化，建立了物质激励和精神激励相结合的激励制度。

第三节　白衣天使

——医院志愿服务发展模式

随着我国医疗卫生改革的逐步深入，要解决医疗服务领域中存在的社会问题，满足患者多层次的服务需求，仅靠医务工作者的努力是不够的，需要志愿者作为第三方来发挥其促进医患和谐的推动作用。2009 年底，卫生部要求各地卫生系统立足国内志愿服务的实践，积极探索适合我国国情的“志愿者服务在医院”的模式，解决医疗服务过程中存在的社会问题，满足患者对深层次服务的需求。

一、缘起与发展

根据中央文明办《〈关于深入开展志愿服务活动的意见〉的任务分工方案》和卫生部文明委《卫生部贯彻落实中央文明办深入开展志愿服务活动工作任务的分工意见》等重要文件精神，各窗口行业都要开展志愿服务活动，不断扩大社会影响、增强实际效果。志愿服务是医务社会工作中的重要组成部分。因此让经过专业志愿服务工作培训的志愿者，为患者提供生理—心理—社会—伦理全方位服务，成为适合中国国情的可行性切入点。为拓展医院服务领域，满足患者多元服务需求，架起医患沟通的桥梁，增进医患之间的互信与理解，同时为社会人士搭建奉献爱心的平台，2009 年 3 月，原卫生部医政司决定在北京大学人民医院开展社会志愿者志愿服务试点工作。北京大学人民医院于 2009 年 4 月成立医务社会工作暨志愿服务工作部，开展包括就诊引导服务、透析室患者陪伴服务、急诊室服务、为患者提供图书借阅服务、手术室患者陪伴服务、关爱患者服务和健康教育在内的 19 项志愿服务工作，逐步建立起包括招募体系、培训体系、管理体系、评估体系和激励机制在内的适合中国国情的志愿服务模式。从 2009 年 4 月 2 日起至 2017 年底，北京大学人民医院注册志愿者5812人，参与志愿服务38013人次，服务累计94605小时22分钟。志愿者在为患者服务的同时，也积极发现医院服务流程中的不足，为医院提出合理化建议200余条，一系列方便患者的服务举措得到落实，树立起医院全新的社会形象。

在志愿服务试点经验的基础上，在中央文明办和卫生部的推动下，西城区卫计委及各医院系统积极探索医院志愿服务新模式，通过志愿服务构建多元化的医务社会服务体系。

二、发展模式

西城区卫计委利用西城区丰富的医疗资源深入打造“青年健康使者火炬行动”和“关爱空巢老人”“志愿服务在医院”等志愿服务品牌，利用元旦、春节、“3·5”学雷锋日、劳动节、端午节、中秋节、重阳节、志愿者日等重点节日为驻区单位、社区居民、空巢老人、农民工子女和远郊区县困难群体开展义诊咨询、健教宣传、免费健康体检、送医送药送温暖等活动。开展“优质服务、便民服务、清廉服务”的岗位实践活动，引导广大医疗卫生志愿者为提高人民健康水平，推动卫生事业的发展贡献青春力量。在西城区卫计委的带领下，西城区各大医院积极开展志愿服务项目。

除开展健康义诊、健康讲座、健康体检以及关爱特殊群体等志愿服务外，西城区部分医院志愿者开展的服务还包括门诊大厅就诊引导服务、协助患者使用自助挂号机服务、协助患者办理就诊卡服务、协助患者打印检验报告单服务、急诊室就诊引导服务、住院患者图书借阅服务、病房健康教育服务、社区健康教育服务、文秘服务、制作礼物服务、手术室患者陪伴服务、关爱患者服务、志愿者培训、透析室患者陪伴服务、门诊化验检验区域就诊引导服务、临床技能大赛志愿服务、老干部查体关爱服务等。

（一）满足患者社会心理全方位需求

随着经济社会与医学实践的发展，医疗服务内容不再是单纯治疗躯体的疾病，而是要帮助患者恢复健康，建立起良好的生理与心理状态，具有较强的社会适应能力。每逢新年、春节，西城区部分医院志愿者动手制作温馨礼物，为节日期间留院患者带来精美礼物、健康宣传杂志和温暖的新年祝福。

（二）向社区延展的健康教育服务

西城区在探索医院医务志愿服务工作服务模式和运行机制的基础上，进一步探索建立社区服务模式，提高医院志愿服务工作的服务面与社会影响力。部分医

院围绕社区基本功能和居民生活需求，开展一系列社区健康教育服务，将医院资源与社区居民进行连接，协助社区卫生服务中心（站）向广大社区居民提供优质、方便的社区卫生服务，实现预防、保健、医疗、康复和计划生育技术指导等“六位一体”职能。

（三）专业社会工作指导下的志愿者培训体系

为保证志愿服务质量，以达到相应的志愿服务标准，西城区部分医院向志愿者提供志愿服务理念和技巧、志愿服务岗位的相关培训，针对不同的服务类别，编写针对性的志愿者培训教材。在志愿服务培训教材中涵盖了医院及科室介绍、志愿者风险规避及责权、志愿服务岗位内容、志愿者岗位要求等内容。

（四）形式多样的志愿者激励机制

为激发志愿者工作的积极性，提升志愿服务质量，增强志愿者的认同感和荣誉感，西城区对医院志愿者制定了形式多样的激励回馈机制。例如，北京大学人民医院通过多种方式对志愿者进行表彰和激励。现已建立五星级志愿服务级别标准和晋级表彰制度，对志愿者给予及时、定期和多样性的鼓励或奖励。例如参加志愿服务时间累计达到30小时的为“一星志愿者”，依次逐级升级，参加志愿服务时间累计达到300小时的成为“五星志愿者”。医院对星级志愿者认定后，给予不同的荣誉称号。此外，医院还组织志愿者新年答谢会等一系列活动，对志愿者给予鼓励和感谢，增强志愿者的凝聚力和向心力。

案例：卫生计生系统召开志愿者培训交流会暨优秀志愿服务评选表彰会

为了弘扬志愿服务精神，激发系统青年组织参与志愿服务的热情，树立典型，激励先进，2016年9月，西城区召开卫生计生系统志愿者培训交流会暨优秀志愿者、优秀志愿服务项目、优秀志愿服务组织评选表彰会，不同单位的优秀志愿者、优秀志愿服务项目和优秀志愿服务组织的代表从个人做志愿服务的心得体会、志愿服务项目管理、志愿服务团队建设及志愿服务存在的不足等方面做了分享交流。

（五）推进医疗志愿服务常态化

继续深入打造“青年健康使者火炬行动”“关爱空巢老人”以及“志愿服务在医院”等志愿服务品牌。元旦春节期间，广泛动员系统团组织开展青年健康使者火炬行动，团员青年们走进社区家庭和敬老院，为空巢老人、困难职工、百岁老人、外来务工人员子女等社会群体送知识、送健康、送温暖，展现卫生系统共青团组织凝聚青年、服务社会的良好形象。“3·5”学雷锋日广泛开展“爱满西城”主题学雷锋志愿服务活动，各直属团组织以空巢老人、社区居民及儿童为重点对象，进基层、进社区、进家庭，开展亲情陪伴、“爱耳日”健康知识宣讲、义诊咨询等志愿服务活动，受到了百姓的热烈欢迎，弘扬学雷锋志愿服务精神。2017年4月实施的北京市医药分开综合改革中，各医院系统青年志愿服务队在为患者宣教新政、答疑解惑、疏导情绪、帮老助残，力争用真诚的服务来提升患者的就医体验，为改革的推进实施营造良好环境。端午佳节来临前夕，各单位纷纷以“关爱空巢老人”“包粽子、庆端午”等形式开展多样的主题活动，为空巢老人、医院患者包粽子，送去温暖陪伴，活动引导广大团员青年了解、认同、喜爱、过好传统节日，展现系统团组织服务青年、服务社会的良好形象。世界献血者日到来前夕，组织系统青年志愿者参加卫计委在西单文化广场献血小屋前举办的大型宣传咨询活动，为过往群众发放献血宣传折页和纪念品，向无偿献血者表达由衷的敬意和感谢。暑伏时节，天气炎热，系统 80 余名青年志愿者来到辖区空巢老人家中，为老人们送上消暑清凉包，讲解健康养生知识，在炎热的夏日带去清凉和祝福。系统青年志愿者在中秋、国庆两节期间深入开展以“情系夕阳、金秋助老、传递健康、温暖相伴”为主题的关爱空巢老人志愿服务活动。志愿者发挥专业特长，积极走进敬老机构和空巢老人家中，为老人提供养生讲座、中医保健、义诊咨询等服务，提高老年人健康养老的意识，努力营造帮贫助老、共建和谐的良好社会氛围。国际志愿者日期间，以 12 月为系统志愿服务月，各直属团组织纷纷开展门诊导医、亲情陪伴、健康宣教、义诊咨询等内容丰富的志愿服务活动，志愿者们自发行动，冒着严寒参与到各类志愿服务活动中，累计提供志愿服务 500 小时。同时西城区卫生计生团工委与西城环卫中心团委联合，走进环雅清扫保洁服务中心开展“走进环卫”大型公益活动，为“城市美容师”带来高血压、高血脂及高尿酸血症的防治等健康讲座；与西城公安分局团委联合开展“走进公安”健康讲堂，为公安干警们讲解心肺复苏知识及操作技巧；与区志愿服务联合会、区环境办联合开展为背街小巷志愿者介绍冬季常见病防治、雾霾的预防与护理、老年病慢性病防治等家庭养生保健知识，来自系统 10 多家单位的特色科室专家为环卫工人、公安干警和社区志愿者们进行义诊咨询活动，将温暖送到大家身边，深入推动青年志愿服务常态化。

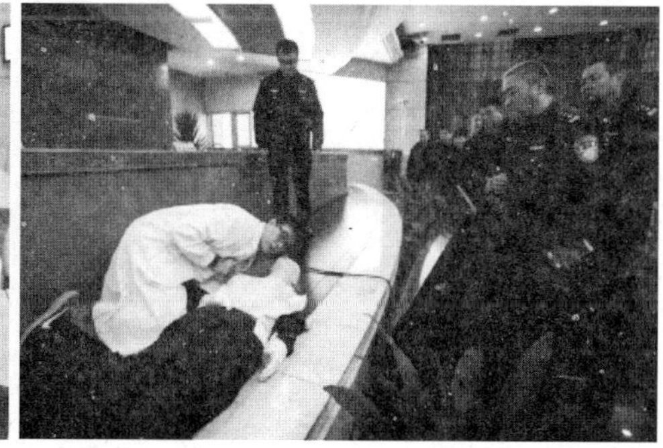

图 5－2　义诊咨询活动

案例：北京市第二医院医务志愿者为太阳村儿童免费做体检

2009年8月28日，北京市第二医院的13名医务志愿者来到位于顺义区赵全营镇板桥村的太阳村，为村里近百名服刑人员子女和十几位工作人员免费做体检。志愿者按照0~3岁和3~18岁孩子的发育状况集中检查了身高、体重、内科、外科、眼科、耳鼻喉科、口腔科和肝功检查等项目。在为7~9岁的孩子检查时，口腔科医生还会特别留意孩子的龋齿情况，如果需要做牙齿窝沟封闭的，第二医院会给孩子提供免费治疗。顺义区赵全营镇板桥村太阳村是一家慈善组织，十几年来无偿代养代教服刑人员未成年子女，对其开展特殊教育、心理辅导、权益保护及职业培训服务。

案例：卫生系统青年志愿者为第二聋人学校学生进行义诊

在“六一”儿童节即将到来之际，为了充分发挥卫生系统青年志愿者的专业优势，进一步深化青年健康使者火炬行动，切实为社会弱势群体提供有效帮助，西城区卫生局团委于2010年5月27日下午开展了“欢庆六一　呵护未来——健康使者走进第二聋人学校”活动，为第二聋人学校的学生提供口腔保健义诊服务。来自积水潭医院、市儿童医院、复兴医院、北京市第二医院、护国寺中医院、肛肠医院、区疾控中心牙防办的19名青年志愿者为全校126名在校学生提供了全面的口腔检查，并利用口腔模具为学生讲解了正确的刷牙方法和口腔保健常识，发放了口腔保健宣传折页近300份。志愿者们耐心与学生沟通，认真记录检查情况，并针对发现的问题给予了详细的治疗建议。义诊结束后，青年志愿者还参观了第二聋人学校的校史展，观摩了学生们的书画及手工艺制品。大家被精美的作品和孩子们自强不息、乐观豁达的精神深深感动和震撼，纷纷表示：要用自己的专业技能和拳拳爱心，为残疾孩子撑起一片蓝天，让他们能拥有和健全孩子一样美好的童年、一样精彩的未来！

案例：用心守护健康，践行天使使命

2010年6月5~6日，由中国医药卫生事业发展基金会、市委宣传部、首都文明办、市卫生局和北京日报报业集团联合主办的“健康北京，健康生活”大型义诊咨询活动在地坛公园拉开帷幕。阜外医院医务处、健康教育科联手团委、门诊护理组，选派多名青年骨干参加义诊活动，向广大市民普及心血管疾病的预防常识，并提供专业咨询。

活动中，很多市民慕名而来，有的来了一家几口人，有的带了厚厚一打病历，将咨询台围得水泄不通，不断地咨询各种心血管疾病问题。几位青年医师始终耐心地解答各种问题，连喝口水都顾不上，午饭都是一边咨询一边吃。持续两天的义诊咨询活动，大家不顾天气的闷热，身体的疲惫，一直看到最后一位咨询者才肯休息。通过这次活动，阜外医院的志愿者们将“用心守护健康”的服务理念贯彻到了活动中，将心血管疾病的预防工作落实到了基层百姓中，宣传了阜外医院的品牌，践行了白衣天使的使命，为“健康生活，健康北京”贡献了一分力量，并充分展示了青年业务骨干的风采，受到了社会的一致好评。

案例：人民医院门诊专家志愿者走进展览路巡诊

随着人们健康意识和健康知识需求的增强，2012年初，展览路街道团工委与驻地北京大学人民医院携手启动志愿服务项目，诚邀人民医院的6名门诊专家及30余名医务志愿者走进社区，为居民百姓面对面地开办“健康养生大讲堂”。2月16日，北京大学人民医院骨科林剑浩教授在团结社区开启了首次讲座，团结、新华里等10个社区的50余名居民参与了活动。下午2：30，讲座于团结社区活动室开讲。人民医院骨科林教授用现场模拟及播放幻灯片形式，向到场居民介绍了骨关节间垫片的作用。随后，居民们纷纷举手，向林教授询问造成骨关节疾病的原因以及预防方法。林教授对居民的提问一一进行了解答。

案例："志愿北京之白衣天使行动"项目启动

2012年3月2日，"志愿北京之白衣天使行动"北京大学人民医院入西城社区志愿服务项目启动仪式在展览路街道团结社区举行。北京大学人民医院联合区志愿者联合会、展览路街道，以3月5日第49个"学雷锋纪念日"暨第13个中国青年志愿者服务日为契机，通过该项目进一步弘扬雷锋精神、传承志愿理念，以志愿服务实际行动践行北京精神，走入社区为老百姓提供实实在在的医疗健康服务。启动仪式后，北京大学人民医院的程琳副教授在现场为80余名社区居民举办了乳腺知识健康教育讲座，普及乳腺疾病知识，教育社区居民发现和认识疾病。讲座结束后，北京大学人民医院的医生们分组对189名社区居民进行了乳腺健康筛查、对39名居民进行了B超检查。

此项目由市区两级志愿者联合会主导，以北京大学人民医院志愿服务总队为项目运行主体，组织志愿者每月一次走进西城区展览路街道各个社区，开展健康教育活动、社区健康大讲堂、医疗咨询、义诊筛查等志愿活动。活动旨在倡导健康文明生活方式，传播普及健康知识，提高全民健康意识，做好社区居民的心理及生理健康工作，提升广大居民群众对自我健康管理的能力。

案例：德胜街道成立“社区公益心理咨询师服务团队”

2012 年 5 月 8 日，德胜街道“公益心理咨询师进社区”签约仪式在街道办事处地下报告厅举行。德胜街道办事处主任陈猷森、北京安定医院党委书记陈兴德参加了活动，来自北京安定医院、北京师范大学的 20 名社区公益心理咨询师、志愿者以及来自德胜街道的 100 余名社区工作者和 40 名社区社会组织成员参加了本次活动。德胜街道作为全区首家区志愿者联合会分会，2017 年的工作重心放在着力打造公益心理咨询师、公益心理服务志愿者团队，目的是将优质、专业的心理服务资源引入社区，构建地区心理健康的长效呵护机制。

三、经验与启示

西城区医院志愿服务的主要经验如下：

（一）协调有力的领导体制与支持是重要推动力量

为构建医院志愿服务的长效机制，必须建立协调有力的领导体制，将医院志愿服务的发展与医院总体发展规划、社区居民需求相衔接，使医院志愿服务的发展既体现医院特征，又符合志愿服务工作的特点。医院各级领导和相关部门要对医院志愿服务的开展给予充分的人力、资金和物力保障，为促进医院志愿服务的持续发展提供坚强的保证和强有力的精神文化动力。

（二）设立专业组织机构是长效发展的必要条件

医院志愿服务的建设与发展是一项长期的、系统工程，它的有效推进，必须通过建立相应的组织机构来计划、实施、检查、总结与提升。西城区鼓励各医院成立独立的志愿者协会，对医院志愿服务进行总体规划、指导以及管理，探索将医院志愿服务与医院临床服务进行有效整合。

（三）明确的职责定位是让工作尽快步入正轨的保障

医院志愿服务的职责主要定位于在履行社会工作专业使命与价值的基础上，将医疗服务与社会服务联结起来，满足患者的多层次医疗服务需求，探索总结符合中国国情的本土化的医院志愿服务工作模式。同时，加强对志愿者的培训与管理，调动更多社会力量与社会资源加入，倡导社会互助，树立良好的医院社会形象。

第四节　春风校园

——学生志愿服务发展模式

青年的价值取向决定了未来整个社会的价值取向。《国家教育事业发展“十三五”规划》指出，构建学生志愿服务工作体系，把志愿服务纳入社会实践活动课程，组织学生开展志愿服务活动和其他社会实践主题活动，建立学生志愿服务记录档案，把志愿服务纳入学生综合素质评价内容，通过志愿服务提升青年学生的品德素质修养。

一、缘起与发展

学生志愿服务，是指学生不以获得报酬为目的，自愿奉献时间和智力、体力、技能等，帮助他人、服务社会的公益行为。十周岁以上的未成年学生，经其监护人同意，可以申请成为学生志愿者。未成年学生参与志愿服务，根据实际情况应当在其监护人陪同下或者经监护人同意参与志愿服务。根据教育部《学生志愿服务管理暂行办法》（教思政〔2015〕1 号）、团中央《关于推动团员成为注册志愿者的意见》（中青发〔2014〕29 号）、北京市《关于北京市中小学开展志愿服务工作的意见》（京教基〔2015〕8 号），西城区不断深化学生志愿服务的内涵，升级学生志愿服务的品质。

西城区教育系统学雷锋志愿服务领域主要包括：扶贫济困、助老助残、社区服务、生态环保、文化建设、陈列展览等。服务内容主要包括：宣传传统文化、普及文明风尚、结对帮扶、送温暖献爱心、讲解导览、信息咨询、环境秩序维护等。志愿服务活动以学校组织开展为主，引导中小学生从身边做起、从小事做起，将志愿服务融入日常生活。截至2017年12月，西城区教育系统志愿服务队有下级团体63个，报名及正式志愿者17786人，通过信息平台发布志愿服务项目共计240余个。已逐步形成项目发布、上级审批、志愿者招募、服务时长登记、活动结项等规范管理。

二、发展模式

（一）深化学生志愿服务内涵

重点推动“邻里守望　志愿家庭”计划，形成并推广“志愿家庭”西城模式，使每个中小学生成为“志愿家庭”的小户主，带动更多家庭参与志愿服务，形成示范效应，扩大社会影响力。组织各中小学共青团、少先队组织成立校级志愿者组织，加强校级志愿者组织与北京市公益慈善组织的合作，积极引导中小学生参加公益慈善组织的志愿者队伍，参与公益慈善组织的志愿服务。要求区内学校安排团干部、少先队辅导员担任志愿服务工作负责人，为学生建立志愿服务档案，归入学生综合素质档案。推动中小学生成为注册志愿者，确保西城区中小学生志愿者注册率达到85%以上。

（二）完善学生志愿服务管理制度

根据教育部印发的《学生志愿服务管理暂行办法》，西城区各中小学校设立学生志愿服务工作专项经费，纳入学校预算管理，专项用于志愿服务活动组织实施、认定计时、教育培训、表彰激励以及根据需要为学生参加志愿服务提供物质保障等。依托“志愿西城”网络平台，指导中小学生注册成为实名志愿者。扩大高中学生“志愿西城”志愿者实名注册规模，启动有组织的初中生注册工作，倡导小学生以家庭为单位注册志愿家庭。入团前，要将是否注册志愿者、是否参加过一定时间的志愿服务活动作为考察内容；入团时，要积极同步推动新团员同时成为注册志愿者；在“推优入党”工作时，要将是否在注册志愿者中发挥骨干作用作为考察内容。建立志愿服务记录电子档案，全程记录学生志愿服务情况，纳入学生综合素质评价体系。在初中和高中学生综合素质评价电子平台增设“志愿服务”栏目，记入“思想道德事迹记录袋”。

（三）塑造学生志愿服务品牌

区内学校积极培育校园志愿服务组织，拓展校级、班级志愿服务项目，设立中小学志愿服务岗。鼓励公益慈善组织开发、提供适合中小学生的志愿服务项目和岗位。引导中学生走进社会、走进社区、走进公益慈善组织开展义务劳动和公益慈善服务。推动中小学开发的志愿服务项目在“志愿西城”网站进行项目审批备案，确保志愿服务规范化和保证中小学生志愿者享有志愿者保险。采取政府购买服务的方式为校级志愿服务组织实施项目、开展活动提供支持。各学校积极开展学雷锋志愿服务品牌特色活动。

北京四中将志愿服务课程化推出三级志愿服务活动课程体系，出台了《学生志愿服务活动课程化方案》，学校与企业、社区、公益组织联合建立固定志愿者服务基地47个。开展了全国“清朗网络　春风校园——青少年网络文明志愿行动”主题活动启动仪式，向全国中学生发出了倡议。2017年，北京四中被共青团中央认定为首批全国中学生志愿服务示范学校创建单位。

雷锋小学坚持用雷锋精神建校育人，通过校本课程，让学生走近雷锋；通过校园雷锋纪念馆，让学生认识雷锋；通过续写雷锋日记、丰富多彩的校园活动、社会公益活动，激励学生学做雷锋，在学雷锋、学做人的活动中逐渐形成一种向上向善向美的雷锋文化。

北师大二附中每年暑假开展“金声——中华传统文化传承项目”，覆盖全国各省和新加坡共40余所中学师生。组织校外志愿项目，包括宋庆龄故居、国家图书馆、颐年园敬老院、医院、科技馆等志愿活动。2015年被北京团市委评为北京市中学生志愿服务项目支持计划优秀活动项目。

北京十五中与陶然亭街道合作开展关爱“候鸟儿童”项目，80余名学生担任社区青教主任助理；开设“博物馆志愿者”选修课；经常开展的志愿服务项目包括雷锋班、学校博物馆讲解、陶然亭慈悲庵讲解等，获得“爱在西城”慈善公益团队称号。

西城区实验小学始终秉持“雷锋精神建校育人”，与宣武培智学校开展容和志愿服务，组织开展校级、班级和家庭志愿服务，8年来在校开展评选2000余人次“学雷锋优秀志愿者”。

实验二小“育爱杯”——志愿者服务活动，倡导学生参与公益小实践，“育爱杯”每年评选一次，目前已表彰480名学生。

北京十四中创新志愿服务模式，实行校园志愿服务网格化管理，经常开展的志愿服务项目包括校园志愿、社区志愿、低碳环保志愿、敬老志愿、校内外赛会志愿等。

北京四十三中的雷锋班与地铁运营部门配合，申报并参与2号线、4号线、6号线、7号线等重要站点的志愿活动。100余名师生，持续4年开展指引引导、

维持秩序等志愿服务活动。

北京四十一中“不倒翁”爱心助老义工行动，与睦友社会工作事务所、北头条社区紧密合作，关注并探访社区空巢老人，开展了不同形式的系列活动，该项目已成为学校德育工作品牌项目。

北京师范大学附属实验中学每年暑期与中国科技馆合作，为科技馆提供志愿服务，讲解、引导及安全维护等。2016 年，师大实验中学崔博然同学获得团中央“第十一届中国青年志愿者优秀个人奖”，这是我国青年志愿服务领域最高荣誉评选表彰活动。

（四）健全完善志愿服务评价和激励机制

2016 年，区委教工委、区教委、团区委、区志愿服务联合会组织开展了“西城区教育系统志愿服务评优活动”，活动评选出最美学生志愿者 10 名、最美教师志愿者 5 名、最佳志愿服务组织 9 个、最佳志愿服务项目 10 个和最美志愿家庭 5 个。优秀个人和组织将被推荐参评“西城区志愿服务区长奖”。各学校每学年组织评选“优秀志愿者”和“优秀志愿者队”。志愿服务项目申报、宣讲、评比、表彰的过程，促进了经验交流和相互学习，起到了弘扬志愿精神的良好作用。

案例：中国青年政治学院青年志愿者协会建立“蓝天志愿者服务基地”

自 2009 年 3 月开始，中国青年政治学院青年志愿者协会与展览路街道团工委合作开展了诸如义务家教、乙肝知识宣传等一系列活动。2009 年，展览路街道团工委、中国青年政治学院青年志愿者协会共同举行了“蓝天志愿者服务基地”挂牌仪式，进一步确定了中国青年政治学院团委、青年志愿者协会与展览路街道团工委稳定的合作关系。仪式上，播放了青年志愿者开展各种志愿服务公益项目的纪录短片，回顾了青志协与街道团工委合作的活动成果；中国青年政治学院团委书记胡伟向展览路街道团工委赠送了牌匾，展览路街道团工委书记王佳回赠了青志协蓝天志愿者服务队队旗；街道团工委和青志协负责人分别进行了发言，总结了双方合作的活动，感谢志愿者们的辛勤付出并希望未来继续合作，共同努力探索更多有益于社会和大学生志愿者的公益服务项目，促进志愿者工作更好地完成。挂牌仪式在全场志愿者宣誓后结束。

案例：青年志愿者协会与月坛街道团工委开展合作

北京师范大学白鸽青年志愿者协会是首都高校中最早创建的志愿者社团之一，其前身是成立于1994年3月的“北京师范大学白鸽支教扫盲服务队”。志愿者全部由热衷公益事业的在校学生组成，与月坛街道团工委已经合作多年。近年来，协会的志愿者活跃在月坛街道的社区、温馨家园、敬老院等地，发挥专业优势，为残疾朋友、老人、学生做了大量力所能及的工作。协会负责人表示，虽然敬老院老人的生活条件不错，但他们还需要人与人的交流，尤其是和年轻人的交流，以排除内心的孤独感。多开展这样的志愿活动更有利于老人的身心健康。

案例："爱心手拉手，书香传友谊"

为落实市少工委《首都少先队员争当四好少年"六个一"行动计划》，积极响应团市委、市少工委号召，开展少先队员募捐图书活动，向青海地区贫困学校援建"红领巾好少年书屋"，教委少工委号召各小学少先队大队通过开展形式多样的主题教育活动，以"手拉手"、讲故事比赛、制作友谊卡等形式，广泛动员少先队员将自己不再使用的课外书籍捐赠出来，为贫困地区学校捐建"红领巾书屋"出一分力，为贫困地区小伙伴送去爱心和温暖。

2010 年 5 月 6 日上午 9 时，"爱心手拉手，书香传友谊"西城区少先队员争做团结友爱的好少年，向青海省贫困地区学校捐建"红领巾好少年书屋"活动启动仪式在育翔小学正式拉开帷幕。在少先队员代表的倡议下，同学们将捐赠的图书堆成一个红色的桃心图案，寓意北京西城少年儿童的心和青海的小伙伴紧密相连，希望爱心书籍捎去少先队员们对青海地区小朋友的友谊与问候。捐赠的每一本书里还夹着同学们精心制作的"爱心书签"，书签上写满了真诚的祝福。活动中，育翔小学舞蹈队的同学们表演了热情洋溢的啦啦操《传递梦想，爱心无限》，为青海贫困地区的同学加油。与会领导为捐书的同学们颁发了捐赠纪念证书。最后，全体师生和领导还共同唱起了手语歌曲《我相信》，在催人奋进、充满希望的歌声中，捐书活动圆满结束。

在此次捐书活动中，全区 2.6 万名少先队员共捐出 15 万册图书，并将在"六一"儿童节前送到青海贫困地区小伙伴手中。一本好书，一份爱心，西城区少先队员们用自己的实际行动践行"争做团结友爱好少年"的铮铮誓言。

三、经验与启示

（一）充分考虑学生志愿服务特点

中小学生参加志愿服务活动有自己的特点，一是要结合不同年龄段学生特点，设计相适应的志愿服务项目。小学生重在树立志愿服务意识，中学生要培养自主意识和志愿服务能力。区教委和学校应结合区域实际、学校实际和学生特点，使每个学生都有相对固定的志愿服务岗位，鼓励学生在校期间参加一定量的志愿服务活动。二是要坚持常态化，学生志愿服务要与所在学校、社区的需求相结合，不断拓展志愿服务的途径和平台；要与学校社会服务的功能相结合，发挥优势，注重特色，形成校内外衔接互动、各部门协调配合的志愿服务工作格局。

（二）不断扩大中小学生参与志愿服务的工作范围

各中小学校要着力培育拓展校级、班级志愿服务项目，形成固定的志愿者团队，在课程负责人的带领下，可以在服务的专业领域进行更为深入的探讨，打造志愿服务的文化和品牌，同时增强志愿服务团队的凝聚力。依托“志愿北京”网络平台，指导中小学生注册成为实名志愿者，倡导小学生以家庭为单位注册志愿家庭。推动中小学开发的志愿服务项目在“志愿北京”网站进行项目申报、管理和计时，确保志愿服务规范化。此外，西城区还采取政府购买服务的方式为校级志愿服务组织开展活动提供支持。

（三）不断完善中小学生参与志愿服务的工作保障

完善中小学生志愿服务考评激励机制。各中小学要制定科学规范的评价标准和考评办法，以日常服务记录和组织评价、服务对象评价为依据，对中小学志愿服务工作进行客观评价，列入年度综合督导。完善以精神激励为主、物质奖励为辅的中小学志愿服务表彰激励措施。结合学校工作实际，通过服务计时进行星级认定、奖章颁授、评选表彰等，切实加强中小学生志愿者权益保障、激励评优等工作。提供中小学志愿服务工作经费保障。设立中小学生志愿服务工作专项经费，纳入学校预算管理，专项用于志愿服务组织实施、教育培训、评优表彰以及根据需要为学生参加志愿服务提供物质保障等。专项经费的使用和管理要公开透明，专款专用，提高使用效益。

第五节　志愿家庭

——家庭志愿服务发展模式

“志愿家庭”模式通过“小手拉大手”，营造人人代言志愿服务、处处彰显

志愿形象、时时宣传志愿理念的浓厚氛围，以家庭为单位参与志愿服务活动，让志愿服务成为首都市民家庭的一种生活方式。

一、缘起与发展

倡导发挥家庭力量在志愿服务中的作用，是进一步弘扬“奉献、友爱、互助、进步”志愿精神的重要体现。为深入贯彻落实党的十七大关于完善社会志愿服务体系的决策部署，以及中央文明委《关于深入开展志愿服务活动的意见》精神，2009 年，全国妇联下发《关于深入推进家庭志愿服务工作的意见》，要求大力推进家庭志愿服务工作，以家庭志愿服务促进社会志愿服务体系建设。通过“小手拉大手”，营造人人代言志愿服务、处处彰显志愿形象、时时宣传志愿理念的浓厚氛围。2014 年，北京市志愿服务联合会开始试点开展“志愿家庭”行动计划，通过小手拉大手、发放志愿户口簿等形式，动员市民以家庭为单位参与志愿服务。

2015 年 5 月 15 日，即第 22 个国际家庭日，由首都文明办、团北京市委、市志愿服务联合会、丰台区委区政府主办的“邻里守望促和谐　志愿家庭助梦圆”国际家庭日主题活动在北京市第十二中学举行。中国志愿服务联合会、首都文明办、市教委、团北京市委、市妇联、市志愿服务联合会、丰台区委区政府负责同志及丰台区各相关委办局、街乡镇、群团组织志愿服务工作负责人，优秀志愿服务组织负责人，各中小学党支部（总支）书记、校长、德育干部、团队干部，志愿家庭和优秀志愿者代表约 700 人参加活动。会上正式启动“志愿家庭”行动计划，“志愿北京”网络平台（www. bv2008. cn）正式开通“志愿家庭”注册系统，实名注册志愿者可在线申请开通“志愿家庭”功能，申请成为户主，通过上传志愿家庭成员合影照片进行认证。志愿家庭成员均可在线发起志愿服务活动，记录家庭志愿服务时间，参加星级志愿家庭评选。

西城区在 2015 年初实施“邻里守望·志愿家庭”计划，以区内中小学家庭为主体，开展了一系列以“亲子家庭参与”为特征的志愿服务。“志愿家庭”在西城的发展模式和全市其他区县不同，是由中小学生的家长自发通过家委会招募志愿者，在社会层面广泛联系志愿服务项目。区志联扶持其成为社会组织，提供活动场地、项目支持、物资保障、人才培训、管理咨询、项目推介、资源对接等专项服务，扶植志愿服务组织持续良性发展。推动“志愿家庭”计划，倡导中小学生参与志愿服务。着力打造志愿家庭“西城模式”，把学校家委会作为拓展志愿服务资源的重要平台，发挥家委会在信息交流、资源对接等方面的重要作用，动员孩子和父母“小手拉大手”积极参与志愿服务。团区委、区志愿者联合会还大力扶持社会组织发展，将“志愿家庭”引入社区，让志愿服务真正“接了地气”。

2016 年 4 月 21 日，西城区通过了《关于西城区志愿服务工作体制机制改革的意见》，明确提出倡导中小学生参与志愿服务。重点推动“邻里守望 · 志愿家庭”计划，形成并推广“志愿家庭”西城模式，使每个中小学生成为“志愿家庭”的小户主，带动更多家庭参与志愿服务，形成示范效应，扩大社会影响力。截止到 2017 年底，西城区志愿家庭组织 377 个，志愿家庭 12130 个，家庭志愿者 36000 余人，涉及志愿服务项目 600 余个，累计开展志愿服务时长 415863 小时。

二、发展模式

志愿家庭“西城模式”是把学校家委会作为拓展志愿服务资源的重要平台，发挥家委会在信息交流、资源对接等方面的重要作用，动员孩子和父母“小手拉大手”积极参与志愿服务，团区委、区志愿者联合会还大力扶持社会组织发展，将“志愿家庭”引入社区，让志愿服务真正“接了地气”。

孵化青少年志愿服务组织。在西城区扶植的青少年志愿服务组织中，心飞扬青少年志愿服务中心是其中最有代表性的一个。心飞扬青少年志愿者联盟是 2014 年 8 月 26 日在志愿北京上注册成立的，北京市西城区心飞扬青少年志愿服务中心于 2015 年 8 月 27 日在西城区民政局注册，上级主管单位是西城团区委。心飞扬由一个民间自发组建的志愿者团队发展成青少年社会工作组织，加入北京青少年社会工作协会，仅仅用了不到两年的时间，团队就由两位全职妈妈带着两个孩子，发展到如今的 3723 名注册志愿者，90% 来自全市 9 个城区的一百多所学校的学生和家长。

2016 年 4 月 21 日，西城区通过了《关于西城区志愿服务工作体制机制改革的意见》，明确提出倡导中小学生参与志愿服务。重点推动“邻里守望 · 志愿家庭”计划，形成并推广“志愿家庭”西城模式，使每个中小学生成为“志愿家庭”的小户主，带动更多家庭参与志愿服务，形成示范效应，扩大社会影响力。

案例：邻里一家亲　志愿你我他

2014 年 7 月 12 日，由首都文明办、团市委、市志愿服务联合会、西

城区委区政府主办的“邻里一家亲　志愿你我他”——北京市“志愿家庭”行动计划西城区推进活动在西城区德胜街道办事处举行。西城区各相关委办局、街道、群团组织志愿服务工作负责人，部分中小学德育干部，“志愿家庭”和优秀志愿者代表，其他区县枢纽型志愿服务组织负责人代表共约200人参加活动。

倡导发挥家庭力量在志愿服务中的作用，是进一步弘扬“奉献、友爱、互助、进步”志愿精神的重要体现。为了进一步推进“志愿家庭”行动计划，活动中，“志愿家庭”展示了亲子志愿服装，与会领导发布了北京市“志愿家庭”主题系列海报、西城区“志愿家庭”徽章，为“志愿家庭”代表颁发志愿者证件和志愿服务日志，广泛传播志愿精神和文化，提升市民志愿服务参与度。“志愿家庭”代表还向全社会发出倡议，号召更多的家庭行动起来，走出家门，走进社会，全家一起志愿服务，将爱心不断传递。

在现场观摩展示区，西城区志愿者联合会展示了“心飞扬”“笑脸相约”“暖夕”等“志愿家庭”服务项目，吸引了很多社区邻里参与互动交流。与会领导与“笑脸相约”项目受益人代表进行了亲切交谈。

此次活动是继5月15日北京市启动“志愿家庭”行动计划之后的又一次推进活动。自北京市“志愿家庭”行动计划启动后，全市各区县立即行动起来，积极开展富有地区特色的“志愿家庭”活动。本次活动推出“西城模式”，供各区县借鉴交流。“西城模式”是把学校家委会作为拓展志愿服务资源的重要平台，发挥家委会在信息交流、资源对接等方面的重要作用，动员孩子和父母“小手拉大手”积极参与志愿服务；团区委、区志愿者联合会还大力扶持社会组织发展，将“志愿家庭”引入社区，让志愿服务真正“接了地气”。

案例：“志愿家庭”集体开展义务植树活动

2016年4月9日，来自西城区近50个“志愿家庭”的约100名志愿者统一乘车来到门头沟区龙泉镇龙泉雾村集体果园义务植树点，参加2016年西城区“志愿家庭”春季植树活动。2015年，西城区推出“邻里守望·志愿家庭”计划，以区内中小学生家庭为主体，通过“小手拉大手”、邻里互助等方式，带动家长和小伙伴结成志愿服务小团队，共同开展志愿服务。本次亲子形式的植树活动，主旨在于父母与孩子一同强身健体，在学习绿化和植树知识的同时，增强了孩子们服务社会、奉献社会的责任感，提高了他们热爱环境、保护环境的意识，起到了良好的教育作用，从而促进了家庭和谐。

案例：醉艺术·最公益——“志愿家庭”计划暨志愿者助残“阳光行动”

2015年3月28日上午，西城区综合行政服务大厅报告厅里上演了一场戏曲文化大餐。由西城团区委、西城区残联、西城区志愿者联合会发起，心飞扬青少年志愿者联盟承办的“醉艺术·最公益—‘志愿家庭’计划暨志愿者助残‘阳光行动’”正式启动。该活动以“志愿家庭”为主体，

以残障青少年为主要服务对象，开展一系列以“亲子家庭参与”为特征的志愿活动。通过“公益讲堂、交流互动、观摩演出、参与创作”等形式，小手拉大手，激发父母、孩子共同参与志愿服务的热情，使家庭志愿服务活动成为构建和谐家庭、和谐社会的重要载体。活动也有助于增加残障青少年的自信心，让更多的残障青少年走进社会，丰富课余文化生活。活动当天，由北京市政协委员、国家广播艺术团影视部主任、中央电视台戏曲频道节目主持人赵保乐主讲的《如何欣赏中国戏曲》，吸引了70余个“志愿家庭”的共同参与，他们负责把残疾青少年从家中接来，肩并肩坐在一起参加活动，之后还把他们安全送回家中。

案例：祖孙三代“接力”志愿服务

在陶然亭街道米市社区，有这样一个家庭，祖孙三代人都是志愿者，他们热心参与社区建设、服务社会，在帮助他人中收获快乐。他们就是中信城2期2号楼的杜玉玲一家。

杜玉玲是米市社区第4党支部书记，中信城2期2号楼楼门长，志愿巡逻队小队长。退休前，杜玉玲做了6年居委会主任，一直是居民们眼中的热心肠，公益活动的积极参与者。在杜玉玲的影响下，儿子孙征也成为“热心肠”，谁家有困难总要想办法帮一把。儿媳肖静是米市社区的妇联执委，在工作之余投身于妇女儿童权益维护的相关工作，代表辖区女性争取各项福利，维护弱势女性群体的各项权利。除了参与社区建设，肖静还跟丈夫一起积极参加“爱的分贝”公益行动，出资为聋哑儿童购置人工耳蜗；在汶川大地震时，主动上门把刚给孩子买的两箱进口奶粉捐给了四川省驻京办。因为从小就生长在一个“爱管闲事”的家庭里，打从懂事开始，孙女孙祺棠就已经是一个小志愿者了。在社区组织的冬令营、夏令营、跳蚤市场等活动中，她总是争当排头兵，帮着社区工作者一起把活动组织开展好。在社区组织青少年捐书活动中，她不像一些孩子捐出的都是一些待处理的图书，而是把自己最喜爱的图书捐出来，一次就是十几本。每年全家旅游，她总是要求报老年团，全家人陪着老人们一起慢慢游玩。

三、经验与启示

西城区开展“志愿家庭”的经验和启示如下：

（一）充分发挥学校家委会的重要作用

人在情景中，情在家中走。传统志愿服务工作将志愿者视为单一个体，忽略了家庭力量对志愿服务工作的助推作用。西城区把学校家委会作为拓展志愿服务资源的重要平台，发挥家委会在信息交流、资源对接等方面的重要作用，动员孩子和父母“小手拉大手”积极参与志愿服务。从理论上，一个家庭可以衍生出三种志愿服务，即老年志愿服务、中年志愿服务、未成年志愿服务，通过家庭志愿服务模式可以有效带动家庭成员参与志愿服务，形成良好的家风。

（二）充分依托网络平台

充分依托“志愿北京”网络平台（www. bv2008. cn），注册成为实名志愿者，倡导学生以家庭为单位注册志愿家庭，鼓励中小学生担任“小户主”，邀请父母、亲戚、同学、朋友成为“志愿家庭”成员，带领“志愿家庭”通过“小手拉大手”的方式参与志愿服务。完善“志愿家庭”注册系统，推进注册工作，为“志愿家庭”项目发布、对接、计时等工作提供支持，实现志愿者个人计时与家庭计时同步。

（三）动员整合社会及社区资源

在开展“志愿家庭”活动中，团区委、区志愿者联合会通过进一步整合资源完善“志愿家庭”工作机制大力扶持社会组织发展，将“志愿家庭”引入社区，让志愿服务真正“接了地气”。加大媒体宣传着力营造“志愿家庭”社会氛围，扎实推进“志愿家庭”工作，加强“志愿家庭”行动计划保障，建立和完善多种形式的激励机制。

第六节　文化暖心

——文化志愿服务发展模式

文化具有独特的功能性。2013 年，习近平总书记在政治局第十二次集体学习时强调：我国当代文化的发展与繁荣对于实现“两个一百年”的奋斗目标和中华民族的伟大复兴具有重要战略意义。文化志愿服务是培育和践行社会主义核心价值观、高国民素质和社会文明程度的重要载体。在文化建设过程中培育和壮

大文化志愿者队伍，广泛开展文化志愿服务活动，能够满足公民日益增长的多方面、多层次、多样性的精神文化需求，提高公民的道德素质和文化素质，促进人的全面发展，在努力消除文化生活的城乡差异、提升人民幸福指数等方面将会发挥十分重要的作用，对中国梦的实现具有显著的促进作用。

一、缘起与发展

文化志愿者的诞生是社会文明进步的重要标志。文化志愿者是指那些不以物质报酬为目的，利用自己的时间、文艺技能等自愿为社会和他人提供公益性文化艺术服务及帮助的人。与提供生活帮扶服务的普通志愿者相比，文化志愿者的专业性更强，主要围绕公益性文化艺术服务开展活动。

文化志愿者行为是自觉为他人和社会提供文化服务，共同建设美好精神家园的生动实践，是多渠道开展文化惠民活动、保障和实现公民基本文化权益的有效手段，是新形势下推进公民道德建设和文化大发展大繁荣的重要途径。在文化建设过程中培育和壮大文化志愿者队伍，广泛开展文化志愿服务活动，能够满足公民日益增长的多方面、多层次、多样性的精神文化需求，提高公民的道德素质和文化素质，促进人的全面发展，在努力消除文化生活的城乡差异、提升文化服务的人性化和个性化功能、保障公民基本文化权利以及让文化改革发展成果惠及最广大的人群等方面将会发挥十分重要的作用。

党的十七届六中全会发布的《中共中央关于深化文化体制改革推动社会主义文化大发展大繁荣若干重大问题的决定》首次明确提出了文化志愿者的概念；党的十八大报告再次强调，要“深化群众性精神文明创建活动，广泛开展志愿服务”；党的十九大报告更明确提出“推进诚信建设和志愿服务制度化，强化社会责任意识、规则意识、奉献意识”。从 2013 年被公认为“文化志愿者服务年”，再到文化部和文明办联合把 2014 年确定为“文化志愿服务推进年”，党和国家对文化志愿服务工作的重视日益加深，并逐渐将此项工作提升到国家战略层面。回顾中国文化志愿服务的发展历史，总体来说可以分成以下三个阶段：2010 年前从民间自发到各地自觉探索的初期发展阶段，2010 ~ 2014 年全国文化志愿服务的组织化、体系化推进阶段，以及 2015 年以后全国文化志愿服务的制度化和社会化发展阶段。

西城区具有多样的人文景观、丰厚的文化底蕴，是文化中心的核心承载区，历史文化名城保护的重点地区。以西城文化底蕴为根基，西城文化志愿服务起步早、发展快，已经形成了独特的西城文化志愿服务模式。

二、发展模式

2010年，为了推进区域文化繁荣发展，进一步满足区域百姓的文化需求，促进西城区“人文北京”示范区、“科技北京”精品区和“绿色北京”先行区建设，同时为广大艺术家和文艺工作者提供展示才艺、服务社会的平台，西城区开始向社会招募文化志愿者。其服务范围包括文化宣传、文化推广、支教助学、社区服务以及为区域大型社会活动、社会公益性活动等提供服务。

（一）文化志愿服务内容

西城区开展文化志愿服务的范围主要包括：

（1）在公共图书馆、文化馆（站）、博物馆、美术馆等公共文化设施和场所开展公益性文化服务，如在首都图书馆长期开展文化志愿服务，2006年注册成为北志联正式会员；2014年设立学雷锋志愿服务站。

（2）依托西城文化资源以及文艺工作者资源，深入城乡基层开展文艺演出、辅导培训、展览展示、阅读推广等公益性文化服务。

（3）为老年人、未成年人、残疾人、农民工和生活困难群众等提供公益性文化服务，一方面，在公共文化机构提供针对特殊人群的服务，另一方面，送知识送文化进社区，为老年人、未成年人提供文化志愿服务。

（4）组织文化志愿者深入社区，参与群众文化活动的组织等工作。

（5）组织文化志愿者参与西城区的文化遗产保护、文化市场监督、传统文化弘扬等工作。

（6）开展其他公益性文化服务。

（二）充分利用区域文化资源

西城区依托毛主席纪念堂、宋庆龄故居、恭王府、首都博物馆、什刹海、陶然亭公园等文化景点，开展了丰富多彩的文化志愿服务项目。例如：由团区委联合各大高校和社会组织开展的“毛主席纪念堂志愿服务项目”、宋庆龄故居联合会开展的“时代小先生”和恭王府文化志愿服务队开展的“传统文化进社区”项目等。这些项目传承了中国传统文化，向世界传递爱国情怀，彰显了文化自信。

（三）大力培育文化志愿服务组织

文化志愿服务组织的发展状况直接决定了文化志愿服务的活跃程度。长期以来，西城区鼓励、支持和培育文化志愿服务组织，涌现出了一批知名文化志愿服务组织，如宋庆龄故居志愿者联合会、首都图书馆志愿服务队、恭王府文化志愿服务队、文化传承志愿服务总队等。

案例：宋庆龄故居志愿者联合会

中华人民共和国国家名誉主席宋庆龄同志逝世后，党中央决定，将宋庆龄生活和工作的主要场所——后海北沿46号寓所命名为“中华人民共和国名誉主席宋庆龄同志故居”，确定为全国重点文物保护单位，全国青少年爱国主义教育基地，承担传承宋庆龄伟大精神和未竟事业的历史使命，开展文物保护、学术研究、社会教育、旅游服务等工作，成为社会各界和国际友好人士向往的场所，其中就包括一批批仰慕宋庆龄的志愿者。

自2000年以来，宋庆龄故居开始招募志愿者，至今十多年来，已有近万名来自全国各地、世界各国的志愿者参与到故居志愿服务中。2011年1月27日（宋庆龄诞辰纪念日），宋庆龄故居志愿者联合会正式挂牌成立，时任中国宋庆龄基金会党组书记、常务副主席常荣军同志亲自揭牌。目前，常年活跃在故居志愿服务岗位上的志愿者约300人，包括北京师范大学、北京科技大学、人大附中等19所高校和中学团体，以及西城区老医药卫生工作者协会、北京什刹海摄影协会两个社会团体的成员，还包括来自21所“时代小先生”示范校的少年儿童。同时，也为以个人名义参加志愿服务的人们开通渠道，设置不同时间、不同性质的工作岗位，打造了一支覆盖广泛、梯次合理、特色鲜明、作用突出、影响较大的志愿者团队。

2010年12月，故居推荐的志愿者和团队荣获北京市博物馆志愿者十佳个人和团队奖；2012年12月故居荣获北京市志愿服务示范站称号；2014年3月被评为“首批首都学雷锋志愿服务示范站”，接受刘淇同志颁牌。2014年9月，成为五家首都学雷锋志愿服务示范站（岗）培训现场观摩教学点之一。中央电视台、北京电视台、新华网、人民网、北青报等多家媒体对故居志愿者活动进行了报道。

案例：让书香飘满新年假日

西城团区委、区志愿者联合会举办了“志愿同心　书香假日”图书捐赠活动，号召全区广大志愿者向北京市第二聋人学校的聋哑孩子捐赠图书。搭建志愿者与聋哑孩子们之间心与心沟通的桥梁，用爱心驱散无声世界的阴霾，在聋哑儿童的心中开辟一片晴空，让聋哑孩子度过一个快乐而有意义的寒假。2010 年 1 月 21 日，在北京市第二聋人学校举办了捐赠仪式，学生们表示将在这个寒假回家阅读这些图书，并将读书心得写在明信片上，开学后寄给捐书的志愿者们作为感谢。此次活动在全区各理事单位和志愿者中反响热烈，中国建设银行、中国光大银行、中国进出口银行、阜外医院、区卫生系统、区环卫中心、区法院、区地税局、区园林市政工程服务中心、区少儿馆、德胜街道、什刹海街道、安利（中国）等近 20 家单位，先后捐赠图书万余册。据悉，学校将用这万余册图书在每个班级都建立图书角，在楼道里建立书架，供孩子们随时翻阅。

案例：为打工子弟学校捐建首个“非常快乐阅览室”

2010 年 1 月 24 日上午，西城团区委、银河小学和“关系时代”爱心社联合为房山区山口博识打工子弟小学的 350 名孩子捐赠了 700 多本色彩绚丽的适龄读物。“关系时代”爱心社是一个自发形成的社会团体，在了解博识打工子弟小学的具体情况后，找到西城团区委寻求帮助。团区委积极发挥区志愿者联合会的作用，很快联系了北京市西城区银河小学。银河小学在学生中大力动员，开展了“为房山小朋友捐一本好书”的活动，短时间为博识打工子弟小学建立起一间属于自己的“非常快乐阅览室”。

案例：首届“海棠花杯”志愿者诗歌朗诵会在宋庆龄故居举行

2010年4月10日上午，正值宋庆龄故居首届“海棠花文化节”开幕之际，“海棠花杯”志愿者诗歌朗诵会举行。宋庆龄故居志愿活动已开展十年，在这里常年活跃着一支由在京高校大学生组成的志愿者队伍。在西城区志愿者联合会的大力支持下，这支队伍的整体素质、服务水平和社会影响都在逐步提高。值此万物复苏、海棠花开之际，志愿者在文化节开幕式上展现才艺，抒发对伟人的怀念和敬仰之情。参加朗诵会的志愿者分别来自在京十所高校的大学生志愿者，包括北京大学、北京师范大学、北京交通大学、北京科技大学、中央民族大学、中央财经大学、对外经贸大学、北京联合大学、外交学院、北京青年政治学院等。他们以弘扬宋庆龄精神，传承宋庆龄“和平、统一、未来”三项宗旨为己任，也为创建“人文北京”“人文西城”增光添彩。

2010年是宋庆龄故居首次举办“海棠花文化节”，志愿者诗朗诵成为文化节上一道靓丽的风景。海棠花是指宋庆龄故居院内两株历经200多年沧桑岁月的古西府海棠。宋庆龄喜欢海棠花，每年4月上旬，娇艳的海棠如天边的朝霞竞相绽放。工作之余，宋庆龄常在树下漫步，邀友人赏花。到了秋天，她还把这两株海棠结下的累累硕果做成海棠酱，送给友人品尝。如今伟人已逝，受到她呵护的凤凰槐、明开夜合等名树长存。赏花赏树，怀念先贤，仿佛她从未离去。

案例：北京八中金帆交响乐团进故居启动仪式暨首场志愿表演活动

2010 年 6 月 3 日，西城区志愿者联合会与宋庆龄故居、北京八中共同举办了北京八中金帆交响乐团进故居启动仪式暨首场志愿表演活动。本次活动是志愿者联合会的一项创新尝试，旨在搭建一个沟通交流的平台，将西城区丰富的文化资源与故居优雅的人文环境相结合，将高雅的交响乐演奏带到百姓身边。活动中，八中的小志愿者们娴熟的演奏技巧及震撼的艺术视听效果受到了观众的热烈欢迎与一致好评。这次活动既为中小学生提供了一次展示自我的平台，向社区民众普及了交响乐知识，也为西城的居民和来故居参观的游客带来了艺术享受。当天的观众除了来自社区的居民、游客，还有一些来京务工人员的子女，六一儿童节刚刚过去，志愿者联合会和北京八中的同学们为他们送去了节日的慰问。

北京八中金帆交响乐团进故居活动是区志愿者联合会举办的系列文化志愿服务之一，近期，八中金帆交响乐团还将走进李大钊故居、郭沫若故居等地开展志愿服务活动。西城区有一支专业的文化志愿者队伍，区志愿

者联合会近期还将组建志愿者联合会文化志愿者分会，陆续开展各种丰富的“文化进社区”活动，让西城的居民不出家门就能体验并享受到不同的特色文化、艺术表演，也让西城区优秀的文化艺术惠及每一名社区居民。

案例：“萌芽100”爱心图书室揭牌

2011年4月14日上午，红莲小学的同学们收到了一份特别的礼物，由长城人寿保险股份有限公司“萌芽100”公益活动为他们捐赠的一座“爱心图书室”。一排排整齐的书架上摆放着《安徒生童话故事》《让孩子心灵成长的智慧书》《青少年百科知识系列读本》等1500余本崭新的书籍，孩子们在窗明几净的图书馆安静地阅读，这份“大礼”让他们既吸收了丰富的知识又享受到了读书的乐趣。

长城保险公司“萌芽100”公益活动启动于2010年，以捐赠图书为主要形式，在全国范围内为百所贫困小学捐建爱心图书室，并通过后续围绕图书室开展的系列读书交流活动，为贫困地区的孩子们建立一个相互沟通、展示自我的平台。通过发展志愿者服务图书室等形式的活动，积极引导、帮助孩子们树立起远大的志向，塑造他们为梦想拼搏的积极心态。

2010 年底，长城保险公司团委与西城区志愿者联合会联系，希望能够在西城区捐建一所团书馆，服务外来务工人员子女就读的打工子弟学校。经过多方考察，“萌芽 100”公益活动选择了“携手相牵·快乐成长”六所对接学校之一的红莲小学。红莲小学于 2001 年被区政府正式命名为公办“外来务工人员子女就读学校”，并提出了“平等、融合、均衡、发展”的办学理念，通过营造地域文化氛围、开设地域文化课程和开展地域文化活动，让每个孩子得到公平的礼遇，接受平等的教育，感受特别的关爱，和谐快乐地成长。此次捐赠活动共为孩子们捐助了 16 个书架，价值 4.3 万元的 1500 余本图书。

案例：西城区 50 名打工子弟进国家大剧院体验高雅艺术

2011 年 9 月 4 日，来自红莲小学的近 50 名打工子弟作为一群特别的体验者，来到国家大剧院，看展览、听讲座，并现场跟专业老师学习了弦乐。上午 9：30，孩子们兴奋地走进了大剧院，这里的一切对孩子们而言都显得很新鲜。在跟随专业讲解员参观了国家大剧院三大剧场和艺术展览后，孩子们来到大剧院花瓣厅，观看了当天的“室内乐演出”。四位专业的老师在台上演出了弦乐四重奏，并给孩子们细致地讲解了大、中、小提琴的相关知识。孩子们听得津津有味，时不时还有人举手向老师提问。

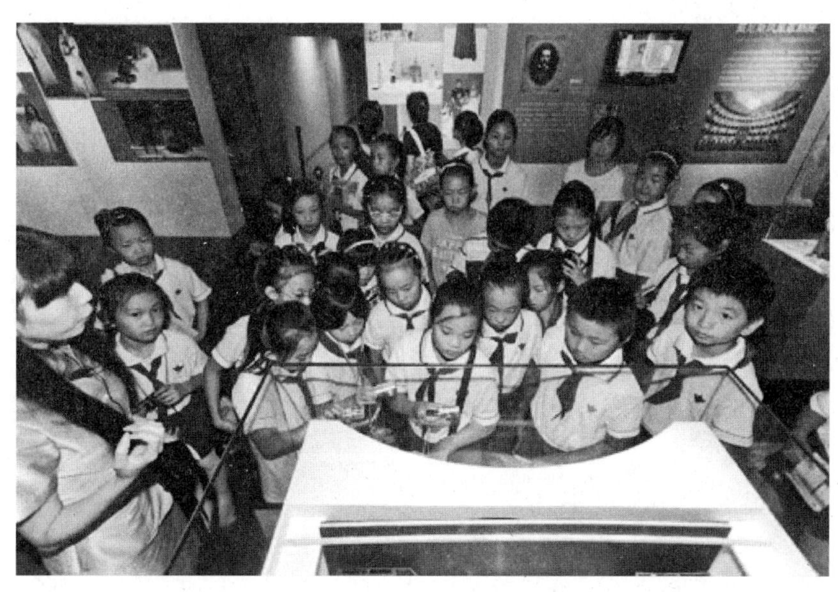

案例：成立文化传承志愿服务队

2017 年 9 月，金座公司在瑞蚨祥举办文化传承志愿服务启动仪式，当天 50 多位参与者亲手体验了一把老字号文化传承项目，感受老字号文化内涵和传统制作工艺。区志愿服务联合会理事、金座公司所属企业团支部书记，青年志愿服务代表，西城大妈团队代表等参加活动。团区委向金座公司团委授予“北京 · 西城文化传承志愿服务总队”队旗，公司青年志愿服务代表进行宣誓，拉开了金座公司文化传承志愿服务序幕，标志着金座公司文化传承志愿服务更具系统化、规范化、常态化。

三、经验与启示

西城区文化志愿服务的经验与启示主要有：

（一）坚持正确的价值导向

党的十九大报告指出，要坚定文化自信，推动社会主义文化繁荣兴盛；要坚持中国特色社会主义文化发展道路，激发全民族文化创新创造活力，建设社会主义文化强国。西城区开展文化志愿服务牢固树立以人民为中心的工作导向，大力弘扬志愿服务精神，传播先进文化，将文化志愿服务作为培育和践行社会主义核心价值观的重要载体。

（二）孵化和培育文化志愿服务组织

西城区鼓励文化企事业单位、文艺院团及社会文化机构参与、组建文化志愿服务组织，承担队伍组建、管理服务、培训指导、考核评估等职责。加强文化志愿服务组织培育，达到登记条件的，可向民政部门申请依法登记，鼓励文化志愿服务组织成立协会。公共文化设施管理单位要结合自身实际，设立文化志愿服务站点，搭建文化志愿者、服务对象和服务项目对接平台，逐步建成网络完善、管理规范的文化志愿服务组织体系。

（三）广泛动员社会力量参与

开展文化志愿服务要坚持“政府引导，社会参与”的原则，坚持多元的建设模式。立足实际，抓好公共文化设施管理单位的文化志愿服务，因地制宜，合理规划，建设一批文化志愿服务活动规范有序、作用发挥明显、社会影响力大的示范单位，示范带动各级各类文化企事业单位、文艺院团及社会文化机构参与文化志愿服务。鼓励引导社会力量参与文化志愿服务，统筹资源，实现共建共享。

第六章　西城区志愿服务创新发展

〔引言〕

党的十九大报告指出中国特色社会主义进入新时代，新时代需要开启新征程、续写新篇章。这要求我们站在新时代的大背景下，创新社会治理模式，推进诚信建设和志愿服务制度化。

习近平总书记多次强调，大到一个国家在世界舞台上站稳脚跟，小到一个地方、一个企业，创新都是引领发展的第一动力。自 1983 年签订第一份“综合包户”协议以来，西城志愿者们一直保持锐意创新的勇气、敢为人先的锐气、蓬勃向上的朝气，不断推进志愿服务工作的理念创新、思路创新、制度创新和方式创新。“苟日新，日日新，又日新”是 28 万名西城志愿者的精神坚守。

第一节　西城区志愿服务面临的发展机遇

党的十八届三中全会明确提出“创新社会治理体制”“支持和发展志愿服务组织”。党的十九大提出“中国特色社会主义进入新时代，我国社会主要矛盾已经转化为人民日益增长的美好生活需要和不平衡不充分的发展之间的矛盾”，“推进诚信建设和志愿服务制度化，强化社会责任意识、规则意识、奉献意识”，既为西城区志愿服务下一步发展指明了方向，又为志愿服务发展提供了新时代的机遇。

一、全面落实上位发展政策

党的十八大以来，特别是2016 年，党中央、国务院大力推动志愿服务发展，在规范志愿者招募注册、加强志愿者培训管理、建立志愿服务记录制度、健全志愿服务激励机制、完善志愿服务顶层设计等方面，出台了一系列的法律法规和政策意见。2014 年中央文明委印发《关于推进志愿服务制度化的意见》，2016 年中央深改组审议通过《关于支持和发展志愿服务组织的意见》和《关于公共文化设施开展学雷锋志愿服务的实施意见》，2016 年 9 月 1 日《中华人民共和国慈善法》正式实施，2017 年 12 月 1 日国务院发布的《志愿服务条例》正式施行等。党的十九大更是为志愿服务指明了方向，“推动志愿服务的制度化”。在推进志愿服务发展过程中，为落实中央政策部署，北京市、西城区也制定出台了相关的政策文件。下一步中央关于志愿服务系列政策的全面实施，将给西城区志愿服务创新发展、提升发展提供强大的政策推动力，在建立健全志愿者注册管理制度、志愿者招募培训机制、志愿服务激励回馈机制，完善志愿服务长效工作机制和活动运行机制等方面带来新的机遇，促进西城志愿服务向规范化、专业化、常态化发展。

二、契合志愿服务快速发展

目前，志愿服务已经纳入国家发展战略和联合国计划。党的十八大以来，中央对志愿服务工作的重视程度不断提高，做出了系列重要决策和战略部署。习近平总书记多次给志愿服务组织回信或做出重要指示，充分肯定广大志愿者在服务他人、奉献社会中取得的成绩和进步，强调要弘扬“奉献、友爱、互助、进步”的志愿精神，用爱心温暖需要帮助的人，从“赠人玫瑰，手有余香”中感受善的力量，以实际行动书写新时代的雷锋故事，为实现中国梦有一分热发一分光。2015 年 6 月，联合国大会第七十届会议报告提出一项行动计划，将志愿服务纳入下一个十年及其后的和平与发展工作。据联合国统计，全球志愿者数量已达到 3 亿 ~5 亿人，工作时间每年累计超过 150 亿小时。国内外志愿服务事业迅猛发展，获得了社会的广泛参与。随着国内外志愿服务的快速发展、活跃发展，国家政府的战略推动、联合国的计划行动、社会的广泛参与，作为国内最早开展志愿服务活动的城区之一，西城区志愿服务的发展将拥有强大的社会动力，在完善志愿服务体系、提高志愿服务水平、健全志愿服务机制等方面面临新的发展机遇。

三、借势宜居之都文明城区建设

首都北京是首善之区，核心西城是首善城区。《北京城市总体规划（2016 年 ~ 2035 年）》已经明确“到 2035 年，北京初步建成国际一流的和谐宜居之都”。西城区作为首都功能核心区和中心城区，是承载国际一流的和谐之都建设的重要区域，激发西城人民持续创建全国文明城区，已经连续四届蝉联“全国文明城区”的称号。从《全国文明城市测评体系》看，志愿服务已经成为创建全国文明城市（区）的重要内容。下一步西城区在推进国际一流的和谐宜居之都建设、争创全国文明城区过程中，将给西城区志愿服务规范化发展、制度化发展提供有力的组织动力，在规范志愿服务体系、培育志愿服务文化、打造志愿服务品牌等方面提供新的机遇。

四、独特的地理位置和人文环境

基于得天独厚的人文地理条件，西城区形成了独特的“红墙意识”，这是一种以拥护中央权威为核心、维护群众利益为基础，追求社会进步和美好生活的精神状态，其核心内涵是最高的政治忠诚、最重的责任担当、最严的首善标准。“红墙意识”为西城区开展志愿服务工作提供了永不枯竭的思想养分。

第二节　西城区志愿服务发展趋势

西城区下一步志愿服务工作需要开启从学雷锋的道德实践到创新社会治理的手段、从补缺社会服务的形式到社会动员的途径，从公民志愿奉献的渠道到引导公民参与治理的平台的新征程。需要顺应新时代的要求，站在新的历史方位，加强志愿服务发展创新，推动全区志愿服务制度化的规范发展、社区化的组织发展、社会化的常态发展，切实增加人民群众的获得感、幸福感、安全感。

一、积极培育志愿服务组织

根据共建共治共享原则，志愿服务组织由于具有多元属性、贴近社区、贴近民生的特点，将成为未来社会治理中的重要力量。作为志愿服务活动的提供主体，志愿服务组织的培育意义重大。

（一）推进志愿服务组织的登记注册创新

志愿服务组织的特点是规模小，灵活，缺乏相应专职人员和固定场所。如果采取的都是在民政登记注册的方式，显然不符合志愿服务组织的特点，在不违背志愿服务组织管理法律法规基本精神基础上，可以按照活动地域适当放宽成立志愿服务组织所需条件，推动志愿服务组织的规模化发展。西城区将加快落实四类社会组织（行业协会商会类、科技类、公益慈善类、城乡社区服务类）直接登记制度，从组织管理上为志愿服务组织的成立提供便利。

（二）推进志愿服务组织承接公共服务项目

志愿服务组织的自我造血能力普遍比较差，仅靠自身很难发展起来，一般的经验是需要依赖政府的大力支持。因此承接政府公共服务项目是推动志愿服务组织发展的重要方式。同时，西城区要积极落实《关于支持和发展志愿服务组织的意见》《国务院办公厅关于政府向社会力量购买服务的指导意见》和《政府购买服务管理办法（暂行）》有关要求，充分发挥志愿服务成本低、效率高，志愿服务组织灵活度高、创新性强的特点，积极支持志愿服务组织承接扶贫、济困、扶老、救孤、恤病、助残、救灾、助医、助学等领域的志愿服务，加大财政资金对志愿服务运营管理的支持力度。

（三）进一步培育枢纽志愿服务组织

构建枢纽型志愿服务组织是当前加强社会建设、创新社会管理的有效载体和重要途径。枢纽型志愿服务组织是通过健全的组织系统和有效的服务支持，加强统筹协调与纽带联系，实现同类型、同性质、同领域志愿服务组织的孵化培育、协调指导、合作发展、自治自律、集约服务、党团管理的联合性志愿服务组织。目前，西城区志愿服务联合会作为“枢纽型”社会组织，需要进一步发挥联合会汇聚、共享志愿服务组织资源的平台作用，进一步整合政府、企业等社会各界资源。同时，通过在街道建立志愿服务联合会分会，将分会培育为“微型枢纽”，发挥以下五项功能：一是培育孵化功能；二是联系服务功能；三是资源支撑功能；四是沟通反映功能；五是人才聚集功能。从而通过“杠杆作用”推动西城志愿服务组织的发展。

二、大力塑造志愿服务品牌

（一）推动专业志愿服务发展

国务院《志愿服务条例》特别指出：“国家鼓励和支持国家机关、企业事业单位、人民团体、社会组织等成立志愿服务队伍开展专业志愿服务活动，鼓励和支持具备专业知识、技能的志愿者提供专业志愿服务。”专业志愿服务将是未来志愿服务的一支重要力量。比如法律服务、抢险救灾、心理咨询、医疗卫生、文化艺术、网络维护、消防宣传等都属于专业志愿服务。西城区可积极探索在专业志愿服务的队伍建设、组织建设、项目开发等方面进行模式创新，一方面，积极

引进相对成熟的专业志愿服务组织，实施专业化服务，推动志愿服务的专业化发展；另一方面，积极探索专业志愿者的培训和认证机制。

（二）大力发展文化志愿服务

积极贯彻《中华人民共和国公共文化服务保障法》（中华人民共和国主席令第六十号），落实《中共中央宣传部 中央文明办等7部委关于印发〈关于公共文化设施开展学雷锋志愿服务的实施意见〉的通知》（文明办〔2016〕22号）和《文化部关于印发〈文化志愿服务管理办法〉的通知》（文公共发〔2016〕15号），大力发展文化志愿服务事业，加快构建文化志愿服务体系，促进文化志愿服务规范化、常态化、专业化、品牌化，切实提升文化志愿服务水平。

1. 健全文化志愿服务制度体系，完善管理机制

推动西城区公共图书馆、文化馆、博物馆、美术馆等公共文化设施管理单位及文化企事业单位、文艺院团及社会文化机构制定本单位文化志愿服务工作细则。要制定科学有效的文化志愿者注册招募制度、信息发布制度、服务管理制度、年报申报制度、评估考核制度以及激励保障制度等，为文化志愿者开展文化志愿服务提供基本遵循和依据。同时，根据公共文化设施管理单位及文化企事业单位、文艺院团及社会文化机构行业不同特点，分类指导开展文化志愿服务，加强行业自律自治管理，探索具有地方或行业特色的文化志愿服务模式。加强对志愿服务工作的统筹规划、协调指导、督促检查和经验推广，推进文化志愿服务事业建设发展。

2. 培育和发展文化志愿服务组织

各级公共文化设施管理单位应组建文化志愿服务组织，鼓励文化企事业单位、文艺院团及社会文化机构参与、组建文化志愿服务组织，逐步建立区、街道、社区三级文化志愿服务体系。加强文化志愿服务组织培育，达到登记条件的，可向民政部门申请依法登记，鼓励文化志愿服务组织成立协会。公共文化设施管理单位要结合自身实际，设立文化志愿服务站点，搭建文化志愿者、服务对象和服务项目对接平台，逐步建成网络完善、管理规范的文化志愿服务组织体系。

3. 加强文化志愿服务队伍建设

广泛吸纳文化工作者、业余文艺骨干以及热心公益文化事业的团队和人士加入文化志愿者队伍，鼓励吸纳高学历、高职称的专家学者参与文化志愿服务，打造一支专业化的文化志愿服务队伍。要充分发挥图书馆、文化馆、博物馆、美术馆等公共文化设施管理单位在文化志愿服务中的主导作用，依托公共文化设施为

主阵地，完善文化志愿服务阵地。鼓励吸纳专业社工为文化志愿服务组织发展和服务拓展提供支持，积极探索“社工 + 志愿者”服务模式，促进文化志愿服务持续深入开展。

4. 塑造文化志愿服务品牌

深入实施公民道德建设工程；继续推进春雨工程、大地情深、阳光工程等示范性文化志愿服务活动；广泛开展以学雷锋、9 个主题以及文化遗产保护为内容的基层文化志愿服务活动。依托公共文化设施、重点文化惠民工程、重要节日纪念日，举办进社区、学校、乡村、企业、部队等惠民利民的文化志愿服务活动。鼓励与带动文化志愿服务组织及社会力量自发开展具有特色的文化志愿服务品牌项目。

（三）大力发展企业志愿服务

1. 建立企业参与多元社会治理的工作机制

不断完善驻区单位履行社会责任激励机制，探索建立社区、社会组织、驻区企业联动机制，建立驻区企业参与多元社会治理的工作机制。联合会牵头成立西城区企业志愿服务联盟，进一步凝聚企业志愿者力量，加强企业志愿者队伍建设，促进企业间志愿服务交流，探索建立企业志愿服务的创新机制。大力培树共驻共建，资源共享的先进企业典型，引导更多的驻区企业对接民需，服务社区。完善驻区企业参与社区建设的动员、引导、奖励、宣传制度，形成社会单位参与城市服务管理的长效机制。推动驻区单位积极履行社区共建责任，依托街道、社区的共商议事平台，建立企业与社区、企业与居民的需求对接机制，向社区低偿或无偿开放文体活动、老年人就餐和停车等服务资源。

2. 培育企业志愿服务组织

可由西城区志愿服务联合会牵头成立西城区企业志愿服务联盟，目的是进一步凝聚企业志愿者力量，加强企业志愿者队伍建设，促进企业间志愿服务交流，探索建立企业志愿服务的创新机制，倡导广大企业职工立足本职岗位，自觉弘扬志愿服务精神，在帮助他人的过程中，提升服务意识，加深对企业创业创新的深度认同，强化道德认知，提升思想境界，同时树立企业良好的社会形象。企业志愿骨干团队的发展，可考虑从影响企业管理层入手，通过为企业家们提供企业志愿服务方面的培训，让他们了解和认识企业志愿服务的价值及意义，进而推动企业志愿服务的开展。

（四）培育国际志愿服务组织

充分动员外籍人士参与到西城区日常的志愿服务中，特别是在外籍人士集中的地区，逐渐建立起国际志愿者团队。利用各种机会，扩大志愿服务国际交流，与联合国志愿人员组织等国际性志愿服务机构建立联系，一方面邀请国际性志愿服务机构到西城交流合作，另一方面通过一些国际志愿者项目安排西城志愿者到国外进行服务，运用“走出去”和“引进来”两种形式，培育国际志愿服务组织，并提升志愿服务国际化水平。弘扬志愿服务精神，深入挖掘中华优秀传统文化蕴含的思想观念、人文精神、道德规范，促进文化志愿服务组织与国际、港澳台志愿服务组织的合作交流。积极探索“文化志愿服务组织走出去”的方式方法，激励文化志愿者讲好中国故事，展现中国文化志愿者风采，为扩大国际文化合作、传播中国文化做出贡献。

三、建设社区志愿服务生态

志愿服务的社区化是提高志愿服务参与率的重要手段，打破西城区大量“僵尸志愿者”的有效方式就是建立完善的社区志愿服务生态系统。改革开放30多年来，随着高度集中的计划经济体制向日益开放的市场经济体制转变，以及城镇化发展、市场化改革的深化加快，社会组织结构逐步由“一元主体”向“多元参与”过渡，这为社区志愿服务发展提供了越来越广阔的空间和舞台。

（1）优化社区志愿服务工作质量效果。一是提高可靠性。进一步巩固实体平台，依托各区域各领域党群服务中心或重点区域24小时便利设施，完善社区志愿服务站点，发挥阵地支撑、团队建设、信息收集、项目发布、形象展示等功能。二是提高便捷性。进一步优化线上平台，以“志愿西城”为基础，充分整合各级各类志愿服务和公益活动信息平台资源，打造主要针对社区志愿服务的全媒体、多功能、全天候枢纽终端。三是提高精准度。进一步加强供需对接，以社区志愿服务队为主体收集服务需求，并做好信息审核、筛选、导入、上报等工作，逐步实现服务菜单实时更新、群众需求及时搜集、系统自动匹配推荐。

（2）大力培育社区志愿服务组织。社区志愿服务组织是居民和政府沟通的桥梁，为居民有序参与社区治理提供了平台，对于满足社区居民多样化的需求，提高社区居民的生活质量具有重要作用，是政府公共服务的“左膀右臂”和社会服务的主力军。要加大对社区志愿服务组织的支持力度，深入开展社区营造计划，培养居民团队，摸清社区志愿服务组织底数，按照“有人员、有活动、有指导、有支持、有场地”五有标准培育发展社区志愿服务组织。应通过购买服务等方式为社区志愿型组织提供项目资金、办公场所、办公设备等方面的支持，引导他们自主开展活动，满足社区服务需求，解决社会管理难点问题。

（3）通过社区推动供需对接，实现志愿服务常态长效。通过社区把重心下沉到最基层单元、把力量投送到“最后一公里”，再造需求收集发布、服务组织实施、事后评价反馈全流程，运用“互联网+”思维和方式，切实提高社区志愿服务组织系统化、沟通即时化、项目创新化、工作日常化、活动品牌化水平，不断满足人民群众日益增长的期盼和需求，推动形成全员参与、各方支持的良好环境。

（4）探索社区层面志愿服务激励回馈模式。社区的同质性较强，覆盖面较小，通过社区进一步探索志愿服务激励回馈的落实和推进难度较小，也容易产生效果。因此，应积极推进社区整合外部社会资源，打造社区层面的志愿服务激励回馈生态系统。

四、推动志愿服务文化创新

党的十九大报告提出，“坚定文化自信，推动社会主义文化繁荣兴盛”“不断增强意识形态领域主导权和话语权”。志愿服务是美好的道德行为和重要的道德实践，通过志愿服务促进思想道德建设是党的十九大对志愿服务提出的新要求。西城区要大力弘扬中华传统美德，结合时代条件深入挖掘和阐发，进行创造性转化、创新性发展，赋予志愿服务深厚的传统文化内涵。坚持与社会治理、文明创建等相融合，以志愿服务助力文明城市创建，通过培育良好的志愿服务文化，打造城市新名片。

志愿服务深深扎根于中国的传统文化，“奉献、友爱、互助、进步”的志愿服务精神，是社会主义核心价值观在志愿服务领域的最终体现。从这个意义上说，志愿服务需要观念的植入、文化的内核、文明的传播。结合西城区作为政治中心的区域特色，将“红墙意识”融入志愿服务理念中来，研究、提炼具有西城特色的志愿文化内涵。加强与高校、研究机构、社会组织等的合作，开展“西城区志愿家庭模式研究”“西城区志愿文化研究”等理论研究，并建立一支以专家学者、骨干志愿者和优秀志愿团队负责人为主体，理论与实践相结合的研究队伍，通过课题发布、举办志愿服务论坛、学术研讨、出版发行等方式，实现理论研究成果的应用转化。

积极倡导志愿服务理念，营造全民参与志愿服务的良好氛围。将志愿服务与文明城市建设、区域民众生活紧密相连，引领全体居民参与志愿、享受志愿。提高志愿服务文化和品牌的社会影响力和感召力，使志愿服务成为联系群众的工作

组带之一。

五、推动志愿服务模式创新

随着信息技术和人类生产生活交汇融合，互联网快速普及，对经济发展、社会治理、人民生活都产生了重大影响。西城区要在进一步完善“志愿西城”信息平台的同时，积极探索“互联网 + 志愿服务”模式，利用大数据和人工智能等新技术，创新志愿服务的内容和方式，做到更精准、更有效率。要重视大数据、应用大数据，推动志愿服务创发展。建立健全大数据辅助志愿服务科学决策机制，运用大数据开展志愿服务统计、分析和研判工作，促进科学决策，实现精准服务。

（一）让志愿服务更加便捷

作为一种全新的生活方式以及践行社会主义核心价值观的载体，在“互联网 +”以及移动互联网的大背景下，一方面，志愿服务的目标、主体、内容以及形式也因此更加多元化；另一方面，“互联网 +”为志愿服务开辟了新领域，让“人人可公益”“志愿服务定制化”成为可能。“互联网 +”的开放性、平等性特质为志愿服务的多元化发展提供了崭新的发展思路与模式，每个网民都可以成为一次志愿行为的发起者、参与者和监督者。这将大大改变西城区志愿服务的模式，提升西城区志愿服务的便捷性。

（二）为草根志愿服务组织赋能

目前，西城区草根志愿服务组织规模小、资金缺乏、管理支持不足，甚至有一部分草根志愿服务组织本身就是虚拟的组织。“互联网 +”如同桥梁，可以通过提供各种及时有效的志愿服务信息和资讯、安排不同层次和水平的志愿者，让服务需求和服务项目自动匹配，解决不同的志愿服务需求，为志愿服务提供多元化、专业化、精准化的契机和平台，从而提升草根志愿服务组织的项目执行效率和执行效果。

（三）拓宽志愿服务空间范围

目前，西城区实现了志愿服务项目线上发布与管理，但部分项目仍处于线下运营状态，志愿服务宣传效果、帮扶力量有待进一步提升。应鼓励广泛志愿服务组织积极运用“互联网 +”方式，实现线下、线上齐头并进的运营模式，扩大志愿服务信息接收者的空间范围，进而提升志愿服务活动效果。

第三部分　事迹与典型

第七章　汇聚善源——西城区优秀志愿服务组织

〔引言〕

德胜街道全长350多米的弘慈巷，原本有40多家商户，这些商铺都存在开墙打洞的乱象，货车占道、快递车乱停乱放、交通拥堵、噪声扰民等现象时有发生。家住弘慈巷的王崇德是绿色啄木鸟志愿者团队中一名光荣的“德胜街道环境志愿者”，弘慈巷就是他提供志愿服务的场所。如今，共有730名志愿者为德胜地区56条背街小巷服务。

像绿色啄木鸟志愿者团队这样的组织，西城区还有很多。他们中的每一个人都在用爱心、用志愿精神重新装点北京这座古老文明而又生机勃发的城市。

第一节　“萤火虫志愿服务队”

——闪闪亮光，照亮你我

一、组织简介

为了推进社区规范化建设，提高社区公共服务水平，以满足群众公共服务需求为出发点和落脚点，按照“社区所需、志愿者所能”的原则，整合社区服务资源，大力培育、扶持和发展民间组织，开展就业援助、慈善公益、优抚助残、敬老扶幼、治安巡逻、环境保护、民间调解等项目服务，社区需要形成一个特色鲜明、效果明显、影响广泛的志愿服务品牌。太平街社区“萤火虫志愿服务队”正是这样的一个志愿服务品牌。

"萤火虫志愿服务队"是太平街社区志愿者之家在新一届两委班子的指导下，重新整合了志愿者之家队伍而创建的社区志愿者品牌。太平街社区"萤火虫志愿服务队"成立于2010年3月，以"便民"为核心，长期致力于平安巡逻、绿色环保、医疗助老、法律民调、博爱残疾等形式多样的便民服务活动。服务队充分发挥志愿者技能优势，不断拓展志愿服务内容，建立了服务范围覆盖妇女、老年维权、法律咨询、卫生、环保、治安巡逻等多个层面的共9支服务小分队，定期开展体检、医疗保健讲座、电器维修、心理咨询、法律援助等活动。

社区志愿服务品牌名称——"萤火虫"，它的由来意义深刻。萤火虫性情坚毅，飞舞在漆黑的夜晚，虽然只是一点儿亮光，但无私照亮他人，闪烁发光。社区"萤火虫志愿者服务队"，象征着永远和希望，因为有光就有希望。每位加入服务队的志愿者就像一只只闪闪发光的萤火虫，他们用自身的光芒照亮身边每一位需要帮助的人，将快乐传递给每一位居民，凝聚服务队的力量，造福社区居民。

二、志愿者队伍和主要服务内容

（一）志愿者队伍

自2010年成立以来，"萤火虫志愿服务队"共有280余名注册志愿者。这些志愿者分别来自各个社区的活跃人士，其中以老人为主。

（二）主要服务内容

服务队长期致力于"为老助残、环境保护、卫生保健、文体运动"等志愿服务项目，坚持以引导居民"对号入座"参与志愿服务为建队理念，定期开展体检、医疗保健讲座、电器维修、心理咨询、法律援助等活动。分门别类构建服务小分队，让居民足不出户即可享受贴心服务，真切感受到社区大家庭的温馨。

三、志愿服务工作经验

（一）清晰的志愿服务组织架构

"萤火虫志愿服务队"充分发挥志愿者技能优势，不断拓展志愿服务内容，建立了服务范围覆盖妇女、老年维权、法律咨询、卫生、环保、治安巡逻等多个层面的共9支服务小分队。具体如下：

平安巡逻志愿服务队：主要工作是派专人定期定时在小区巡逻，维护社区治安稳定，保障居民安全出行。

绿色环保志愿服务队：该队虽然组建时间不长，但在社区中却发挥着越来越重要的作用，无论是垃圾分类回收还是减少使用塑料袋的环保活动中总能看到该队成员的身影。这支志愿服务队主要工作就是宣传环保知识，督促社区居民维护社区环境卫生，引导居民进入拥有“绿色家园、优美环境”的新的社区生活中。

朝霞重晚情助老志愿服务队：这支志愿服务队的成员来自工作的各个岗位，他们以爱老敬老、服务老人为自己的工作重点，在自己工作休息之余为老人们提供诸如换煤气、洗头、修指甲、剪发等力所能及的方便老人的服务。

夕阳红合唱团：由社区离退休的老年居民组成。该合唱团每周在社区活动室定期活动，由懂音乐的老师进行授课讲解音乐，老年朋友们在学习歌唱的同时也锻炼了身体，既丰富了社区居民的文化生活，也营造了社区浓重的文艺氛围。

太平风采舞蹈队：由社区中能歌善舞的喜爱跳舞的“可爱大姐”们组成，她们载歌载舞，舞动生活，赞美改革开放成果，并根据每次社区活动主题的不同而编排不同的舞蹈来赞美生活畅想未来。

美好明天计生宣传队：坚持以宣传教育为主导，不断丰富宣传内涵，拓宽宣传形式，针对不同人群需求，开展生殖健康、预防艾滋病等知识的培训。同时，免费提供产前指导、产后避孕、母乳喂养等一系列自我保健常识，满足群众对计生知识的渴求。

“笔墨轩”书法班：成立于2014年12月，社区书法爱好者及居民共计20余人参与，书法课聘请专业老师教授“欧体”书法，每年举办书法交流赛，促进了大家的交流与学习的热情。丰富了居民的文化生活，受到大家的欢迎。

守护天使友谊医院志愿服务队：成立于2016年，队员20人，主要由社区专职工作人员和居民组成，每月1～2次，每次两天在友谊医院一楼挂号及打印报告处为大家服务，我们志愿者总是耐心为前来就诊人员服务，受到广大就诊患者的一致好评。

社区党员义务服务队：社区有这样一支队伍，无论是治安巡逻、清洁环境、助老服务还是社区的其他任何活动，只要有需要，他们就会出现，无怨无悔，无私奉献。这就是社区的党员义务服务队。

（二）固定的志愿者活动日

“萤火虫志愿服务队”规定每月最后一周的周三上午为志愿者服务活动日。每个队按照自己的主要服务内容，按计划、有重点地开展各服务队的活动。如定期在这一天组织开展志愿服务一条街活动，通过内容丰富且适合居民的活动项目，将原有的处于松散型的服务群体组织起来，使之更加健康、有序发展，更符合全社区各层次的需要。通过丰富的文化活动和邻里互助活动，使社区居民走出家门、走进社区，充实自己的文化娱乐生活，借助社区文化优势，打造文化社区、幸福社区、和谐社区，为促进政府推行的全方位为居民服务的自治进程而工作。

“萤火虫志愿服务队”规定每个月的最后一个周五是月末服务日活动。如绿色环保志愿服务队定期在这一天开展环境清洁活动，组织志愿者对小区环境卫生进行清理，形成了广受认可的常态化服务活动。为老服务队不定时到宝心敬老院为老人理发、量血压、陪老人聊天、为老人读报，让他们感受到家的温暖、感受到全社会对老人的尊敬与爱护；治安巡逻队充分发挥社区群防群治作用，打造平安“太平”，加大巡煤力度，确保社区 58 户煤火取暖户安全过冬，实现 3 年零事故；在永西北里小区，治安巡逻志愿者们坚持全年每天有人值岗，确保小区内安全。

“萤火虫志愿服务队”根据社区居民自身的专长和特点以及社区居民的各种需求来组织各项服务队活动，并制定规范的管理制度，提高服务质量。各服务队活动以帮助居民为主题，实实在在地解决社区居民的问题和困扰，做到让居民足不出户便可享受别样的服务，感受社区给予他们的温馨，让居民生活在和谐快乐的社区里。

四、志愿服务实践

（一）学雷锋志愿服务一条街

志愿者服务一条街由社区志愿者及志愿服务商定期为社区居民提供免费服务。为了宣传雷锋理念，弘扬志愿服务精神，为居民提供切实的服务，2016 年 3 月 4 日，“萤火虫志愿服务队”在社区开展了学雷锋志愿服务一条街活动，开展了法律咨询、志愿者招募、首饰清洗、配钥匙、量血压、称体重、义务理发、缝纫服务等多项志愿服务活动。

此次志愿服务活动得到了辖区单位、社区法律志愿者、菜百志愿者等多方支持，由于社区内没有提供这些服务的地点，佟师傅得知后对此次志愿服务非常支持，立即表示参加学雷锋志愿服务一条街活动；理发的刘师傅是社区的“老”志愿者了，一直以来为社区老人提供理发服务，每月定期两次到社区开展为老人理发服务，深受社区叔叔阿姨的好评；社区法律志愿者还开展了法律咨询服务，向有需要的居民讲解法律知识，满足居民法律需求；此次活动还邀请了雷锋图书馆的工作人员，制作了学习雷锋宣传展板，向大家宣扬雷锋精神；菜百西单店的志愿者为大家提供了免费的首饰清洗服务，这是他们第一次

到社区开展此项服务，也受到了广大居民的欢迎，居民们纷纷将佩戴多年的首饰拿来清洗。除了这些以外，还有测血压、称体重、缝纫、志愿者招募等服务也让居民争相体验。

太平街社区志愿宣传服务一条街活动的开展，是“萤火虫志愿服务队”开展的一项深受居民认可的常态化服务项目，通过志愿服务一条街活动，让居民感受到志愿服务精神，从而也能参加到社区志愿服务中来，发扬志愿服务精神，展示社区志愿者良好形象。

图 7－1 太平街社区志愿宣传服务一条街

（二）国际社工日宣传活动

世界社会工作日，也称国际社工日。从 2007 年开始，太平街社区每年春季选择一天为“世界社会工作日”。其目的是为社区内弱势人群解决问题，为有需要的人士贡献自己的爱心、知识和技巧。协助困难群体、弱势群体解决生活中的问题，促进社会和谐。

2017年3月9日，在第十届国际社工日到来之际，太平街社区服务队开展了以“发展社会工作，助力扶贫济困”为主题的国际社工日宣传活动，绘制了宣传海报，为居民讲解了国际社工日的由来，宣传服务理念。紧接着，组织开展助老服务活动，社区党员志愿服务队来到了宝心敬老院，与社区理发的志愿者一起为敬老院的老人带来了理发、测血压、读报、陪聊、心理疏导等服务。

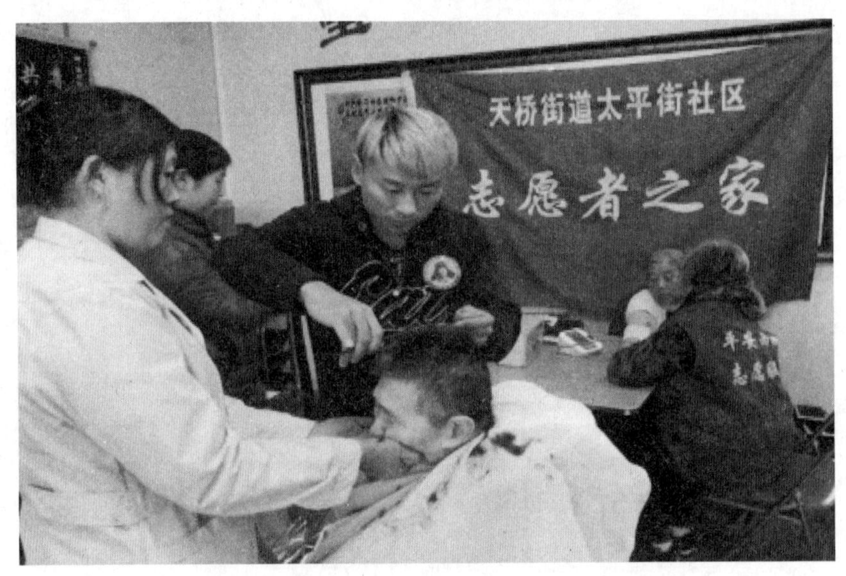

图7-2　太平街社区服务队为老人理发

（三）为两会安保保驾护航

一年一度的全国“两会”胜利闭幕。太平街社区的治安志愿者们在“两会”召开期间，在办事处规定的社区各重点防控区域进行定人定岗巡逻防控工作。为了应对随时可能发生的突发事件，确保“两会”期间社区治安稳定，居委会组织志愿者加强日常巡逻防控力量，定岗值守、沿路巡查，对辖区进行了严密的安全防控，最大限度地把巡逻力量摆放到重点区域、重点人员处。

治安志愿者们舍小家、为大家，放弃了周末家人团聚；扛过了风大、寒冷的17天站岗值勤，坚守在义务服务的岗位上，为“两会”付出了辛劳，保证了社区的和谐稳定，努力为社区居民营造了平安祥和的社会治安氛围，为全国“两会”顺利举行创造了良好的治安环境。

图 7-3　太平街社区志愿者定岗巡逻

五、所获荣誉

2015 年，在中宣部、中央文明办、民政部、团中央等 13 家单位共同发起的宣传推进志愿服务“四个 100”先进典型活动中，天桥街道太平街社区“萤火虫志愿服务队”荣获最佳志愿服务组织。

第二节　临终关怀志愿服务队

——生命最后的“守护神”

一、组织简介

西城区早在 1982 年就进入老龄化社会，2010 年新西城全区 60 岁以上老龄人口超过 28.6 万，占全区总人口的 21.5%。据预测，到 2020 年，全区老龄人口比例将达到 30%，平均期望寿命超过 85 岁，远远高于全国老龄化平均水平十几个百分点。在西城区老年人口及高龄老年人数量成倍增长，平均预期寿命增高的同时，老年终末期疾病、老年癌症发病率和高龄老衰临终者也随之增加，老年人群体迫切需要临终关怀服务。

2009 年底，作为西城区政府批准的首批社会建设项目之一——西城区临终关怀项目正式立项。自 2010 年 1 月起，依托于德胜社区卫生服务中心，西城区成立了生命关怀咨询服务中心，开展临终关怀服务，随后逐步向金融街、西长安街社区延伸。2011 年 5 月，经区卫生局批准，德胜社区卫生服务中心成立了“临终关怀科”，将临终关怀服务直接纳入社区卫生服务中心功能之中，在西城区真正实现社区生命周期全程健康维护。临终关怀团队在西城区政府及社会建设办公室、卫生局、西城区老卫生工作者协会（简称老卫协）、区医学会等相关部门领导的支持下，积极探索家庭临终关怀的模式和机制，并在德胜街道等社区付诸实施，产生了极大的社会影响和良好的社会效益，得到了各级领导和政府部门的充分肯定及高度评价，成为社会建设项目中的亮点项目。

临终关怀志愿团队立足于“优生、优逝”的宗旨，践行维护生命全周期健康服务，满足老龄化社会发展过程中不断增长的临终关怀需求和维护生命最后的尊严，是临终关怀团队开展工作的出发点和落脚点。在提高对临终关怀工作认识的基础上，积极探索临终关怀工作的模式，建立临终关怀志愿者队伍，努力为患者及亲属提供家庭医疗护理指导、心理慰藉等服务，为实现新医改方案提出的把基本医疗卫生制度作为公共产品的目标进行了有益的探索和实践。

二、志愿者队伍和主要服务内容

（一）志愿者队伍

目前，临终关怀志愿服务队共有志愿者 252 人，其中注册志愿者 160 人，培养骨干志愿者 20 名，星级志愿者 7 名。志愿者提供服务项目 16 项，累计服务 886 人次，累计服务时长 5300 小时，年人均参与志愿服务时间为 9 小时。他们用标准化服务不断推进临终关怀向前开展和延伸，为推动社会对临终关怀的关注和扶持提供了有力的支撑保障。为扩大宣传和影响，团队还在大学生、社会爱心人士、医疗工作者和社区居民中开展志愿者招募、培训与管理，广宣临终关怀优死教育。几年来，服务队从北京科技大学、北京协和医院护理院、中国传媒大学、中央民族大学、中国青年政治学院等 10 所院校和社会上的爱心人士中招募志愿者，通过小班在机构、大班到院校，开展社区临终关怀志愿服务招募与培训。

（二）主要服务内容

服务队主要服务内容为敬老孝老志愿服务：①开展疼痛控制、临终护理、心理支持、死亡教育、哀伤辅导、医疗转介及住院服务；②开展志愿者招募、培训与实践工作；③开展临终关怀的宣传教育工作，帮助居民树立正确的死亡观。

每到过年过节，临终关怀志愿团队就到临终者家中慰问，带去精心准备的贺卡和家庭合影照片等。每服务一位临终者都是一段爱与生命的碰撞，都是那么温

暖，令人无法忘怀。近一年来，临终关怀志愿团队还积极投身到敬老院中去，开展“关爱老人、走进敬老院”健康促进志愿服务活动，为高龄孤寡空巢老人送去志愿者的关爱。根据老人的需求和愿望，团队双月提供一次为老服务。开展老年病防治、慢病管理、中医养生、临终关怀和心理慰藉等多项服务，此外，团队还组织大学生志愿者为老人们表演节目，共度春节。

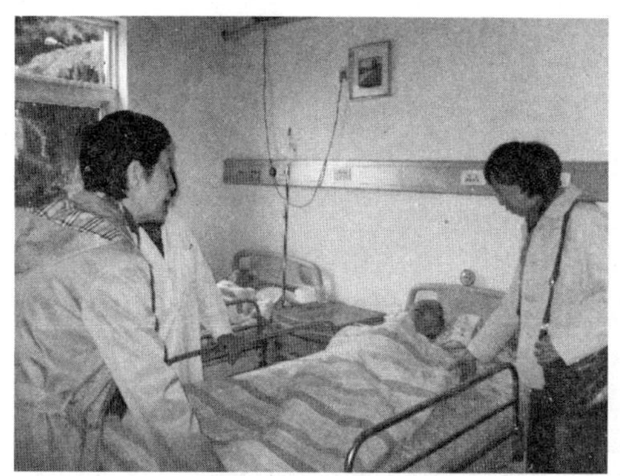

图7-4　临终关怀志愿服务队志愿者服务

三、志愿服务工作经验

（一）深入社区入户调查

2010 年 1 月，临终关怀项目团队深入到金融街和德胜两个街道的三个敬老院（温家街、新文化街养老院、银龄老年公寓）进行入户走访调研，分别对 58 位老人的一般生活状况、健康情况和对临终关怀态度进行调查，对 8 名养老机构服务员进行访谈，了解情况。5 月，对市区级 32 位离退休劳模进行入户走访调查。调查结果显示，老人更关注的是现在的健康和良好的生存方式，但对临终问题多数老人不愿谈及；在生命最后时期，老人对医疗的需求占第一位，愿意与具备医疗和护理知识，有生活和工作阅历以及有爱心的志愿者进行沟通和交流；需要医疗护理服务的老人，在临终阶段希望有医疗机构作为保障。面对如此结果，项目团队认为，依据老年人以医疗护理为主的需求，要在实践中摸索出一套依托社区卫生服务中心开展居家临终关怀服务，使服务对象不必离开熟悉的生活环境，就可以得到专业医疗护理的服务模式。

（二）明确方向，建立服务模式

通过前期的走访调研和学习交流，项目团队切身感受到患者及亲属对临终关怀服务的迫切需求，也更加清楚地认识到，临终关怀服务就是对生命末期患者实施全人、全家、全程的关怀照顾，从而改善面临疾病威胁生命的患者和他们亲人的生活质量和生命质量，使每个濒临死亡的人安详、有尊严地离世，使他们的亲属平静地面对亲人的离世。患者与家属的迫切需求以及对项目重要意义的认识，震撼着项目团队的心灵，激起了团队履行职责的使命感。项目团队从建立行之有效的工作机制入手，扎实推进项目的深入开展。

一是确立西城区临终关怀服务模式。依托德胜社区卫生服务中心，成立西城区生命关怀咨询服务中心。同时明确了生命关怀咨询服务中心与社区卫生服务中心及医院的关系，即形成家庭—社区卫生服务机构—综合医院临终关怀服务绿色通道和家庭—社区卫生服务机构临终关怀服务绿色通道。

二是界定服务对象。临终关怀主要针对晚期癌症、慢性病末期、衰老、多脏器衰竭，生存期为 60 ~ 90 天的患者。或者是针对疾病，不再采取以治愈为目的治疗手段的临终患者，如晚期肿瘤患者。

三是确定服务内容。开展以服务癌症晚期患者为重点，以家庭为单位，以镇痛治疗为前提，以心理疏导慰藉为支持，以转介方式为补充的临终关怀服务。

四是建立一支卫生专业志愿者队伍。区老卫协、医学会发挥社团组织优势，在 14 个会员单位和专业学组中广泛宣传，前后进行两次动员，招募中高级职称的专业技术人员，组建了西城区卫生专业注册志愿者队伍，到目前为止，从开始的百余人已发展到 252 人。2010 年 8 月，区志愿者联合会向卫生专业志愿者服务队授旗，标志着该服务队正式成为区志愿者联合会专业志愿者队伍。卫生专业志愿者队伍的建立，为临终关怀服务工作开展提供了强而有力的支撑。

五是搭建了与人民医院疼痛科的远程视频会诊平台。这一措施解决了癌症晚

期患者止痛的难题，让社区与三甲医院无缝对接，极大地方便了社区癌症晚期临终患者的就诊和治疗。

（三）积极开展志愿者培训工作

截至目前，临终关怀志愿服务队共开展志愿者培训（包括有医疗护理背景的志愿者、大学学生、社会人员）2500 人次。为了方便大学生参加培训，团队或在晚上下班后前往院校，或在周末时间开展活动。

随着临终关怀服务团队逐步向着专业化、职业化方向发展，包括对医护人员、社会工作者、心理、法律咨询等人员的培训再教育问题显现出来。为此，项目团队组织专家编写了服务标准和相关培训教材。先后制定出 10 个服务规范，编写了《临终关怀培训教材》《临终关怀实用读本》两本培训教材以及《临终关怀概述》《家庭护理》《疼痛控制》《心理关怀》《家庭支持》《康复治疗》等课件，为规范卫生专业志愿者服务，加强志愿者队伍建设起到了积极的推进作用。

四、志愿服务实践

（一）关爱鼻咽癌晚期患者

71 岁的退休教授曾中平，是项目服务的第一个患者。2009 年底，他被发现鼻咽癌晚期颅内转移，病情逐渐加重。患者已经双目失明，右耳也让癌细胞瘤体占领，随时会从耳朵里流出血性脓性分泌物，口腔内总是感觉疼，不敢吃东西，也不愿吃东西。曾教授全身消瘦，贫血，营养状况很差，免疫力低下，癌细胞浸润脑组织引发的疼痛让他时常发出呻吟声。每当这时，老伴除了让他吃上 1 片止痛药，给他按摩头部暂时缓解疼痛外，别无他法。老伴非常渴望曾教授能住上医院，帮助他缓解痛苦，同时也减少自己的内心痛苦。通过走访得知情况后，项目团队决定接曾教授到德胜卫生服务中心进行临终关怀服务。得知此消息后，患者的泪水无声滑落。曾教授使劲地在老伴手上写道：我不是在做梦吧！

患者顺利住进了中心病房，并被安排了合适的床位，家属和患者非常感激。之后，团队成员每天都要到病人床前探望病人，了解病情和需求，为他及时排解问题和困难，并经常和病房医护人员共同讨论治疗方案，特别是止痛疗法。因为患者疼痛减轻了，对患者本人和家属都是一种精神安慰，可以减轻他们紧张的心情。当患者在美国工作的儿子来到中心看到这一切后感动地说：“我了解美国政府对临终患者的关爱，没想到国内也能做到，而且还做得这么深入这样好，真谢谢你们了！”

曾教授在大家的关怀呵护下，在生命关怀中心 20 天后病逝了。在这 20 天的时间里，志愿者做到了让他了无牵挂地离开，让他的家属能坦然面对他的死去和未来的生活。曾教授离世的那个清晨，他的爱人打来电话，用非常平静的语气告诉志愿者这个消息，并对志愿者为曾教授所做的一切努力表示感谢！在经历了对病人的真情关爱之后，志愿者真正体会到了关爱之心拥有惊人的力量和强度。

（二）关爱肺癌晚期患者

有一位年轻的母亲，2011 年春节前被确诊为肺癌，当时已经多脏器转移、骨转移，这结果一下子打垮了原本温馨的家庭，儿子高考迫在眉睫，她的病情也迅速恶化，她疼痛难忍，痛苦不堪。志愿者先到家中实施关怀服务，帮助全家人缓解心理恐惧和彷徨无助的情绪，又立即找来人民医院的疼痛专家义务会诊和指导用药。志愿者又联系病房，大家通力协作，使病人从家中转入病房姑息治疗，给予心理慰藉，陪伴照顾。虽然这位被志愿者照顾的最年轻的癌症病人已经去世，年仅 47 岁，但在生命的最后 50 天里，是德胜社区卫生服务中心的医疗卫生志愿者团队奉献了真诚的爱心，将她从痛苦中解救出来，给她留下了最美的笑脸和与爱人最后的合影。

她去世后，她的爱人及时给志愿者发来了一条信息，他说道："我们全家感谢你们！你和你的同事们虽然不能创造治疗癌症的神话，但你们却用自己的行动谱写了一曲关爱生命的赞歌！"

她的儿子是一名"90 后"的高中生，在母亲离世后给临终关怀服务团队致信一封，表达感激之情。从他的信中，我们感受到年轻一代人对生命的认识、关注与祈望。信中赞美了这些医护人员："你们放弃了可以使自己成名的职位，你们的工作可能没有感谢的锦旗和妙手回春的赞誉，但这义无反顾的选择证明了你们的高尚与博爱，我深知并深深地感受到你们对病人的关怀与微笑不仅出自你们的责任，这更是你们从心底焕发出的对生命的爱，愿这种爱发扬光大！"

（三）关爱乳腺癌晚期患者

"清楚地记得那天老人被送到科里，看到她右乳巨大的菜花样肿瘤，约 15 厘米 ×20 厘米大小，并且已经全面溃破溢脓，散发着阵阵恶臭，组织腐烂的气味充满了整个病房……"小张大夫回忆说，她是刚到医院的新人，这种情形，还是头一次见到。患者是一位 85 岁的老人（孙奶奶），右乳已经破溃、溢脓 6 个多月，但因年事已高，身体素质又不好，大医院不予进行手术和放化疗，只能在门诊换药。然而近日来随着肿瘤不断长大，破溃处大量渗血渗液，老人家的身体也越来越虚弱，门诊已无法处理，而大医院紧张的床位又住不进去，就送到了德胜社区卫生服务中心的综合康复病房。

"看着母亲的身体一天一天消瘦，伤口的脓血渗出越来越多，心灵上也忍受着无尽的煎熬，可是到各大医院求治，都告诉我们已经无法进行下一步治疗，我们做子女的已经走投无路，多亏朋友介绍我们才来到了这里。”孙奶奶的儿子如是说。他和其他的儿女们一样，把自家的老人送到德胜社区卫生服务中心，寻求专业的医疗护理和心理关怀，减轻老人的身心痛苦，为老人的生命终点画上完美的句号。每一个社会对待死亡的习惯和态度不同，然而却一致赞同：临终的人，应该以舒适和尊严的方式走到生命的尽头。

患者住院期间，康复病房的毕主任和刘护士长总是每天亲自查看患者伤口，指导换药。因为肿块较大，破溃严重，渗液和渗血较多，每天都需要换药 1 ~2 次，仅止血纱布就需用 3 ~4 块。同住院的病友看到这种情形，不禁赞许道：“你们也还真能忍受，我住在隔壁房间，闻到这股气味都吃不下饭了。”

五、志愿服务成效

做了 6 年多的临终关怀志愿服务，临终关怀志愿团队觉得每个临终者都是一本耐读的书，需要用心阅读和品味。到目前为止，团队为临终患者实施了临终关怀服务 152 人，机构住院临终关怀服务 155 次（已送走 200 余位临终患者），其中门诊咨询 460 余人次；入户随访 400 余人次；心理疏导 600 余人次；为临终患者进行持续疼痛、生活自理、营养、睡眠、褥疮、康复等评估和指导 1000 余人次；经绿色通道远程视频会诊 50 人次；提供转介住院 40 人次；哀伤辅导 80 人次；参加患者哀悼和殡葬活动 4 次；电话咨询指导 500 余人次；节日慰问癌症晚期患者 180 人次；志愿者培训（包括有医疗护理背景的志愿者、大学生、社会人员）30 场共 2500 人次。他们用标准化服务不断推进临终关怀向前开展和延伸，为推动社会对临终关怀的关注和扶持提供了有力的支撑保障。

六、所获荣誉

（1）团队中 2 人获得第六届生命论坛“关爱生命志愿者”荣誉勋章。

（2）团队中 1 人获得西城区老龄委颁发的“2012 年养老助残精神关怀服务优秀志愿者”。

（3）团队中 2 人获得北京市万名“孝星”称号。

（4）团队中 2 人被西城区志愿者联合会评为三星级志愿者标兵。

（5）团队中 3 人被西城区志愿者联合会评为二星级志愿者标兵。

（6）团队中 2 人被西城区志愿者联合会评为一星级志愿者标兵。

第三节　国家电网北京城区共产党员服务队

——身边的“电力雷锋”

一、组织简介

国家电网北京城区共产党员服务队是国网北京城区供电公司一张靓丽的名片，胡同里、楼宇间，红马甲队伍行走过的地方，都能看到百姓幸福、满意的笑容。国家电网北京城区共产党员服务队成立于2011年4月，以“全心全意为人民服务”为宗旨，针对中央机构重要客户和孤老病残特殊群体，通过走进机关、走进企业、走进社区、走进学校、走进医院，广泛开展“六进三送”的供电延伸服务，为践行企业社会责任、深化服务内涵、创新服务形式做出突出贡献。城区党员服务队成立以来，建立挂牌服务站52座，与社区、机关、医院、学校、企业开展共筑共建工作，在践行优质服务的工作中积极开拓、创新增效，为企业的发展贡献力量。

城区共产党员服务队曾受到《人民日报》、新华社、中央电视台、北京电视台、《北京日报》《劳动午报》、北京西城报、社区报等各界媒体关注和报道，共计600余次。

二、志愿者队伍

现有注册队员145名，参与志愿者人数946名，涵盖城区供电公司内部的优秀党员、积极分子、团员青年和大中小学生等社会志愿者，到目前为止，人均志愿服务时间为215小时。

三、志愿服务实践

（一）着眼大局　服务重要客户

城区共产党员服务队深入挖掘特色服务，为实现首都核心区政治供电保障“零闪动”目标添砖加瓦，主动参与到重要用户的评估与服务，提供差异化供电延伸服务。在党的十八大召开之前，城区公司作为供电保障的主战场，全体员工都积极投入到各项保电筹备工作中。城区共产党员服务队也充分发挥人员力量，找准与政治供电保障工作的契合点，主动参与到重要用户的评估与服务，提供差

图 7－5 “电力雷锋”

异化供电延伸服务。职工之家是党的十八大供电保障重要用户之一，其建筑面积达到 13 万平方米，共有客房 1100 间，其中 C 座共有 24 个会议室，对供电需求的标准可以说是最高规格的。但是，由于 C 座配电室为新投运站室，存在路名和调度编号与实际不符情况，给供电保障工作带来了一定的风险隐患。城区共产党员服务队在评估中得知了这个情况，主动与客户交流沟通，多次与相关专业人员现场核实设备所带负荷实际情况，确定设备路名，并联系制作标识、标牌，帮助用户完成整改。在职工之家 C 座配电室，服务队员将特意制作的红色五角星粘贴在重点路的位置上，使重点线路一目了然。

此外，服务队全面践行“进机关”服务内容，为重要党、政、军机关等用户设施开展安全隐患排查，完善用户电气事故应急预案，指导用户开展老旧电力设备改造，宣传安全用电知识和节能知识。

（二）明亮路灯 照亮归家之路

西城区前海东沿社区里的北官房胡同将近 20 米深，但胡同内没有一盏路灯，天黑后伸手不见五指，居民夜间出行安全事故频发。服务队在得知居民反映的问题后，马上进行现场勘测，发现胡同狭窄，无法设立线杆、架设路灯电源。在查阅了相关资料、联系厂商制作、研究测试样品后，队员们购置了第一批太阳能路灯。这种灯采用光感设计，白天“自动充电”，黑天自动开启，不需接入其他电源，与传统的线杆路灯相比，安全系数更为可观。并且太阳能路灯的体积小巧，高约20厘米，灯头上有一块巴掌大的太阳能板，内置的灯泡是LED的，非常节能，正适合安装在狭长的胡同内。路灯安装完成后，附近居民纷纷表示，这太阳能路灯不仅解决了夜间出行难题，还美观漂亮，简直就像专门为胡同设计的一样。截至目前，服务队共为11个社区安装了50余盏太阳能路灯，解决了4000多人的夜间出行难题，这一创新举措也为“绿色北京”建设做出了积极贡献。

（三）小小夜灯　点亮黑夜之光

戴淑兰奶奶是共产党员服务队城区分队的爱心卡客户，2011年6月里的一天，服务队的队员们使用爱心基金为戴奶奶进行家中内线改造时，发现老人家中使用的是灯绳开关，容易断，于是服务队为老人将灯绳更换为面板式开关。更换时，戴奶奶提出要保留床头的灯绳开关以方便夜间起居。这时，服务队的队员们意识到戴奶奶的需求应该就是老年人、残疾人的普遍需求，便立即开始着手寻找解决办法，在尝试了多种方案后，最终确定了可遥控操作的小夜灯。每一个小夜灯配有一个遥控器，老人可将遥控器放在卧室的床头，夜间起居时只要拿起遥控器轻轻一按，小夜灯就会亮起，免去了老人们摸黑下地找开关的烦恼。遥控式小夜灯推广后，得到了广大老年人及其家属的喜爱。小夜灯虽小，但却解决了很大的问题。截至目前，党员服务队共为300余名特殊群体安装了遥控式小夜灯，极大地方便了老年人的起居生活。

图7－6　服务队为孤独老人安装遥控灯

（四）电力城市　走进学生课堂

城区共产党员服务队自 2011 年成立以来，多次来到东、西城区的多个挂牌社区及小学开展活动，如暑期课堂、开学第一课、电力安全小卫士评选活动等，受到了老师、家长和学生们的强烈喜爱。为了提高学生们的学习兴趣，拓宽学生的视野，城区共产党员服务队还在队长陈牧云的带领下，用了近一年的时间，专门为中、小学生研制了一款互动型的教学模型——电力城市，让学生们在动手参与城市建设过程中，直观地学习电从哪里来，到哪里去，并初步了解电能的输送原理，充分挖掘学生的动脑和动手能力，也引起了学生们的浓厚兴趣。城区共产党员服务队将继续发挥专、兼职队员的队伍结构优势，继续创新服务工作，拓展丰富的校园活动，增强中小学生安全用电意识，培养掌握自我防护措施，切实履行企业社会责任。

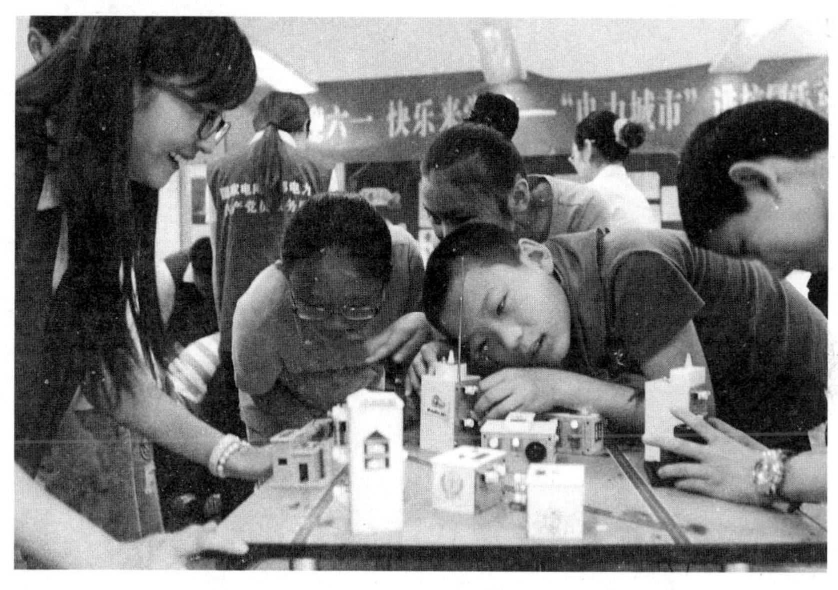

图 7－7　服务队六一节带“电力城市”进小学

（五）爱心传承　服务特殊群体

服务队为孤寡老人、残疾人、军烈属等特殊客户发放爱心卡，开展应急送电卡业务，并在服务过程中逐渐确定了 120 位需要重点帮扶的客户服务档案，以开展有针对性的帮扶工作，包括利用“爱心基金”为其改造老旧户内线路，安装遥控小夜灯等，定期慰问回访，及时了解并解决特殊客户群体的帮扶需求。

四、志愿服务成效

截至目前，城区服务分队累计开展各种服务 800 余次，受益群体 5 万余人，服务工作受到各级领导和各界媒体的充分肯定。党员服务队树立了国家电网的品牌形象，充分发挥了党组织的战斗堡垒和共产党员的先锋模范作用，做好城市的电力守卫者，真正成为首都核心区的电力雷锋！

五、所获荣誉

（1）2011 年，荣获西城区“爱在西城”优秀公益团队。

（2）2012 年，荣获北京市敬老爱老为老服务示范单位。

（3）2013 年，荣获国家电网公司百佳客户满意服务窗口、国网北京市电力公司工人先锋号、国家电网公司工人先锋号，北京市敬老爱老为老服务示范单位。

（4）2014 年，荣获中央企业团工委青年文明号，国家电网公司十佳共产党员服务队、国家电网公司工人先锋号、北京市西城区明星志愿服务团队。

（5）2015 年：国网北京市电力公司工人先锋号、国家电网公司“金牌党员服务队”、国网北京市电力公司“金牌党员服务队”。

（6）2016 年：第三届中国青年志愿服务项目大赛金奖、最佳团队奖、第十一届中国青年志愿者优秀项目奖、国家电网公司先进班组、首都学雷锋志愿服务示范站、首都学雷锋志愿服务示范岗、西城区展览路街道区域化先进党建单位。

（7）2017 年：全国三八红旗集体、全国青年志愿服务示范项目创建提名。

第四节　德胜街道孺子牛志愿服务队

——爱心服务解民忧

一、组织简介

孺子牛志愿服务队成立于 2013 年 10 月 15 日，以“爱心服务解民忧，甘心为人民服务”为宗旨，活跃在安德路北社区。“孺子牛”代表了真诚、奉献，不仅是队伍的名字，也是每个队员的承诺。队员们与社区高龄、空巢老人结对子，

入户服务，发挥各自优势，满足老人需求。

“孺子牛爱心帮扶队”是“笑脸约定”的倡导者和实践者。“笑脸约定”是非紧急状态下的一种求助方式。起初，安德路北社区工作者走访发现，老人遇到紧急突发状况可拨打各类相应的电话，可家里的小修小补、小病小痛等非紧急事项，反而不知道该求助谁好。鉴于此，爱心帮扶队和左邻右舍的空巢高龄老人约定：一切安好，老人就在自家门窗上挂一个“笑脸”图案，如果需要有人上门帮助，牌子翻过来变成“囧脸”。

二、志愿者队伍

孺子牛志愿服务队现有志愿者 56 人。爱心帮扶队的队员们是多年的老邻居，是社区的“热心肠”，平均年龄为 60 岁左右。他们了解到社区老龄程度高，其中高龄、空巢老人不在少数，为老服务需求多样，因此组建了一支爱心帮扶队，试图解决这一问题。如今，爱心帮扶队在不断扩大，社区共建单位也加入志愿服务中来。西城区疾病预防控制中心、西城区卫生局、北京七中、北京交通银行德外支行等单位约有 200 余名志愿者长期参与孺子牛爱心帮扶队的各种服务项目。

三、志愿服务实践

经过近 4 年的发展，如今，“笑脸约定”已经成为邻里相识、打破尴尬的方法，也让“守望”在整个楼门、整个社区成为一种风气和习惯。

（一）远亲不如近邻　笑脸传递真情

社区孤寡老人马英杰和志愿者李友华相识已经 10 多年了。李友华是“孺子牛爱心帮扶队”的成员，她每天去看望老人，时常帮老人买菜、做饭，也已经坚持十余年了。

2014 年夏天，马英杰皮疹犯了，李友华立刻拉着老人去二炮医院输液。整整两周，她每天负责接送，回到老人家中还帮着抹药。因为老人皮疹老不见好，李友华总留心着合适的医院，陪老人到处求医问药。

2017 年初“笑脸约定”开始试行，李友华和其他“孺了牛”的志愿者纷纷加入这一行动。马英杰说，平时社区工作者和志愿者都对她非常照顾，现在有了“笑脸约定”就更方便，以后身体有什么不适也不用特意打电话，直接翻牌就好了。

很快，门口的笑脸牌引起了邻居金丽华的注意。马英杰说，现在小金已经走进了她的生活，每天三次敲门提醒自己吃药，每隔两三天就送一桶纯净水上门。

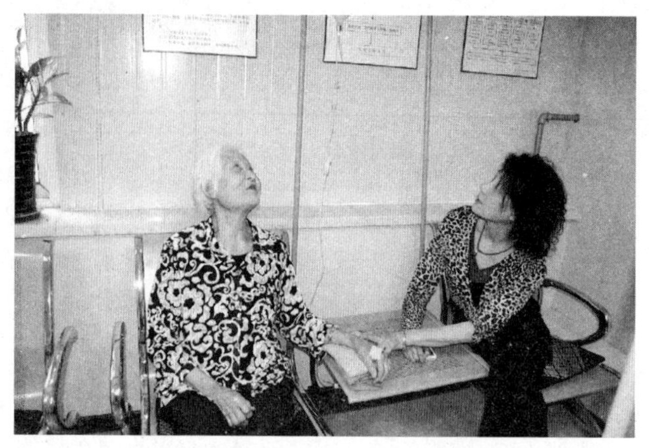

图7-8　孺子牛志愿服务队志愿服务实践（一）

（二）孩子踊跃加入　笑脸传递爱心

居民马长富也是一位孤寡老人，去年意外摔倒，导致他一段时间里生活难以自理，无法下楼。现在，马长富的门口挂了一个笑脸牌，每天，他把垃圾袋放在门口，将牌子翻成囧脸，第二天再看的时候，垃圾不见了，囧脸被翻成了笑脸。这都是楼门里的一个孩子做的。寒假期间，她和社区的许多孩子一起，参加了一个动员大会，今后只要看到老人门前有垃圾，他们就要帮老人扔掉，将囧脸翻成笑脸，这是他们与老人之间的一个约定。同时，他们知道只要看到笑脸标识，就代表这个家中有需要帮助的老人。

图7-9　孺子牛志愿服务队志愿服务实践（二）

10 岁的刘佳琪也参加了那天的动员大会，回去后她并没有在自己住的楼门里发现笑脸牌。她将“笑脸约定”告诉了父母，母亲告诉她，不管门外有没有挂牌，只要老人有需要，他们都应该帮助，不求回报。刘佳琪说，她后来去了对门的老奶奶家，发现老人一个人很寂寞，于是便坐下来陪她聊天，并答应老人今后会经常过去陪伴她。

（三）开设夕阳茶座　笑脸拓展平台

“笑脸约定”和志愿者上门服务多是针对那些不便出门的高龄老人，而对于能够出户的老人，每月 15 日，社区会把大家聚到一起参加“安北民族夕阳茶座”，由志愿者带领老人们一起编织、做操、做桌面游戏。“社区老人来这儿，就都不会得老年痴呆啦。”82 岁的金亨丁一边串珠，一边说。他告诉记者，孩子白天要工作，只剩他一人在家，看看书，听听广播，有些寂寞，来到“夕阳茶座”后，他既能跟着志愿者一起动手动脑，还能和社区其他居民坐着聊聊天。

每次活动，“孺子牛”的志愿者们将报名参加的老人送来居委会活动室，活动结束后又将所有老人送回家中。同心坊坊长齐月娥也率领成员们来“夕阳茶座”帮忙，她们利用自己的特长教老人们串珠，钩毛线，老人表现出极大的学习热情，让她们很有成就感。社区书记亓永红说，受到“笑脸约定”的启发，社区搭建起“夕阳茶座”这个更大的志愿平台，服务更多有能力走出家门的老人，她期待更多志愿者的加入。

图 7－10　孺子牛志愿服务队志愿实践服务（三）

第五节　宋庆龄故居志愿者联合会

——传递爱国情怀，彰显文化自信

一、组织简介

中华人民共和国国家名誉主席宋庆龄同志逝世后，党中央决定，将宋庆龄生活和工作的主要场所——后海北沿46号寓所，命名为“中华人民共和国名誉主席宋庆龄同志故居”。将其确定为全国重点文物保护单位，全国青少年爱国主义教育基地，承担传承宋庆龄伟大精神和未竟事业的历史使命，开展文物保护、学术研究、社会教育、旅游服务等工作。自2000年以来，宋庆龄故居开始招募志愿者，至今十多年来，已有近万名来自全国各地、世界各国的志愿者参加到故居志愿服务中。2011年1月27日（宋庆龄诞辰纪念日），宋庆龄故居志愿者联合会正式成立。该组织在宋庆龄基金会团委和党委的领导下，业务上接受中央国家机关团委、志联以及北京市志联、西城区志联的指导。

二、志愿者队伍和主要服务内容

（一）志愿者队伍

宋庆龄故居将弘扬宋庆龄精神与凝聚志愿者相结合，吸引了一大批志愿者前来，开展系列志愿服务项目已经有十余年时间，有相对稳定的志愿者队伍。

宋庆龄故居志愿者联合会在“志愿北京”网站上进行团体实名注册、发布项目。目前网站已记录志愿者成员529人，总服务时间达24621小时，三项满意度评分均为满分。宋庆龄故居志愿者分为三类：一是在京离退休干部职工；二是各大学生、中学生志愿者；三是“时代小先生”，即小学三年级至初中的学生。其中，时代小先生是继承宋庆龄20世纪40年代在上海亲自倡导的“小先生”运动基础上，结合新的时代特点打造的旨在“培养民主精神、塑造未来领袖”的少年儿童学习实践、志愿服务平台。

（二）主要服务内容

宋庆龄志愿服务属于文化教育类志愿服务。长期以来，故居的志愿者们活跃在宋庆龄生平展、原状陈列馆和庭院中，为游客带来了优质的志愿讲解服务；在

图7－11　宋庆龄故居志愿者队伍

故居举办的各类活动中，志愿者们承担起现场签到、现场秩序维护等工作，成为宋庆龄故居中一道亮丽的风景线。海棠文化节期间，首都各高校志愿者参与到故居举办的海棠文化创意比赛中，制作了大量精美的文化创意作品，由故居印制展板在园中展出。少数民族志愿者为游客带来别具风情的民族舞蹈。各高校志愿者参与海棠文化创意比赛和《纳兰性德》展的策划，设计制作大量精美的创意作品丰富故居文化内涵。清明节“宋庆龄知识竞赛”中，高校学生志愿者承担了知识抢答环节的策划设计与主持工作。在每年的“三八”妇女节、“五一”“十一”等客流高峰时期，每天都有20余名大中学生志愿者积极承担起志愿讲解、维护秩序等工作。节假日之前，学生负责人与故居老师商定服务时间及人数，提前排好工作表，确定人员，及时上报，为客流高峰期的志愿服务工作做好充分准备，为游客提供保质保量的志愿讲解服务。在故居所承接举办的各项国际外事交流活动中，英文志愿者作为随行翻译，为各国外宾提供优质的讲解、引导服务。

图7－12　宋庆龄故居志愿者服务内容

三、志愿服务工作经验

（一）科学规范志愿者管理

宋庆龄故居志愿者联合会设立有专门从事志愿服务管理的工作人员；在“志愿北京”网站上已进行团体实名注册；有些志愿者办公室，配备了宋庆龄故居志愿者工作证，并配备了桌椅等办公设备。

加入宋庆龄故居志愿者联合会的志愿者要经过面试、选拔，确保具备优秀的个人品质及追求，从而保证故居志愿服务工作的质量。宋庆龄故居志愿者都在“志愿北京”官方网站上进行实名注册，加入志愿服务项目中。

（二）开放多种志愿服务岗位

宋庆龄故居志愿者联合会为志愿者提供了合适的长效性志愿服务岗位，为志愿者搭建能够发挥自身优势、突出个人特点的志愿服务平台。志愿者们常年活跃在宋庆龄故居，从事值岗、咨询、讲解等系列志愿服务工作，并积极参与各类教育活动的策划和组织，成为宋庆龄故居事业延伸的手臂。目前，社教部、事业部、文保部、研究中心、后勤保障部5个部门都有志愿者的身影，除去日常值岗、讲解任务外，志愿者们发挥自身特长及优势，参与到故居相关书籍的编写、研究工作中。由于宋庆龄志愿服务联合会的充分信任和认真指导，志愿者们用认真负责的工作态度完成故居的工作任务，成为故居延伸的工作手臂和不可或缺的重要力量。

（三）提供志愿者展示平台

作为中国宋庆龄基金会的直属单位，故居经常接待政要和明星，故居把这些接待机会提供给志愿者，让他们在国际交流平台上大展风采。2012年，南非总

统夫人邦吉恩盖马—祖马到访宋庆龄故居，香港大学生志愿者杨咏瑶身着旗袍，为祖马夫人做了详细的英文讲解，祖马夫人亲切地与她行贴面礼致谢，受到与会领导和外交部人员的交口称赞。2013 年，贝克汉姆到访宋庆龄故居，宋庆龄故居的小志愿者——“时代小先生”引领贝克汉姆向宋庆龄雕像献花，并带领他参观宋庆龄生平展。2014 年 10 月下旬 APEC 财长闭门会在故居举行，“时代小先生”作为中国少年儿童代表参加，与各国财长手拉手放飞和平鸽。2015 年 7 月 22 日，在中国进行国事访问的新西兰总督杰里·迈特帕里及夫人参观访问故居。“时代小先生”用流利的英文为总督夫妇介绍了“宋庆龄与新西兰友人”小型文物特展中的文物故事。第 160 届“山村对话”——变动中的国际秩序在宋庆龄故居举行。“时代小先生”和与会嘉宾手牵手共同游览故居庭院，亲切交流。10 月 29 日，德国总理默克尔到访故居，与“时代小先生”亲切交流，随后在小先生的英文引领下参观故居并欣然题字。2016 年 7 月 25 日，“时代小先生”双语训练营开营，44 名“时代小先生”经过一周集训，为来自 20 多个国家的宋庆龄国际青少年交流营营员英文讲述中国故事，演唱英文歌曲。2017 年 4 月 5 日海棠文化节期间，接待上合组织各国大使夫人和嘉宾参观，在国际交流中展示中国少年儿童风采。10 月 24 日，联合国日庆祝活动在故居举行，全国政协副主席、中国宋庆龄基金会主席王家瑞、联合国驻华协调员罗世礼在会上致辞，来自 15 个示范校的 28 名“时代小先生”与中外嘉宾互动交流，赢得好评。

同时，外交学院志愿者正在利用所学的外交知识及扎实的英文功底，严谨细致地对“时代小先生”展开系统志愿培训。探索出青年志愿者带领少年儿童志愿者在志愿服务期间教学相长、共同进步的良好组织模式。

（四）彰显国际风采

多年来，百余名来自中国香港、澳门、台湾地区以及美国的大学生来到故居，以志愿者身份将宋庆龄精神传播得更广更远。2013 年开始，美国大学生志愿者韦百吉、艾玛利用假期时间来到故居参加志愿活动，完善英文讲解使之更加适合来自异国的观众，为少年儿童设计出七堂别开生面的英文培训课程，培养了一批“时代小先生”服务于 APEC 财长会，受到中外嘉宾的一致好评。2014 年，在文化部和香港青联等单位的支持下，8 名港澳大学生暑假志愿服务为期五周，参与故居讲解值岗，“时代小先生”项目调研、档案整理，翻译宋庆龄英文书信，翻译、编目部分文物贺卡等工作，相关工作已经连续开展 10 年。

（五）进行志愿者奖项评选

在 2013 年纪念宋庆龄诞辰 120 周年之际，故居表彰了一大批表现突出的志愿者，评选出“十佳志愿者”“优秀志愿者”以及优秀组织予以表彰。尤其是“时代小先生学雷锋”主题活动已经逐步成为西城区、北京市的学雷锋活动的坚强阵地，在教委、学校和少年儿童中产生深远影响。目前，已有数万名少年儿童在北京宋庆龄故居和31所“时代小先生”示范校以及荆州中山公园和重庆宋庆龄旧居等示范基地参加过“时代小先生”活动，他们中间涌现出一批杰出代表，成为坚定的小志愿者。

（六）涌现一批志愿者先进典型

“时代小先生”、汇文一小学生张宸翰坚持在故居志愿服务，在儿童剧《风雨同舟》中扮演孙中山并捐赠西装，荣获首都博物馆优秀志愿者称号；陈婉莹同学坚持英文讲解志愿服务，时长达100小时，后来在参加CCTV英语大赛中脱颖而出获得二等奖。大学生志愿者刘兴隆发挥历史专业特长，研究开发了《绣》课件，系统展示了宋庆龄故居珍藏的绣品及其历史文化内涵，被选为“首都博物馆志愿讲师团”成员，代表北京志愿者走向全国各地展示风采；担任宋庆龄故居志愿者联合会顾问的和韧老师尽管身患癌症，但对故居的热爱之情使他在手术后仍坚持重新回到志愿工作岗位上；胡玉英、孙俊玲老师无论严寒酷暑，持续三年坚持承担故居咨询台值岗工作，主动为每一位游客提供最周到、最细致的服务；热爱摄影的退伍军人阎玉成老师更是带领他所组织的什刹海摄影协会80余名成员积极参与到故居的志愿活动中来，为故居诸多重要活动拍摄下一张张令人难忘的精彩画面。

故居志愿者尹培红作为北京市“首都志愿服务文化推广师”，在市十余次宣讲活动中用饱满的热情、生动的语气，描述了她作为一名志愿者在宋庆龄故居服务的心路历程，宣传宋庆龄高贵的品质和伟大的精神，赢得了现场观众的热烈掌声。

正值2017年“5·18国际博物馆日”，“中国故事——全国博物馆优秀讲解案例展示推介活动”结果揭晓，宋庆龄故居推选的“时代小先生”——北师大实验小学学生张奕朗荣膺全国博物馆“十佳”讲解员（学生组）称号，在首都博物馆举行的颁奖仪式上接受了荣誉证书。

2017年，故居以“小手拉大手——时代小先生与‘北京榜样’共宣讲”为主题，参加北京市小微志愿服务项目支持计划申报，通过网上申报、初轮筛选、项目答辩等环节层层选拔，成功入围小微志愿服务项目支持计划，获得市志联专家评委会一对一优化指导和经费支持。活动邀请了“时代小先生”优秀代表和“北京榜样”夏虹女士、张佳鑫博士讲述自身榜样故事，产生了良好的社会反响。

四、所获荣誉

（1）2010 年 12 月，故居推荐的志愿者和团队荣获北京市博物馆志愿者十佳个人和团队奖；

（2）2012 年 12 月，荣获北京市志愿服务示范站称号；

（3）2014 年 3 月，被评为“首批首都学雷锋志愿服务示范站”，接受刘淇同志颁牌；

（4）2014 年 9 月，成为 5 家首都学雷锋志愿服务示范站（岗）培训现场观摩教学点之一；

（5）2014 年 12 月，“时代小先生”项目被评为首都学雷锋志愿服务“金牌项目”；

（6）2016 年被评为“首都学雷锋志愿服务示范岗”；

（7）2017 年 5 月，时代小先生代表在“中国故事——全国博物馆优秀讲解案例展示推介活动”中荣获“十佳”讲解员（学生组）荣誉称号。

第六节　绿色啄木鸟志愿服务队

——背街小巷治理能手

一、组织简介

绿色啄木鸟全称为绿色啄木鸟志愿服务中心，于 2006 年 5 月建立，是民间自发组成的维护城市公共文明，倡导绿色出行的志愿者公益组织；以改变人们的行为陋习，提高全民素质为己任，时刻与乱吐乱扔以及各种不文明行为做斗争，并倡导绿色出行，节能减排，垃圾分类收集等环保活动。

中央电视台新闻频道，北京电视台，美国 NBC 广播公司，英国《天空新闻》节目以及《人民日报》《纽约时报》等国内外著名媒体进行了采访报道。

二、志愿者队伍及主要服务内容

（一）志愿者队伍

绿色啄木鸟志愿服务队主要以大学生以及退休职工为主要力量，各高校学生和社区志愿者积极参加了绿色啄木鸟组织。

（二）主要服务内容

绿色啄木鸟公益协会的服务内容包括：城市运行，关爱服务，社区服务，绿色环保，阳光助残，城市管理，邻里守望，关爱农民工子女等。

三、志愿服务工作经验

（一）“三方联动”的工作模式

按照德胜街道“统筹协调、突出重点、建立机制、科学整治”的工作思路，绿色啄木鸟志愿服务队在德胜街道开展背街小巷治理的过程中，逐步形成了街道—社会公益组织—社区志愿者三方联动的工作模式。北京绿色啄木鸟志愿服务中心建立和完善了治理检查等工作机制，密切联系德胜街道各执法部门，从“德邻计划”中，着眼于“美丽德胜”建设。发挥社会组织的丰富的社会资源，广泛发动社区群众以及实地单位志愿者，加大背街小巷环境整治工作力度，实现背街小巷环境秩序自我管理。经过短短几个月，不论是北京市的居民，还是旅游观光的客人，都有一个共同的感受，那就是：西城区环境在变，德胜地区的街道变得更加宽敞平坦，德胜的背街小巷变得整洁通畅，西城的市容市貌变得更加优美。

图 7－13　绝色啄木鸟志愿服务队

（二）健全的志愿者巡视制度

1. 治理巡视制度

绿色啄木鸟志愿服务队挖掘积极性较高、热心环境保护的当地社区居民以及属地单位社会志愿者，制定环境志愿者队伍日常巡查工作制度，开展环境巡查监督志愿服务工作。对67条街巷进行检查，对数据进行统计，并为志愿者工时进行积分统计等。

2. 确定巡查时间

每天各街巷安排志愿者对本辖区街巷进行巡查登记，并上报值班人数以及检查情况。巡视时间：8：00～10：00，15：00～17：00。

3. 建立志愿者名册信息库

每个社区志愿者推选负责人，建立志愿者名册信息库，方便管理。具体规定如下：

（1）各社区志愿者由一名志愿者负责人进行管理，并负责安排值班的管理工作，志愿者人员管理等事宜。

（2）志愿者负责人负责志愿者人员增减，志愿者问题反馈，治理问题汇总等。

（3）承接单位定时为志愿者记录志愿服务时长，肯定成绩。

（4）定期报道志愿者优秀事迹，并进行奖励。

4. 监督巡视制度

第一，按照要求，北京绿色啄木鸟志愿服务中心监督员对67条大街小巷进行巡查，监督引导各社区志愿者在规定的街巷巡视、检查、登记，并进行积极劝导。

第二，北京绿色啄木鸟监督员要佩戴监督员胸牌。发现问题上报，对于一些街巷志愿者出现的集众聊天等问题，将进行个别约谈，改变工作现状。

第三，个别志愿者问题严重，不能按照志愿者标准进行志愿服务的，要求其退出环境志愿者团队。

第四，志愿者统　着德胜街道环境志愿者蓝色志愿者服装，并对环境问题进行及时引导治理，个别现象严重的，要通知执法部门进行处罚。

第五，实施志愿者实名制上岗，为志愿者做实名胸卡，上岗时佩戴，方便监督人员登记。

（三）多维的志愿者激励制度

1. 完善的志愿者培训体系

对志愿者进行培训，是背街小巷工作的重要环节，如何才可以走上街巷实施背街小巷的环境治理，如何劝导，如何针对不同的问题进行疏导。分阶段、分街巷、分环境进行治理内容培训，贯穿全年。

（1）每个月一次总结，召开一次志愿者以及部分志愿者的培训。

（2）每个季度进行一次全体人员的培训，选择优秀志愿者代表进行交流学习，并教授心理辅导以及劝导的心理技巧。

（3）分街巷进行培训，分类为大路和小巷，各有不同的问题点，需要不同的治理引导方式。

2. 互访参观，交流学习

每个季度选择优秀的10～20条街巷，组织各街巷长以及优秀志愿者，对优秀街巷进行参观互访活动，促进各街巷环境治理的监督自省，各街巷通过学习交流，促进环境治理工作。

3. 考评体系

每个季度通过对各街巷志愿者团队的管理，建立志愿服务工作台账，并对环境治理工作建立考评体系，调动志愿者积极性，征集感人故事，进行演讲比赛，评选出优秀志愿者。

4. 总结表彰

举办德胜街道背街小巷环境志愿者表彰大会，召开项目总结表彰会，总结项目实施经验，评估项目成果，对优秀志愿者、优秀商户等进行表彰，提高民众环境意识，扩大环境治理影响力，鼓励志愿者继续开展环境监督志愿服务工作。努力将本街巷打造成为自管示范街。

四、志愿服务实践

绿色啄木鸟志愿服务队，积极响应首都文明办的号召，以“维护城市环境，提供城市文明”为宗旨，积极开展各项志愿服务活动。从2007年开始坚持在北京西站、西单、天安门广场、王府井大街持续开展“假日文明行动”以及“做文明有礼北京人”活动，积极开展学雷锋志愿服务，受到广大群众以及领导的好评。2008年北京奥运会期间，组织志愿者维护城市环境，助力奥运会的顺利开展。2009年国庆60周年，组织志愿者紧密配合北京市城管执法局做好城市文明加油站志愿服务工作。

近年来，绿色啄木鸟志愿服务队协助西城区部分街道开展生态文明建设。2013年、2014年连续两年在月坛街道和金融街街道开展绿色交换空间项目。2017年德胜街道委托其开展背街小巷环境治理工作。绿色啄木鸟志愿服务队的足迹已经遍及北京城区以及周边。

五、所获荣誉

（1）2007 年 7 月 9 日，绿色啄木鸟志愿服务项目“与志愿者同行，向世界说好”“箭牌”文明礼仪推广行动——“杜绝陋习，倡导文明出行”活动，获得团中央重点资助项目。

（2）2008 年 11 月 4 日，首都文明办、首都“迎奥运讲文明树新风志愿服务行动”协调小组办公室授予绿色啄木鸟公益协会“迎奥运讲文明树新风志愿服务行动”心语征集活动组织奖。

（3）2010 年 1 月 11 日，绿色啄木鸟协会报送的《绿色啄木鸟在行动》在“迎国庆讲文明树新风”专题征集活动中获得三等奖。

（4）2010 年 12 月，绿色啄木鸟协会在“做文明有礼的北京人”主题活动中，被首都文明办授予“优秀文明团队荣誉称号”。

（5）2011 年 6 月 19 日，绿色啄木鸟协会报送的绿色航母项目，被评为首届中国低碳创业大赛入围奖。

（6）2013 年 3 月，获得首都精神文明建设委员会颁发的“身边雷锋　最美北京人团队”。

（7）2014 年荣获共青团北京市委员会“青年文明号”荣誉称号。

（8）2016 年 3 月，荣获首都精神文明建设委员会“首都学雷锋志愿服务示范站”荣誉称号。

（9）2016 年 11 月，荣获共青团北京市委员会与北京市志愿服务联合会颁发的“2016 年毛主席纪念堂志愿服务工作优秀单位”。

（10）2017 年 3 月，荣获由首都精神文明建设委员会办公室以及北京市志愿服务联合会颁发的“首都学雷锋志愿服务金牌项目”。

第七节　恭王府文化志愿服务队

——真诚服务游客，创新传播文化

一、组织简介

2008 年 8 月，恭王府面向社会全面开放，恭王府志愿者服务队也应运而生。

历经10年的发展，恭王府文化志愿服务队从起步、摸索到逐渐稳定、壮大。10年间，点点滴滴的积累，孜孜不倦的付出，志愿者团队进行的多种形式和多方位的服务活动，得到恭王府管理中心领导高度评价，得到受众人群的欢迎，推动了历史文化的传播，为营造和谐社会起到了积极作用。

二、志愿者队伍和主要服务内容

（一）志愿者队伍

恭王府文化志愿服务队的成员来自社会各界，由在职人员、退休人员、在校大学生三部分群体组成。先后有500多名志愿者在这里服务，现有志愿者100余人，其中学生志愿者50余人，年龄最大者76岁，这支队伍的特点在于：文化起点高，有一定的历史文化知识；综合能力好，能讲解、能做其他服务工作；奉献精神强，舍弃个人休息时间，不计较服务没有报酬，参与各项服务活动。其团队管理规范，制度健全。组织志愿者举办不定期学习、研讨、培训，提高志愿者综合素质和服务水平。

（二）主要服务内容

多年来，团队开展了展厅讲解、资讯引导、王府文化进社区、传统非遗拓片展示、引导中小学生假期体验传统文化活动、培训港澳学生、反腐教育讲解、帮助残疾人了解恭王府文化等系列活动。

三、志愿服务工作经验

（一）设立残疾人公益文化日

为了给社会上的残疾人提供更多的帮助和关爱，让残疾人朋友更多地参与到社会文化生活中，自2010年2月开始，每个月的第一个星期二为恭王府“残疾人公益文化日”，志愿者为残疾人朋友提供周到、细致和安全的服务。至今已接待残疾人朋友近百次，服务近万人次。活动自举办以来，还吸引了法国、越南的外国残疾人朋友，得到了北京市志愿者联合会、北京市残疾人联合会的高度称赞。2010年11月3日，联合国秘书长潘基文夫人潘淳泽访问北京残联时，对恭王府组织的“残疾人公益文化日”给予了高度评价。

（二）建立志愿服务站

2011年6月，恭王府在府邸中轴线附近的黄金位置，开辟了志愿者服务站，为志愿者提供一个窗口阵地，更好地为广大观众提供便利服务。志愿者工作站备有桌椅、书籍、触摸屏，游客可以小憩，可以阅览图书和使用触摸屏。每天有志

图7－14 恭王府文化志愿服务队

愿者在此值守，不仅为游客提供义务讲解、咨询、引导服务，同时还开展服务质量调查问卷工作，及时了解游客需求，弥补服务漏洞。自服务站运营以来，很多观众留言盛赞恭王府为观众提供了优雅的阅览室，称颂恭王府志愿者热情周到的服务。

（三）创新志愿者管理

恭王府成立了志愿者沙龙，创造了志愿者之间从陌生到熟悉以及相互交流提高的机会。除聘请专家教授走进来为志愿者进行各种业务培训外，还经常组织志愿者到国博、首博、故宫、美术馆等进行交流学习。2009年，成立了志愿者自我管理委员会。由志愿者选举四个小组长，负责本组人员的管理。这样，一方面有效缓解管理员人数少带来的工作量过大的问题，另一方面减少管理者与志愿者之间的冲突。2013年，恭王府推行项目负责制，把恭王府的服务项目划分为展厅讲解组、文化讲述组、情景剧演出组三个类别。恭王府注重因材施用，发挥每个志愿者之所长。

四、志愿服务实践

（一）帮扶社会弱势群体

2007～2009年，恭王府志愿者多次接待视障人、听障人等集体参观。在两年的助残服务中，积累了志愿服务的经验，从为盲人朋友的讲述到为聋人朋友的手语解说，特别是恭王府与红丹丹签署了共建恭王府“残疾人公益文化日”协议。自2010年2月开始，每个月的第一个星期二为恭王府“残疾人公益文化日”，残疾人朋友可以通过“红丹丹”热线报名集中参观恭王府。恭王府集中优秀讲解员、志愿者及其他工作人员，为残疾人朋友提供周到、细致和安全的服务。

2011年8月2日，德国勃兰登堡州体育青年联合会代表团在北京市志愿服务指导中心的组织下与红丹丹的盲人朋友一同游览恭王府，恭王府为代表团专门安排了经验丰富、具有双语讲解能力的志愿者进行全程翻译讲解服务。每位德国代表团成员手拉手引领一位盲人朋友游览了恭王府40多处著名景观。

为了更好地服务于盲人，历时2年研发制作的国内首例盲文导览图《恭王府盲文导览图册》制作完成并投入使用，得到盲人朋友的热烈欢迎，受到行业指导机构北京市旅游委的大力推荐。志愿者团队不仅积极帮扶残障人士，还将此项目做深做透，延伸出针对学生团体的“体验与关爱”项目，带领学生团队帮扶红丹丹的盲人朋友们。关爱弱势群体，体现了恭王府的社会责任。

（二）接待港澳学生

一年一度的“港澳青年内地文化实践交流活动”是恭王府公益文化活动的精品项目，该项目得到了相关领导及全体港澳实习学生的一致好评。良好的口碑吸引了更多学生选择恭王府作为实习地点，恭王府2013年接待学生的数量位居各家文博机构之首。

与其他单位安排在内部实习的做法不同，恭王府让港澳学生在志愿者的帮助下到第一线为观众服务。志愿者还为学生举办《石刻技艺》《红楼梦与恭王府》《古都变迁》专题讲座。多才多艺的志愿者，手把手教同学们编中国结，指导他们临摹“天下第一福”，增进了他们对传统文化的认知。志愿者为学生们策划了“古都风貌探寻之旅”，67岁的志愿者傅鸿冒着酷暑带领学生们参观郭守敬纪念馆，详细讲解北京水系的形成与综合利用，参观什刹海胡同，体验老北京民俗民风。志愿者李捍国在家设宴招待港澳大学生，李其功为学生秘制酸梅汤、糟毛豆。他们尝到的不只是北京美味，更是浓浓的志愿者的亲情。志愿者李振生为学生撰写对联留念。点点滴滴的奉献，汇聚成港澳学生终身难忘的记忆。志愿者用自己的一言一行、一举一动把祖国的繁荣昌盛、人民的幸福美满传递给每一位港澳学生，是文化交流的使者。

（三）历史情景剧演出

在与游客的交流中，志愿者们发现游客游览完毕对王府的历史仍是不甚了解，甚至连王府主人也搞不清楚。有些游客则不爱听那些照本宣科、缺少变化的导游词。基于此，志愿者们大胆探索，创新服务形式，自编自导自演《王府的主人们》等历史情景剧。

2011年国庆节期间，《王府的主人们》在趣园广场首演。曾经生活在恭王府的和珅、刘全、庆王永璘、恭亲王奕䜣等人以及当时相关的历史人物乾隆皇帝、嘉庆皇帝、慈禧、奕劻按照时代先后顺序相继登台，用现代人耳熟能详、插科打诨的轻松戏谑的口吻，介绍恭王府过往的历史及清代王府知识。志愿者演绎的情景剧，使王府历史脉络及人物梗概深植人心，丰富了旅游活动内容，加深了游客对王府文化的理解，拓展了文化传播方式。志愿者们再接再厉，根据恭王府的历史，又陆续排演了《恭王府的女人们》《王子争位》《思恭忠亲王》等剧目。2013年恭王府志愿者冒着酷暑，历时3个月创作的《和珅奉膳巧荐红楼梦》，在纪念曹雪芹逝世250周年演出季进行演出。

（四）传统文化进社区

恭王府文化之源服务队还扮演着非物质文化遗产传承、传统文化进社区、进军营、进学校等社会角色，并积极参与大型公益演出。2015年“传统文化进校园”的项目顺利启动、开展。在北京市城市建设学校，举办了《中国古建筑》《老北京四合院》《北京中轴线文化》《恭王府福文化》4个专题讲座。7月29日，恭王府志愿者团队来到卫戍区，开展“庆八一”志愿者团队送文化进军营活动，看望和慰问部队官兵，文化拥军，共同分享恭王府的历史文化。

（五）进行廉政教育专项讲解

近年来，各大部委、国企组织工作人员到恭王府参观学习，进行反腐教育。志愿者专门针对反腐教育，结合中纪委点名的“铁帽子王”奕劻、贪官和珅等，准备讲解内容。近几年志愿者为财政部、外交部、交通部、安全部、国家林业局、中国高等教育委员会、教育部、建设银行等参观人员进行上百余次讲解，服务上万人。

五、所获荣誉

（一）集体荣誉

（1）恭王府志愿者服务队荣获“2011年北京地区博物馆志愿者十佳服务团队”称号。

（2）恭王府志愿者服务队2012年被中国博物馆协会评选为“牵手历史——第四届中国博物馆志愿者十佳服务之星”提名。

（3）首都文明办在众多的工作站中选取1000家服务站和100家服务示范站。恭王府志愿者工作站被评选为“首都学雷锋志愿服务示范站”。

（4）恭王府志愿者服务站“传统文化进社区项目”被评为2014年“首都学雷锋志愿金牌项目”。

（二）个人荣誉

（1）志愿者傅鸿荣获“2011年北京地区博物馆十佳志愿者”称号。

（2）志愿者张君荣荣获“2011年北京地区博物馆优秀志愿者”称号。

（3）2011年志愿者李其功被中国博物馆协会评选为“牵手历史——第三届中国博物馆志愿者十佳服务之星”。

（4）2012年志愿者邹静荣获“2012年北京地区博物馆十佳志愿者”称号；2012年志愿者陆文东荣获“2012年北京旅游十佳志愿者”称号。

（5）2012年志愿者杜香泗荣获“2012年西城区旅游十佳志愿者”称号。

（6）北京市文物局、北京博物馆学会联合举办的《知北京、爱北京博物馆志愿者讲解大赛》中，2名志愿者获二等奖，3名志愿者获三等奖。

第八章 积善成德——西城区优秀志愿服务项目

〔引言〕

对于视障者来说，黑是什么黑，白是什么白，四季的变换也只是存在于他们的幻想里。然而在2004年7月的一个傍晚，一切开始变得不一样。红丹丹的创办人之一——-大伟，为了让一位全盲的朋友听懂电影《终结者》，他不停地用生动的语言向他描述影片场景。至此，蓝天白云不再只存在于歌声里，更存在于视障者的心里。

“心目影院”是西城区优秀志愿服务的代表之一。“邻里守望　笑脸相约”“暖夕”“成长加油站”“社区学习中心”……每一个志愿服务项目不仅代表了一个志愿服务品牌，更是一种感动，一分收获。

第一节 邻里守望　笑脸相约

——创建邻里互助新模式

一、项目简介

“邻里守望　笑脸相约”志愿服务项目启动于2015年3月，该项目是在总结推广德胜街道“志愿者与老人‘笑脸’相约”助老志愿服务经验的基础上，针对西城区各个社区的高龄空巢、孤寡、失独、失能老人推出的一项居家养老志愿服务项目，是一项以志愿服务为主要方式、引导志愿服务资源向社区聚集的全区性质的志愿服务推广深化活动。

二、项目背景

2014 年初，西城区在全国志愿者联合会和市委社会工委的指导下，以“邻里互助　守望幸福”为主题，开展综合包户志愿服务行动。全区区属党政机关与事业单位以党支部为基础建立了 500 多支党团员志愿者服务队，深入社区与社区有服务需求的老人、残疾人等建立综合包户志愿服务协议。以党团员的模范带头作用，引导区域社会志愿服务队伍进入社区，进入家庭，提供志愿服务，较好地解决了志愿服务常态化的问题。2015 年，以“笑脸相约　笑满西城”为主题巩固深化综合包户志愿服务成果，重点把志愿服务的资源进一步落实到社区，加强社区志愿服务站的规范化建设，增强了志愿服务的实效性和持续性。该项目是“邻里互助　守望幸福”的持续，同时以志愿服务的资源与需求的切实对接，初步实现了全区志愿服务的常态化和社会化。该项目不仅有利于在全社会营造尊老、敬老、爱老的志愿服务氛围，还对提高社会文明程度，完善社会动员、社会治理机制有着重要意义。

三、项目实施情况

项目从“老有所养”“老有所乐”“老有所学”“老有所为”四个维度，以社区为基本平台，更多地发挥了社区党组织和社区居委会的组织优势，更好地动员了社区的志愿服务资源，更准确地实现了服务与需求的有效对接，全面地促进了志愿服务常态化、社会化建设，推动志愿服务持续有效地开展。

该项目实施以来，“四有服务”，即日有联系、周有探视、月有活动、年有慰问的要求基本得到落实。仅 2015 年开展的区域性志愿服务主题活动就超过 50 次，注册志愿者达到 200 余人，志愿者与社区的空巢老人、残疾人形成了一对一的结对关系。主题活动主要体现在四个方面：

第一，老有所养。开展“金融法律知识进社区”“青春伴夕阳”“爱心助老巾帼关爱行动”“白衣天使进社区”“小家电上门维修”“夕阳茶座”“童心暖夕阳”等助老志愿服务活动，精心构筑以志愿者联合会为主导、社区为依托、志愿服务站为纽带的关爱老人志愿服务体系。在家庭中广泛开展“孝亲爱老”主题实践活动，积极传递良好家风家训，大力弘扬爱老助老传统。

第二，老有所乐。发挥老年人的自身特长，为小区居民带去欢乐的同时也传承了中国传统的艺术文化。结合“记忆西城”的建设要求，邀请老年人口述家

庭历史，回忆他们的童年、青年时代。开展“暖夕”助老志愿服务项目，专业摄影志愿者走进社区为65岁以上老年人免费拍摄并赠送照片，组织有摄影爱好的老年人每月开展摄影大讲堂活动，全年累计服务老年人1500余人，2015年获得团中央青年志愿服务大赛银奖。

第三，老有所学。组织社会领域志愿者举办摄影、微博、微信、视频电话等智能家电的义务培训，既解决了老人的实际问题，又丰富了老人的文化生活，排解老人的孤独情绪，使老人心理健康问题得到有效改善。

第四，老有所为。开展老干部宣讲活动。让老干部、老党员走进西城区中小学校、社区，帮助青少年树立正确的理想信念。开展“我为西城建言献策”活动，让老干部、老党员发挥余热，多提建设性意见，为西城区的发展作贡献。

四、项目开展经验

（一）更新需求，有效对接

2015年4月底，以2014年“邻里互助　守望幸福”综合包户志愿服务行动中空巢老人需求数据为基础，进一步了解本地区自愿接受帮扶的高龄空巢、孤寡、失独、失能老人的服务需求，动态更新数据，如生活照料、心理慰藉、健康保健、法律援助、康复医疗等方面，根据更新的情况制定年度工作计划。通过“志愿西城”网站招募社会志愿者，广泛动员驻区单位、社会组织、社区居民、党团员志愿者进行对接，长期参加服务。

（二）精心组织，确保成效

街道统筹辖区志愿资源，动员社区居民按照“四个一”的原则建立邻里互助帮扶体系，即组建一支稳定的助老志愿者团队，开辟一个志愿服务工作站点，每月为老人理一次发、洗一次澡，每月举办一次特色活动。到重阳节时，各街道已经形成一套相对完善的志愿服务工作体系，使老人有事情知道找谁，重大节假日有人问候，孤独时有人陪伴，闲暇时有地方可去。区志愿者联合会每季度举办一次志愿者沙龙活动，推动各街道开展工作，鼓励志愿者分享志愿服务经历。

（三）总结经验，深化服务

挖掘“邻里互助　笑脸相约”志愿服务主题活动推进过程中涌现的先进典型，总结工作经验，提炼推广工作模式，规范服务形式。完善志愿服务制度体系，实现志愿者、服务对象和活动项目的有效衔接，形成长效机制，推动志愿服务活动持续深入开展，不断扩大志愿服务覆盖范围。在“12·5”国际志愿者日前后，区志愿者联合会将表彰优秀志愿者和累计服务时长超过100小时的星级志愿者。

未来，区志愿者联合会将进一步拓展志愿服务内容，丰富老年人的晚年生活，为老年人提供便利服务。加强志愿者培训工作，提高志愿服务专业化水平。大力扶持志愿服务组织，通过社会化的运作模式，帮助志愿者组织实现独立运行，自我造血。充分发挥主流媒体作用，重视运用新媒体，积极挖掘、宣传、推广先进的典型和经验做法，在全区范围营造浓厚的助老志愿服务氛围，做到“笑脸守望　孝满西城”。

图 8－1　“邻里互助　笑脸相约”志愿者服务

五、项目所获荣誉

2015 年，在中宣部、中央文明办、民政部、团中央等 13 家单位共同发起的宣传推进志愿服务“四个 100”先进典型活动中，“邻里守望　笑脸相约”荣获最佳志愿服务项目奖。

第二节　西城区金融法律知识进社区志愿服务项目

——您身边的金融法律专家

一、项目简介

“金融法律知识进社区”志愿服务活动2010年由西城团区委、西城区志愿服务联合会组织开展，采取“项目+团队+社区”的工作思路，充分整合社会资源，积极动员区域金融机构、司法机关、律师事务所履行社会责任，组建专业志愿服务团队，为社区居民讲解身边的金融、法律知识，切实解决社区居民在生活中遇到的金融、法律方面的问题和困惑。截至目前，该项目已走进全区15个街道的数十个社区，开展金融法律知识讲座数十场，受益人群近千人。逐渐探索以项目带团队，以团队对接社区的志愿服务新模式。

二、项目背景

2010年6~9月，团区委、区志愿服务联合会开展了“您身边的志愿”志愿服务需求调研工作，通过对西城区6个街道的社区居民发放调查问卷、面谈等方式收集西城区志愿服务需求。需求显示，近年来居民金融理财及法律维权意识逐渐提高，通过对社区100名中老年人的调查，发现社区中老年人为金融诈骗案件的主要受害者，在日常生活中也较易产生法律纠纷，社区居民希望得到贴近生活的金融及法律类志愿服务。西城区虽然汇集了“一行三会”金融监管机构、百余家金融单位及两百余家法律工作事务所，但主要集中于金融街商圈及德胜产业园区，各街道分布并不均匀。

三、项目实施情况

“金融法律知识进社区”志愿服务活动将区域内的金融及法律资源整合，通过项目化的运作模式，邀请驻区金融单位及法律工作事务所加入“金法”志愿团队，自2010年起，每月两次走进西城辖区内261个社区，为居民提供专业志愿服务，为居民答疑解惑，普及金融与法律常识。通过活动的开展，增加了社区居民的金融知识，加强了社区居民的法律意识，更加切实有效地解决了社区居民在生活中遇到的专业知识问题，同时也带动更多的拥有专业知识的志愿者参与到针对社区居民的志愿服务活动中。

四、项目开展经验

（一）以居民需求为工作目标

“金融法律知识进社区”志愿服务活动以居民需求为出发点，每次活动前联合会秘书处向社区提供一份课程“菜单”，由社区居民自由选择他们想学习的知识，并将信息反馈至联合会秘书处。联合会秘书处与金融及法律志愿服务团队沟通，以居民需求为工作目标，设计每次活动课堂内容。课程内容不仅包括辨别假币、防范金融诈骗、安全使用银行卡、基础理财、贵金属投资等方面的金融知识，同时涵盖了百姓关心的妇女权益保障法、物权法、新婚姻法、婚姻财产分割、遗产继承、劳动保障等方面的法律知识。志愿者将深奥的专业知识在社区群众中进行普及，结合案例进行深入浅出的讲解，通过现场咨询、互动游戏的方式，便于居民理解接受。每次活动，秘书处工作人员都为参与该项活动的志愿者进行实名注册，累积志愿服务时长，拍摄影像资料，为活动质量及收效提供了坚强保障，并为今后的总结表彰做准备。活动后，联合会秘书处积极听取社区及居民的意见建议，改进服务模式。2012 年联合会秘书处在听取街道意见的基础上，扩大该项目受众人群，向西城区商务楼宇、社区青年汇、非公企业延伸，为企业职工及外来务工青年普及金融及法律知识。

（二）团队接力、自由组合，服务社区

通过两年的悉心服务，“金融法律知识进社区”的志愿服务团队逐渐扩大。目前，该项目吸引了如中国工商银行、中国银行、光大银行、北京银行、菜百集团、西城区检察院、北京中同律师事务所、北京兆亿律师事务所等 10 余支专业志愿服务队伍。联合会秘书处以项目带团队的工作模式，针对不同服务人群、不同地区组合“金法”团队，以团队接力方式走进社区、走进商务楼宇。通过召开项目推进会，引导各团队自由组合，形成固定搭配，促进团队间交流融合。根据服务团队意见与需要长期服务的社区签订服务协议，长期建立服务关系，就近开展志愿服务活动，真正服务社区居民。

（三）加强活动宣传，营造志愿服务氛围，激发企业社会责任感

秘书处积极争取各级媒体的支持，加大对各项活动的宣传报道力度。充分利用“志愿西城”网站、“青春西城”“志愿西城”新浪及腾讯微博、《志愿快递》报纸、“志愿西城”QQ 群，实时发布志愿服务信息，全面地记录了志愿服务开

展情况和志愿者服务感受，激励志愿者以更大的热情投入工作。每年末，秘书处会邀请参与该项目的志愿服务团队分享服务经验，表彰活动中为居民提供优质服务的志愿服务团队及个人，增强企业职工参与公益活动的意识，提升企业社会责任感。

图 8－2　金融法律知识进社区

第三节　暖夕

——用镜头记录最美夕阳红

一、项目背景

为贯彻落实《北京市“十二五”时期老龄事业发展规划》，弘扬中华民族的传统美德，营造西城区尊老、敬老、爱老的社会氛围，动员广大志愿者为老年人创造精彩的晚年生活。通过设计以“暖夕”为主题的关爱老年人志愿服务项目，让更多的志愿者通过参与志愿服务充分地了解老人生活的各个方面，通过大家拍摄的作品去带动影响更多的人参与到关爱老人的活动中，以便为在后续的为老服务方面做得更好更细致打下基础。

二、项目目标

第一，充分发挥熊猫摄影队、什刹海摄影家协会等摄影志愿者服务队作用，为西城区20家养老机构和社区的孤寡、失独、子女长期不在身边的老年人留下晚年生活最美的瞬间，丰富老年人的晚年生活。通过教授老年人摄影技术，使老年人打开心扉，拓展社交圈。

第二，培养摄影志愿者成为西城区志愿服务骨干，参与服务的同时了解社区和养老机构志愿服务需求，带动社区志愿者开展邻里互助形式的志愿服务。

三、项目实施情况

项目每月1次走进社区为空巢老人开展摄影服务，精选照片冲洗并装框送给老年人。同时，还有专业的摄影志愿者老师走进社区为中老年人讲解摄影知识，通过组织摄影外拍活动增进居民之间的邻里情，拓宽中老年人的社交圈。项目培养摄影志愿者成为了西城区志愿服务骨干，在参与服务的同时了解社区和养老机构志愿服务需求。同时，动员驻区企事业单位、社会组织、公益组织的摄影爱好者加入到志愿者团队中，为社区及养老机构的老年人开展邻里互助形式的志愿服务。

（1）摄影活动：每月1次走进各养老院或社区开展摄影活动，精选照片冲洗并装框，免费送给老年人。

（2）摄影知识大讲堂：每个月走进社区为社区中老年摄影爱好者讲解摄影知识。

（3）摄影外拍活动：组织长期参与摄影培训的中老年人或志愿者开展外拍活动。

（4）沙龙：志愿者之家每月举行摄影知识沙龙，讲解摄影技巧，交流志愿服务感受。

（5）其他：开展如亲情陪伴，法律援助，新信息、新知识服务等志愿服务活动。

具体分工：

（1）西城区志愿服务联合会及社区青年汇负责：①联系社区和养老机构；②对志愿者进行服务时间积累，提供服务证明；③组织开展志愿者培训；④提供照片冲洗费用；⑤提供外派活动租车费；⑥志愿者后勤保障。

（2）熊猫摄影队负责：①参与志愿服务活动，组织开展进社区拍照服务；②开展摄影知识大讲堂活动，提供讲师；③组织开展外拍活动；④开展其他志愿服务。

（3）什刹海摄影队负责：①参与志愿服务活动，组织开展进社区拍照服务；②开展摄影知识大讲堂活动，提供讲师。

四、项目开展经验

项目参与单位主要有熊猫摄影队、什刹海摄影家协会、社区青年汇、西城区志愿者联合会各会员单位和驻区部分中央、市属及区属单位团组织或志愿者组织。服务对象为西城区 70 岁以上空巢老年人。

对于老年摄影比赛，项目制定了反映老人生活的老有所乐、老有所养、老有所为、老有所学主题，让参赛者更多地去了解老人的需要，真正地关爱老人，在活动中去体验、去领悟。通过本次活动对志愿者进行了专业知识的培训，也逐步使志愿服务朝着未来志愿服务专业化的方向发展。充分发挥摄影志愿者服务队的作用，为西城区 20 家养老机构和社区的孤寡、失独、子女长期不在身边的老年人留下晚年生活最美的瞬间。

1. 老有所乐

老有所乐以展现老人的快乐为主，通过摄影作品来展现老人的快乐，志愿者需要去观察、去了解身边的老人，或者自己的服务的快乐所在，什么会让他们感到快乐，在拍摄记录的同时，志愿者也能获得体会，发现老人的快乐所在，在后期的志愿服务中懂得如何改进。

2. 老有所养

老有所养是中国传统文化中孝道的体现，年轻人赡养父母是一种责任，也是一种义务，是一种传统的美德。志愿者需要去观察自己周围的同事、同学、朋友等是如何照顾、关心他们身边的老人的。在拍摄记录的过程中，志愿者通过不同视角的观察学习，也会对自己形成一种促进，对自己关爱、关心父母或身边老人的不足之处做出改进。

3. 老有所为

老人是国家和社会的财富，他们为了国家社会的建设发展付出很多。他们老了，依旧在为国家社会做着力所能及的贡献。志愿者需要去了解发现这些还在继续工作着的老人，他们有的成为老年治安志愿者，有的在社区积极地帮助社区做一些工作等。

4. 老有所学

有句名言是：活到老，学到老。很多老人依旧在坚持着学习，从琴棋书画到各种形式的流行爱好，他们虽然老了，但是依旧有着一颗学习的心，不断地充实着自己的生活。志愿者通过记录拍摄老人的学习爱好，更好地了解了老人的学习需求，同时也鼓励自己要多学习。

在整个暖夕项目中，已经累计为500名老人提供免费的拍摄及免费的冲印照片服务，并于国庆65周年陶然亭游园活动当日为400名老人提供免费的摄影及冲印送照片服务。免费摄影培训达到10次，累计300名老人享受到培训服务。累计有600名老年摄影爱好者参加摄影比赛。

图8-3 暖夕项目志愿者服务

案例：团区委开展“青春伴夕阳”长走摄影活动

“古镇悠悠享美景，缤纷美景健康行”。随着“美丽西城　留住最美夕阳红”志愿者摄影大赛和摄影培训的成功举办，2014年6月14日上午，本着理论与实践相结合的理念，西城团区委组织参与“暖夕”助老志愿服务项目的老年人和摄影志愿者，以及社区青年汇新青年学堂摄影班的青年共85人到房山区长沟镇进行实地拍摄，不仅欣赏沿途的风景，还让众多参与者体验到了长走的快乐。

6 月盛夏的温度挡不住摄影爱好者学习的热情。虽然天气炎热，但大家还是坚持走完全程。活动开始前，工作人员引导大家相互认识，活跃气氛，并介绍了队伍中的医疗志愿者，提醒一些老年志愿者要注意防暑，一旦感觉自己不舒服，立即联系工作人员和医疗志愿者，以便及时得到救助。活动开始后，大家便有序地开始了自己的长走活动。沿途，长沟周边的美丽景色，吸引了志愿者们驻足拍照，大家纷纷用自己的镜头记录下美好的瞬间。本次活动的主题是“青春伴夕阳”，长走过程中，有的青年主动帮助老年人拿东西，有的青年为老年人拍照，20 名社区青年汇的青年摄影爱好者，不仅是社区青年汇活动的服务对象，在本次活动中也成为了志愿者。

通过本次活动，既丰富了中老年志愿者的生活，又促进了摄影爱好者之间的经验交流，有利于弘扬良好的志愿文化精神，从而达到志愿服务项目的品牌提升。参与活动的志愿者们纷纷表示，爱好摄影的人也都是热爱生活的人。

五、项目所获荣誉

2015 年 12 月，在共青团中央、中央文明办、民政部、水利部、中国残疾人联合会、中国志愿服务联合会六个部门共同举办的第二届中国青年志愿服务项目大赛中，获得第二届中国青年志愿服务项目大赛银奖。

第四节 心目影院

——让我当你的眼睛

一、项目简介

目前，北京市有视障人士约 9.9 万名，他们生活在全市 6700 多个社区里。视障人群与其他残障类型的不同在于视觉障碍——“他们的梦是没有图像的”，特别是后天长时间失明的朋友，都会忘记颜色、空间环境甚至是自己亲人的模样。人们常说“眼见为实”，由于是视觉障碍，他们对触摸不到的外部世界充满着好奇、怀疑和不信任。视障人群残障的特殊性决定了文化助盲工作所需的专业性和艰巨性。据了解，社区里的“温馨家园”和社工事务所几乎都不开展针对视障居民的文化服务。视障人士的精神文化需求在社区得不到满足。

红丹丹充分动员和开发社区资源，积极开展视障人士社区文化活动，增进与社区的融合，倡导理解和关爱，为他们的发展开创更大的社会空间。2005 年 7 月，为视障人士策划了“心目影院——为盲人讲电影”项目，带领经过专业培训的志愿者担任电影讲述人，用生动、丰富和准确的语言解说电影场景，补充视觉信息，不仅帮他们看懂一部电影，更让他们通过电影了解社会，潜移默化地传递给他们正确的社会行为模式信息。

二、项目实施情况

（一）项目活动形式

心目影院系列活动形式共有 4 种，分别是：

（1）现场讲述。长期固定合作的志愿者团队有：拜耳志愿者团队、星巴克志愿者团队和 CCTV 财经频道志愿者团队。

（2）《心目影院》广播节目。2006～2009 年在拜耳公司和北京新闻广播的支持下，每周播出一次讲电影节目。2010 年至今，与青岛故事广播合作，每周播出两次讲电影节目。通过电波，让更多的盲人朋友享受这项文化服务。

（3）制作音声解说电影（为普通电影加配画面解说），向盲人提供免费借阅。

（4）心目影院深入到社区，为社区里的盲人朋友现场讲电影。

（二）项目志愿者管理

红丹丹教育文化交流中心常年招募读书录音志愿者、筹款志愿者，目前，项目共有登记注册志愿者 4429 人。红丹丹针对志愿者进行全方位的培训。常规志愿者培训包括助盲基础知识培训、电影讲述人培训（初、中、高）、录音志愿者培训（基础、提高）、针对某个展览的视觉讲述培训。

（三）项目具体实施

在红丹丹位于鼓楼西大街的小院里，每个周六的早晨都格外热闹，人来人往。从 2005 年至今，红丹丹每周六上午都会举办“心目影院”活动，为盲人免费放映一场电影。由经过专业培训的志愿者担任电影讲述人，用生动、丰富和准确

确的语言解说电影场景，为盲人传递视觉信息，不仅帮他们看懂一部电影，更让他们通过电影了解社会，潜移默化地传递给他们正确的社会行为模式信息。

“心目影院”已经拥有了一批忠实观众，他们甚至不惜乘车两三个小时从郊区赶来。其中一位盲人属于后天失明，曾经因为难以接受现实而多年闭门不出，甚至不许家人看电视、看电影。“心目影院”却让她走出了家门，在志愿者的讲述里欣赏电影。她也因此对家人更为宽容，更好地融入了家庭生活和社会生活。

图8－4　“心目影院”志愿者活动

三、项目成效

（1）红丹丹的“心目看世界——盲人广播电影”项目服务人数已达到19847人次，参与志愿者6454人。至今已讲电影712场，已制作广播节目200多期。

（2）截至2010年底，“心目影院”已经在全国10个城市建点，有天津、深圳和成都等，与当地合作伙伴开展现场讲述活动。

四、项目所获荣誉

2008年12月，红丹丹的“心目看世界——盲人广播电影项目”被评为中华慈善奖“最具影响力项目”。

第五节　成长加油站

——“关爱成长，助力未来”

一、项目背景

三井社区是大栅栏街道的平房居民区，毗邻天安门广场，占地面积0.23平方千米。三井社区辖区内的炭儿小学，在校生数是560人，其中流动人口有300多人，占总人数的一多半。通过采取座谈和问卷调查相结合的方式，利用定量和定性的分析方法，最终发现社区流动青少年存在放学后无人看管照顾、没有好的学习环境、学业需要帮助、家庭关系不和谐和对社区的认同不足等问题，需要社区整合资源加以解决。

针对以上问题，结合社区现况，社区目前尚无系统的针对社区青少年的帮扶、拓展和培训计划，因此策划了成长加油站——社区青少年拓展项目，同时借助北京师范大学京师社工服务中心的专业社工力量，系统地、专业地为社区青少年开展活动。

二、项目目标

成长加油站项目启动于2012年5月31日，该项目通过开展科普教育活动、青少年素质能力拓展活动、青少年小组工作等，对社区青少年综合能力进行全面提升，引导青少年采取科学的生活方式、学习方法；同时密切流动人口家庭亲子关系；辅助社区助老工作，在青少年中营造爱老助老的氛围。

具体来说：第一，对青少年而言，可提高其认知能力，将其意识觉醒提升一个层次，提高综合竞争力；第二，对青少年家庭而言，可密切亲子关系，改善家长教育方法，改进家庭成员间的相处方式，营造温馨的家庭氛围，同时建立一支家长志愿者队伍；第三，将社会工作两大方法——社区工作和小组工作完美结合，有利于社区青少年工作专业化，实现社区工作方式多元化；第四，与高校建立长期合作关系，既能充分利用高校的专业知识和人才，又能为社会组织发展专业化、系统化提供保障。

三、项目实施情况

（一）项目志愿者招募及管理

志愿者招募主要在两个领域进行：社区成立家长志愿服务队，高校招募学生社工志愿者。社区通过前期的成长小组活动，以孩子为联系纽带，吸引家长与孩子共同参与亲子小组活动，通过建立育儿经验交流平台，把家长们聚合起来，从中挑选有经验、有精力的热心家长组成家长志愿服务队，从而为社区青少年活动提供长期服务。高校通过前期招募、筛选和社工培训，选出符合项目需要的志愿者。

志愿者管理采取双方共同管理、定期评估考核的模式。在活动过程中，社区有权力监督志愿者团队的工作，并对其工作进行指导；志愿者应在项目理念和活动计划下开展各类有益于社区青少年发展的活动，志愿者根据服务提供质量可得到一定量的补贴。根据志愿者的考核表现，主办方可给予一定的物质奖励和精神奖励。

（二）采取“一对一”和“一对多”结对方式

项目活动种类涵盖学习辅导、心理咨询、能力建设、亲子关系维护等方面的内容。服务内容包括成长小组、亲子小组、快乐小陶子流动图书馆、“三井之家”社区冬令营和夏令营、“听老人讲胡同里的故事”系列助老活动、家长志愿服务队等。

项目采取“一对一”和“一对多”两种结对方式。针对个别家庭、学习等方面特别困难的农民工子弟，采取一个社工志愿者帮扶一个孩子的方式，对其进行学习上的辅导、生活上的引导和心灵上的疏导；其他大部分均采取“一对多”的方式，一般 1 个社工志愿者负责 5 个孩子，从前期的成长小组开始跟踪辅导服务。目前结对服务队共拥有社工志愿者 40 名，其中 15 名为固定队员，负责项目日常活动的开展，如成长小组、亲子小组活动的开展；25 名为活动队员，根据所开展项目的不同内容，轮流提供服务，如“三井之家”社区寒暑假冬令营和夏令营活动。服务内容为课业辅导、心理疏导、能力建设、素质拓展、家庭亲子关系建设等。

从前期开展的活动来看，取得了不俗的效果。受助对象非常喜欢成长小组活动，该活动帮助外来青少年群体重塑自信心，并培养了受助对象的综合能力；家长们也非常认可项目的活动，认为充分利用了孩子们的课余时间，为家长们分忧，为孩子们课后开辟了一片新天地。

（三）选用三步走的实施步骤

项目实施分三步扩大规模。因为外来青少年主要集中在炭儿小学，第一步以炭儿小学学生为主要服务对象，活动以开展成长小组、亲子小组为主，先让孩子们对项目有大概的了解与认知；第二步是借助社区流动图书馆，吸引社区0～14岁年龄层的青少年；第三步是在项目实施到较成熟阶段时，借助“三井之家”社区冬令营和夏令营活动，吸引本街道其他社区的孩子加入到项目活动中，进一步扩大项目服务对象范围、扩大实施规模。

图8－5　成长加油站志愿者活动

四、项目成效

通过项目的开展，直接受益流动青少年人数不少于1000人，受众人次不少于10000人次，引起社会、社区其他公民对外来青少年群体的关注与帮助。此外，通过学业帮扶，提升了外来青少年的学习竞争力；通过心理疏导，缓解该群体来自家庭、社会的压力，帮助他们建立自信心，加强该群体对社区、城市的认同感和归属感。

五、项目所获荣誉

2015年12月，在共青团中央、中央文明办、民政部、水利部、中国残疾人联合会、中国志愿服务联合会六个部门共同举办的第二届中国青年志愿服务项目大赛中，获得第二届中国青年志愿服务项目大赛金奖；2016年荣获第11届中国青年优秀服务项目。

第六节　打造街区生态共同体
——建设美丽生态家园

一、项目背景

当前，基层社会治理五要素中“党委领导、政府主责、法制保障”有了很大的加强和提升，但“居民参与、社会协同”仍显不足。其原因：一是居民的社会责任没有充分地被激发，缺乏纽带和桥梁，也没有施展的合适平台；二是社会组织力量薄弱，现阶段还不具备协同治理社会的能力。西城区作为全国文明城区和首都功能核心区，在“建设绿色生态家园”“美丽西城”中，离不开居民参与和社会协同，必须调动多元社会力量参与，才能凸显基层社会治理活力，形成多元治理格局。

西城区环境建设志愿服务队组建于 2013 年 6 月，为响应党的十八大建设“美丽中国”号召而设立。负责区、街、社区（1 + 15 + 261）三级环境志愿服务团队的运行和管理工作。2017 年 4 月，为响应中央、市委市政府开展核心区背街小巷环境整治提升工作要求，区环境建设志愿服务队在区、街、社区三级基础上，组建了 1331 个背街小巷环境志愿服务队。本队伍经过 3 年多的运行，坚持用“环境志愿服务”动员社会力量参与基层社会治理，通过先行试点，在街区建立生态共同体，在创新社会治理的机制上进行了有益探索。

二、项目实施情况

（一）成立北京市第一支城市环境志愿服务组织

率先在北京市成立环境志愿服务组织是探索基层社会治理的新方法和动员社会力量参与环境治理的新手段。西城区环境建设志愿服务队是在“志愿北京”统一注册的志愿服务团体，下设 15 个街道级环境志愿服务团队和 261 个社区级环境志愿服务团队，并吸纳了由社会热心人士发起的“小手拉大手环境志愿服务家庭联盟”、垃圾分类志愿服务团队等的子团队。团队成立以来，设计制作了统一的环境志愿者标识和区、街团队队旗，开通了西城区环境志愿者官方微博和微信公众号，为群众积极参与志愿活动提供了广阔的平台和形式多样的参与方式。

环境志愿者围绕城市精细化管理，重点开展了城市生态环境保护，污染防治和河道水系保护，围绕优化城市环境秩序，参与公共文明引导和市民劝导行动，引导市民自觉维护城市秩序等志愿服务活动。

（二）制定北京市第一本环境志愿服务领域的指导手册——《西城区环境志愿服务指导手册》

主要包括西城区环境志愿服务介绍、管理制度以及活动介绍、项目管理工具等内容。制作了《西城区环境志愿服务宣传页》，包括西城区城市环境建设志愿服务工作介绍，志愿者风采和志愿服务活动剪影，旨在宣传环境志愿服务理念，弘扬志愿服务精神，促进了项目的传播和宣传。

（三）以搭建政府和市民沟通互动桥梁为己任

以打造街区生态共同体为目标，围绕“全面提高公民道德素质”和“广泛开展志愿服务”两大重点，积极宣传环境志愿服务理念，大力弘扬志愿服务精神，组织开展贴近实际、贴近生活、贴近百姓的环境建设志愿服务活动。团队建立后，围绕基层社会治理，特别是区域自治、居民自管、行业（商户、企业）自律等方面进行了深入探索，建立特色环境志愿服务队，就近招募街区环境志愿者，积极开展多种环境志愿服务。目前全区实名注册环境志愿者13000余人，在线发布项目主题活动100余次，志愿服务小时数超20万小时，并创建了项目团队标识，环境志愿者开展项目活动时均使用同一标识，形成了一定的品牌和社会效应。

特别是在开展全区背街小巷环境整治提升工作中，全体环境志愿者身先士卒，勇于担当，主动担负起背街小巷环境治理中对各类不文明现象的劝导工作，对停车秩序、门前三包落实的情况进行监督。同时，积极配合街巷长和街巷自治共建理事会工作，协商议事，建言献策，进一步发挥了做群众工作、服务群众的桥梁示范作用。

三、项目开展经验

（一）把试点先行作为探索途径

以天桥市场斜街为代表，探索特色商业街志愿服务“商户＋社区”模式。天桥市场斜街是一条以演艺文化为特色的商业街，共有各类商铺84家，商户较为稳定，周边居民5000余户。以前门西河沿为代表，探索背街小巷志愿服务“商户＋准物业＋居民”模式。该条街巷是一条文保平房区的背街小巷，有200余家商户，居民200余户，社区引进了准物业服务；以西便门内大街79号院为代表，探索老旧小区志愿服务“居民＋社区＋企业”模式。该小区是1954年建

设的原中国兵器第五设计院、规划院职工小区，是较为典型的老旧小区，居民楼4栋，住户1100户，兵器研发企业1家，职工200余人，青年、老年人混合居住，人员较为稳定。

图8-6　城市环境志愿服务

（二）把环境志愿服务作为有力抓手

经常性开展爱绿护绿、节水护水、清理卫生死角、开展垃圾分类宣传等环境志愿服务活动。加强对骨干队伍的培训，对积极参与的志愿者进行回馈激励，共同维护街区环境，提升文明素养。建立了商户、居民、社会组织参与志愿服务的机制，创新了志愿服务的模式，实现“一人多角，一岗多责”。通过整合商户、物业、社区、居民、企业等资源，探索基层社会治理中“居民参与、社会协同”不足的解决办法。

（三）把生态共同体作为发展方向

建立商户与社区融合模式、城市环境建设社区创享模式、“商户+社区+物业”联动模式。初步创建了以街区为单元，商户、社区、居民、物业、企业为成员的生态共同体，3个街区的居民、商户和企业900余人互为志愿服务提供和享受者，服务人群超过3万人，为建设“美丽西城、生态西城”做出了积极贡献。

在背街小巷志愿服务过程中，涌现出了北京绿色啄木鸟志愿服务中心、北京市西城区美洁家园社区服务中心等优秀环保公益组织，极大地调动了街道、社区居民参与环境治理的积极性，德胜街道被作为全市志愿服务进社区的试点街道，其环境志愿服务的广泛性得到了市、区各级的充分肯定。

四、项目成效

西城区以环境志愿服务为抓手，加强志愿服务体系建设，创新城市精细化管理，努力营造政府部门、驻区单位和居民群众共治、共建、共享优美环境的浓厚氛围，是解决基层社会治理“群龙治水水干涸”困局的有效尝试，对提升城市品质、建设美丽西城有较大的推动作用。该项目紧紧围绕基层社会治理创新这一主题，把社会治理与志愿服务领域进行有机结合，以环境志愿服务为抓手，突出模式创新、机制创新、思路创新，在动员社会力量参与环境建设上下真功，用实招，取得了初步成效，其团队建设和项目可持续性均值得总结和推广。

五、项目所获荣誉

2016 年 8 月，在共青团中央、中央文明办、民政部、水利部、中国残疾人联合会、中国志愿服务联合会六个部门共同举办的第三届中国青年志愿服务项目大赛中，获得北京市金奖并入围全国赛初评。在 12 月初代表北京市参加全国总决赛，并获得中国青年志愿服务项目大赛银奖。

第七节　社区学习中心

——流动青少年的家园

一、项目背景

非京籍青年群体已经日益成为首都建设发展的一支重要的力量，为首都经济社会发展注入了新的生机与活力。但由于各方面的原因，该群体在创业发展、成长成才等方面面临许多困难和问题，难以较好地融入城市文明发展的进程中。2004 年，共青团北京市西城区委员会在非京籍群体中开展调研，结果显示，大多数非京籍青年对计算机培训有着强烈的需求。努力提高进京务工青年的信息技

术水平、缩小数字鸿沟，是服务外来务工青年的有效途径和重要突破口。在此基础上，在团市委的支持和帮助下，西城团区委与微软（中国）有限公司、西城区图书馆、法国沛丰协会北京代表处合作，共同创办了为非京籍青年提供免费计算机培训的西城区“社区学习中心”（Community Technology Learning Center）。

二、项目目标

“社区学习中心”项目旨在通过开展与外来青年创业相关的课程培训，为创业过程中的外来青年提供学习基本技术的机会和条件，以此完善他们的知识结构，提高他们的社会竞争力，使他们尽快融入首都生活，同时为志愿者和热心公益事业的各界人士提供一个能够服务社会的场所。

三、项目实施情况

在培训对象上，明确界定以35岁以下的具有中学或小学文化程度的非京籍青年为主；在培训内容上，根据学员的需求编写了包括计算机基础应用、办公软件应用、网络基础知识等在内的教材，并免费发放给学员，每期培训分为基础班和提高班，基础班的学员全部是新学员，他们将进行计算机基本常识、网络基础知识的学习；提高班的学员则以参加过前期基础班培训的老学员为主，分别开设多媒体基础、图片处理、FrontPage、Access和专项培训Photoshop CS图片处理课程；在进度安排上，将每期培训班设计为3个月、12课时、3个班，培训时间为18：30到20：30，并合理安排了免费上机练习，确保学员能将所学知识消化吸收；在志愿者人员配备上，安排每40名学员组成一个班组，每班由1名志愿者教师和6名大学生志愿者团队进行辅助教学。每期培训结束后，团区委和项目各方联合举办形式多样、内容丰富的结业仪式，对优秀学员进行表彰，向每位学员颁发结业证书。

四、项目开展经验

（一）整合各类资源，推动项目社会化运作

在此项目中，团区委以公益机构西城区图书馆为基地，主动将社会上具有影响力的企业微软（中国）有限公司和NGO组织法国沛丰协会北京代表处吸纳到资源库中。政府、企业和NGO组织三大社会发展主体共同参与“社区学习中心”项目的建设，形成了社会合力。同时，项目协议明确规定了四方主体的分工：微软公司作为该项目的出资方为项目提供硬件、软件和资金方面的支持，为培训提

供教材编写、人员培训等方面的指导；区图书馆作为全国首家加入国际图联的区级图书馆，有着一流的学习环境，在此项目中负责提供培训场地和固定的管理人员，制定并执行管理制度；团区委凭借良好的服务进京务工青年的工作基础和与驻区高等院校的合作关系，负责非京籍青年学员、大学生志愿者的招募；沛丰协会则发挥专业化的项目管理优势，对项目开展进行总体运筹和协调。项目四方各司其职，将各自的优势发挥到最大，并将各自的资源不断引入项目，形成了政府、企业、NGO在该项目中互补共赢的局面，为该项目的可持续发展提供了物质、信息、智力等各类资源的切实保障。

（二）完善管理体制，实现项目人性化服务

社区学习中心形成了一套较为完备的管理体制。在学员招募方面，团区委通过各级团组织和《北京西城报》、共青团网站、微博等媒体在全区范围内发布招生信息，动员进京务工青年自愿报名，坚决杜绝行政命令式、单位委派的方式，尊重学员的学习意愿，从而保证学员的学习质量。项目团队在日常管理中确立了学员管理制度、志愿者管理制度、软件更新维护制度等，切实做到了会议有记录、年度有报告，教室内定期更换学员作品展示和个人风采展示橱窗，每期培训后组织温馨的结业仪式，为学员营造最好的学习氛围。作为免费开展的公益项目，优质的志愿服务是项目成功运行的“生命线”。志愿者在当好老师的同时，还要全面负责和学员的交流互动、整理学员意见、组织期末考试、筹备结业仪式等各项事务性工作。为了最大程度缩小和非京籍青年之间的心理距离，每次课前，志愿者都会和学员开展短暂的文明礼仪交流、英语交流等，如如何握手、如何自我介绍等。课间休息时，志愿者会走到学员中，与他们进行互动和采访。每期培训班结业时，志愿者都会制作学员学习情况反馈跟踪表，了解学员对“社区学习中心”的综合评价并对存在的问题进行修正。经过跟踪调查，在这里培训过的外来务工青年有30%会继续参加提高班的学习，有90%以上会向他身边的人推荐这个项目，人性化的服务真正让社区学习中心扎根在了外来务工青年心里。

（三）拓展服务内容，促进项目创新发展

西城团区委不满足于“社区学习中心”作为培训基地的作用，在长期的工作中，坚持不断地引入社会资源，努力拓展服务内容。一是通过举办讲座、文学社、参观交流等方式扩大社区学习中心的影响，扩大受益群体和培训深度，探索非京籍青年深层次的需求。二是广泛凝聚各类资源，将法律维权宣传、心理咨询、健康体检等项目引入社区学习中心，关注非京籍青年的身心健康，切实为非京籍青年提供学习和生活上的帮助。三是加强对非京籍青年创业就业工作的引

导，多次邀请新老学员参加以“青年就业创业研究”为主题的“倾听日”活动，了解他们在就业创业工作中存在的困难、问题以及意见和建议。在社区学习中心的基础上，成立“西城共青团创业青年夜校”工作，从信息、培训、实践等多方位入手，为外来青年的创业就业提供指导和帮助。此外，团区委将“社区学习中心”的非京籍青年充分纳入管理视线，结合文明城区创建、“与人大代表、政协委员面对面”等重点工作，不定期地在社区学习中心学员间开展舆情调查等活动，为他们提供所需服务，帮助他们解决生活难题，促进提高其生活质量，将社区学习中心打造为西城共青团了解把握非京籍青年思想动态、生活现状的窗口，以及联系凝聚非京籍青年的阵地和教育引导非京籍青年的大课堂。

图8－7　社区学习中心志愿者活动

五、项目成效

随着培训人数的增加，培训机制的逐步成熟，项目组建立了“社区学习中心”网站，为新老学员创造了学习交流、共享资源的信息化载体，并为学员发放了印有6种文字的“潜力无限”T恤，让学员们不只是把“社区学习中心”当作一个“学校”，更当作一个“家园”。在各方的精心培育下，“社区学习中心”边摸索、边实践、边总结、边创新，从一个全新的工作项目发展为运作成熟、管理规范、美誉度高的品牌培训项目，迄今为止共举办培训班40期，培训非京籍青年5000余人次，培训人群覆盖保安、保洁、厨师、服务员、家政、快递员等多个行业。

通过“社区学习中心”的运行，参与项目的非京籍青年逐步融入了新生活，加快了成为北京“新居民”的步伐。“社区学习中心”不仅为来京务工青年丰富知识结构、提高社会竞争力提供了机会和条件，同时也为广大志愿者和热心公益事业的各界人士提供了服务社会、奉献爱心的平台，以北京高校学生为主体的近600名志愿者为该项目提供了志愿服务。更为可贵的是，志愿者的奉献精神促使许多非京籍青年主动参与到项目中，营造了主动为自身群体服务管理献计献策的良好氛围。很多学员在结束了自己的学习课程之后，申请成为项目志愿者或新一期的培训教师，为其他的学员提供公益志愿服务，使志愿服务的精神在这里得到了传承。“社区学习中心”促使他们成为这一大课堂的建设者、组织者、工作者、推动者，在实现自我服务、自我管理、自我教育、自我发展的价值的同时，增强了归属感、认同感，为西城“社区学习中心”的发展提供了不竭的动力。

第九章　立德树人——西城区优秀志愿者

〔引言〕

坚持，是志愿者持之以恒的奉献，也是志愿队伍管理者的不懈努力，还有党和政府以及各级组织的一贯关注支持。西城区志愿者的身影定格在历史的长河中，他们是可歌可泣的英雄，也是你我身边的朋友。不管过了多少年，我们依然难以忘记那些感人的故事和那些难以忘怀的志愿者朋友们。

第一节　马广明

——修旧利废、变废为宝

图 9－1　马广明

"尽己所能、不计报酬、帮助他人、服务社会"，马广明同志十几年如一日实践着志愿者的宗旨和奉献精神。

马广明，男，1932年2月22日生，现已85岁，持续社区志愿服务26年，1950年抗美援朝入伍，1954年加入中国共产党，1958年复员到北京量具刃具厂，是一名高级维修电工。自1991年退休后，立志做一名社区志愿者，为社区居民服务，为社区建设发展做贡献。

业贵精于勤。马广明退休后从不曾放下过自己的专业。为了充实提高自己为居民服务的本领，马广明发扬革命军人雷厉风行的传统作风。1991年在社区报到的第二天，便走进了制冷工艺技术学校的课堂。60多岁的老人凭着自己的刻苦努力、凭着自己多年从事强电工作的经验、凭着自己不屈不挠的学习精神，终于以优异的学习成绩毕业了。为了检验、实践为人民服务的本领，马广明又瞒着老伴自费购买了电工仪表、焊枪焊具、冰箱用氟和制冷用的各种工具。与此同时，马广明不断丰富自己的技术知识，向有关技术人员学习请教修理彩电的知识、技术。经过多年的学习实践，马广明不仅熟练掌握了修车、理发等技术，还学会了木工、瓦工、钳工、管工的技术，在社区勤勤恳恳地为居民服务。

马广明二十余年如一日，始终坚持利用自己所学的一技之长，尽己所能，不计报酬，义务为社区居民的广大群众修理家用电器等。他常年坚持每周一、周三、周五上午半天服务，其他时间有人需要也修理，每修理一件小家电，都要花去至少两个小时甚至一两天的时间。学雷锋活动提倡从身边小事做起，从就近的身边事做起，从日常生活做起！马广明牢记党的宗旨，时刻不忘自己是一名共产党员，自觉发挥共产党员的先锋模范作用，无私奉献、助人为乐。他把修旧利废、变废为宝，为百姓生活排忧解难，当作一生的最大快乐。

二龙路社区于2003年成立了以优秀党员马广明命名的"马广明便民志愿者服务队"，在他的带领下，这支10余人组成的便民志愿服务队走街串巷，为社区居民提供着志愿服务，至今坚持了24年。

马广明身为"马广明便民志愿服务队"的队长，带领队员坚持每年巡回两次到楼门院内，定期为居民义务理发、自行车维修、磨剪子磨刀，住平房户的居民随时可到居委会磨刀。家电维修这项工作工作量最大，都是马广明一人承担，80岁高龄的老人2003年因私房腾退搬至南三环洋桥居住，十几年来，坚持从丰台区洋桥乘车到社区居委会的服务队工作室服务，风雨无阻，遇有特殊活动，一待就是一整天。为了及时交活，经常把小件活背回家晚上接着干。在他家里也经常有人找他修理电器，已经五六年了，他没有双休日、节假日，除去每年除夕

日、初一都在劳动，他是一个闲不住的人。他不断地给自己加码，后来又创新，增加服务项目，开展修理电、燃气热水器，自己购买修理丛书，用自己家的热水器做试验，一心为居民百姓多做实事、多做好事。最近几年每年要服务 300 多个工作日。

“马广明便民志愿服务队”的名声远播，服务范围早已从本社区扩大到城六区及郊区县，对待盲人等特殊群体做到上门全免费服务。2012 年 3 月初，北京电视台特别关注节目播出了马广明的事迹后，来自北京市各个地区的求助者慕名而来，截至 3 月 20 日，“马广明便民志愿服务队”接收维修小家电 40 余件，还有请马广明上门维修冰箱等大件电器的。队长马广明同志发扬老党员的无私奉献精神，深受社区居民的好评，曾多次被新闻媒体广泛宣传。

26 年来，马广明不仅用自己的业余时间为民志愿服务，还投资数千元，购置了修理用的仪器仪表，电动、手动工具，且平均月修理大一点的电器 20 件以上，20 年来累计修理家电 3000 多件，服务逾万人次。他还积极带领志愿者服务居民，服务队每到一处，刀和剪子都排成队，一年算下来服务队要为居民磨刀和剪子六七百把。每年提供志愿服务时间 1400 小时以上，截至目前累计志愿服务超过 26000 多小时。

作为一名共产党员，马广明处处以身作则起表率作用，多年来，马广明及其便民服务队的先进事迹受到了广大群众的好评、社会的认可。马广明先后获得北京市健康老人，北京市志愿者之星，北京新闻广播“我为你感动，我身边的共产党员”感动之星，北京市社区文明之星，北京市学雷锋标兵，北京市奥运会、残奥会志愿者先进个人，北京市社区服务终身荣誉奖，北京市孝星，首都社区志愿服务组织奖突出贡献奖，特别荣誉奖，五星级社区志愿者奖，文明形象大使，文明城区好市民等称号。

一个人做一件好事不难，难的是一辈子做好事。马广明身上有着老一辈革命人的坚毅与真诚，有着不畏艰难、乐于助人的精神。马广明同志的先进事迹被社区居民广为传颂，并多次被社区党组织、广大党员推评为优秀共产党员。他的榜样力量鼓舞、激励着社区的每一个人，展示了新一代社区党员志愿者的风采，将志愿服务进行到底。

第二节　李金明

——爱心始于足下

图 9－2　李金明

李金明，1959 年 9 月出生，是北京翔达投资管理公司清华池浴池的一名修脚技师。他在平凡的工作岗位上，总结出“四心”“两服务”“两到家”服务体系。“四心”是对待残疾顾客要主动热心，体贴顾客服务要诚心，对老年顾客服务要耐心，坚持优质服务要恒心；“两服务”是热情服务、以实服务；“两到家”是老弱残疾顾客送到家，孤寡老人服务到家。这一体系赢得了广大顾客的好评。

每天，他的工作就是为前来浴池洗澡的顾客铺床、递毛巾、送拖鞋、沏茶倒水、搓澡、修脚。很多人对这项工作心存偏见，觉得没有干头没出息。而他在企业党组织和同志的帮助教育下，以雷锋同志为榜样，满腔热情地为顾客服务，在这行一干就是 30 多年，把自己的青春献给了服务工作和需要给予关怀的残疾人及孤寡老人，尽了一个共产党员应尽的义务。

1981 年，他所在的浴池成立了学习雷锋活动义务服务队，成员有 13 人，他们利用业余时间接送孤寡老人和行动不便的残疾人到浴池洗澡。寒来暑往，义务服务队的成员换了一茬又一茬，而他一直坚持，利用业余时间义务接送孤寡老人和行动不便的残疾人到浴池洗澡，累计接送 6000 多人次，被他长期接送的老人有 57 位，其中年龄最大的 96 岁，时间最长的有 16 年。

家住宣武区板章路23号的老人张有福，当时年近80岁了，家中只有相依为命的老伴。张大爷体重200多斤，由于行动不便，几年都洗不上一次澡。李金明得知此情况后，主动利用业余时间接送老人来浴池洗澡，老人十分感动。一次，在接老人去浴池洗澡的路上，他们爷俩拉起了家常。当老人听说他因岳父病故要回四川时，硬是塞给他600元钱，说："你这一趟路费得花不少钱，办事还得花钱，你的生活又这么困难，把这钱拿去垫着花吧！"他说："张大爷，您的心意我领了，但这钱我不能要。"当时，张大爷没说什么。谁知车走到半路，老人从车上出溜下去，躺在地上不走了，生气地说："今天这澡我不洗了，你不要这钱，我就躺在这儿不起来了，这是把你当亲儿子对待的，无论如何你得收下。"他边劝老人边搀扶着让老人起来，谁知老人就是不起来，嘴里还一个劲地唠叨，"我不起来，看你收不收"。周围的人们不知发生了什么事，有的人说："现如今不孝的儿女太多了。"面对老人的一片真情，李金明十分感动，就半蹲在地上，把张大爷抱上车，对老人说："张大爷，钱对我来说是很重要，但我更看重人格，做您的儿子我愿意，但这钱我决不能收，您要真拿我当儿子，就不要让我为难了。"他说完后，老人再也控制不住自己的感情，泪流满面，动情地说："好！好！我依你，我什么都依你。"当围观的群众弄清缘由后，纷纷投来赞许的目光。

1987年的一天，李金明了解到宣武区后孙公园35号有一位80岁高龄的王光如老人，身边无子女照顾，平常洗不上澡，从那天开始，他坚持利用业余时间接送老人洗澡。老人说："这辈子我没有什么爱好，就是爱洗个澡。现在老了，自己不能去了，我还以为这辈子再也洗不成澡了。没想到，是你又满足了我的心愿。"14年来接送多少次，连李金明自己也数不清了，只记得每周一是接送老人洗澡的固定日子。后来老人的家从后孙公园搬到了东城区北池子，离浴池十几里路，他仍然按时去接。在此期间，李金明的母亲因车祸住进了医院，除了上班，他每天还要到医院去看护母亲，到了该接送老人洗澡的时候，就让爱人到医院替换他护理。他的哥哥、姐姐对这事很不理解，埋怨说："是母亲重要还是顾客洗澡重要呢？"哥哥、姐姐的埋怨不是没有道理，少接老人洗一次澡算不了什么，然而他想："我是一名服务员，工作的职责就是为顾客服务，必须讲信誉。人无信不立，母亲住院有医生护士护理，有家人的照顾，可王大爷孤身一人，每周一总在盼着我去呢，我绝不能让老人失望。"于是他说服了哥哥、姐姐，又按时去接老人到浴池洗澡。

随着时代的发展，到如今人们洗澡已经不再是件难事，为了更好地为群众服务，40 多岁的他开始钻研修脚技艺。除了在店里跟老师傅学习修脚技术，拿着刀子削竹板，自己回家也不闲着，拿着刀子削茄子、黄瓜、土豆等苦练手劲，经常为了练手，耽误了为家人做饭。在家人的支持和他的努力下，他熟练地掌握了嵌甲、灰指甲、滑囊炎、瘊子、足跟炎等病症的治疗方法，考取了劳动部门颁发的修脚师执业资格证书，正式成为修脚师。从此，李金明贴心人服务队又有了新的志愿服务项目，在他的带领下，队员们走进社区、养老院，积极参加社区志愿服务，给老人们义务修脚、按摩。这些年来服务队共计到全市 540 个社区或敬老院为 29000 多名老人免费修脚。

多年来，李金明曾先后获得全国五一劳动奖章、全国助残模范、北京市学雷锋标兵、北京市学雷锋十佳标兵、北京市十大志愿者、第二届首都道德模范、首都精神文明建设奖章、北京市劳动模范、西城区十大志愿者等近 50 个荣誉称号，收到感谢信 1000 多封，并受到江泽民总书记、李鹏总理等党和国家领导人的亲切接见。

第三节　和韧、肖晓琳夫妇

——坚守服务信念，诠释志愿精神

“举手之劳，用自己的微薄力量为别人、为社会做一些有益的事情。如果大家都这样做，那我们将会看到一个和谐、友爱与温馨的美好社会。”在谈到志愿服务的意义时，和韧与老伴肖晓琳这样说。

图 9－3　和韧、肖晓琳夫妇

和韧出生于1949年9月29日，原为北京市人力资源和社会保障局处长，是一名优秀的中共党员，一位机关的退休干部；妻子肖晓琳，出生于1950年，是一名退休的医师。两位伴随着中华人民共和国成长的老人，本可以颐养天年，但他们却有着另外一个身份——志愿者。他们享受着做志愿者为他人和社会服务忙碌的快乐，同时肩负着志愿者的责任与使命。

北京申办奥运会成功后，和韧与老伴肖晓琳抑制不住内心的激动，一心要为中国自己的奥运会做些贡献。儿子和捷是网络工程师，在第一时间得知北京开始招募奥运会志愿者的消息后，一家三口决定用志愿者服务的方式来为北京奥运尽一份力。当天，就在网站进行了注册，并进行分工。和韧有丰富的社会经验，主要负责信息咨询；老伴肖晓琳退休前是一名医师，平日里给附近街道的孤寡老人登门送药，所以在志愿服务中主要负责应急服务。两位老人用实际行动引领了一种养老新风尚——志愿服务，服务于人民，服务于社会，为身边的年轻人树立了榜样。

2007年8月起，和韧、肖晓琳夫妇开始了他们的志愿服务之旅，两人多次参加志愿服务活动，同时还获得了急救员证书。夫妇俩共同参与城市志愿服务的事迹在社会上引起了良好反响。和韧、肖晓琳夫妇接受过《北京日报》《京华时报》等报纸的采访。同年，北京广播电台《我的奥运情》节目组特邀二人以家庭的名义录制了志愿者专题访谈节目。2008年1月，肖晓琳被评为展览路地区“十佳奥运城市志愿者”。同年5月，和韧被评为西城区“志愿奥运好榜样”。北京奥运会期间，和韧与老伴一同参加了西城区天文馆、动物园海洋馆、大观园、地坛、西单图书大厦等站点的志愿服务工作。两位老人在2008年奥运结束时被评为“北京奥运会、残奥会志愿者先进个人”。在二老参与志愿服务的过程中，儿子和捷也在忙碌的工作之余加入到志愿服务的行列中，到“蓝立方”参加奥运服务，参与社区关爱残疾人的志愿服务活动等。和韧一家成了名副其实的“志愿者之家”。

肖晓琳还作为九三学社成员，到郊区、社区参加义诊，用专业知识为群众提供志愿医疗服务。二人的志愿服务之旅更加丰富充实，在朴实的生活中寻找帮助他人、服务社会这一平凡事业的乐趣。

和韧、肖晓琳都曾经说过，在参与志愿服务时，其他年轻志愿者身上活泼向上、充满朝气的精神深深感染了他们，使他们忘记了自己已年过花甲。能跟年轻人一起投入到志愿活动中，感觉自己又回到了年轻时代，充满了干劲和活力。

两位老人在志愿服务的旅途上相互扶持，用自己的实际行动为志愿服务精神写下定义，用自己的坚持守候着信念，继续走向远方。两位老人都是北京市五星志愿者，2013 年两人都获得区志愿服务联合会颁发的“志愿服务终身成就奖”。

专栏：和韧、肖晓琳志愿服务活动经历

2007 年 8 月“好运北京测试赛”期间，和韧、肖晓琳夫妇开始报名加入奥运城市志愿者行列，利用业余时间参加复兴商业城志愿者站点服务。

2008 年，两人参加北京奥运志愿者的培训、考核，获得上岗资质，注册成为北京奥运城市志愿者。从北京奥运开幕前，直到残奥会闭幕后，参加西城区天文馆、动物园海洋馆、北京南站等有关站点的服务工作。被西城区志愿者机构评为志愿服务好榜样，并被市志愿者机构推举为志愿者家庭。

奥运会后，和韧与老伴肖晓琳同西城区志愿者联合会一起探索志愿服务常态化的模式。2009 年 7 月，西城区志愿者联合会成立，和韧被推选为联合会理事，对志愿服务和志愿者的管理等工作积极提出自己的建议。积极参加志愿者联合会组织的在宋庆龄故居举办的六一儿童节联欢会、春节大观园庙会服务、地坛志愿者“蓝立方”启动仪式等各项志愿者服务。

2010 年初，和韧开始参加宋庆龄故居的志愿者活动。为了把宋庆龄名誉主席伟大光辉的一生介绍得更加翔实，和韧多次听取社教部同志对宋庆龄生平展的讲解，认真学习和揣摩对每一部分、每件展品内涵的理解，以提高自己讲解的实际效果；同时，为更好地理解宋庆龄、孙中山以及民主革命的那段历史，和韧到图书馆读书和网上查阅资料时，重点关注这段历史资料；利用一些机会向故居的原主任、研究专家请教，探讨对宋庆龄生平中的一些历史事件的理解；与社教部同志们以及其他志愿者相互学习和交流，不断调整和丰富讲解内容。在较短的时间内，就能对故居生平展、

庭院、原状陈列进行系统、全面的讲解介绍。多次担负一些重点团队、客人的讲解服务。现在，和韧每周定期到故居，协助社教部参与志愿者的组织管理，并做展览讲解和维护展厅秩序等工作。

2011 年 5 月起，两人一起参加在西城综合服务中心大厅的志愿者联合会前台每周一天的服务工作。接受志愿者咨询、报名注册和志愿者项目申请等管理服务工作。

2012 年，西城第一次志愿者联合会会员代表大会召开，和韧作为个人会员参与联合会及志愿者服务指导中心的一些工作，与指导中心的年轻同志们一起，积极探讨实现志愿服务常态化管理的方式，对加强志愿者管理提出自己的建议。

2013 年，作为园博会志愿者，和韧、肖晓琳全程参与园博会的各类志愿服务，并在环保公益组织的支持下，准备环保废电池回收箱，宣传游园不忘环保。此外，还参加了联合国驻京机构与团市委组织的“绿色环保青年联盟论坛活动”，诠释了“园林城市、美丽家园”以及绿色北京的环保理念。

2015 年，两人参加北京市在西城区举办的“志愿家庭”启动仪式，参加西城区志愿家庭的微电影拍摄，为启动宣传志愿家庭活动尽力。

2016 年，两人共同参加西城区志愿服务联合会组织的志愿家庭赴门头沟义务植树活动，和韧先后四次作为志愿者，参加北京榜样廖理纯老师的“走向崇高先遣团”植树绿化志愿行动。

2017 年，夫妇二人又一起参加“走向崇高先遣团”的第 278 次志愿活动，赴内蒙古锡林郭勒盟蓝旗林场新开辟的第二绿化基地，进行基地的首次志愿植树。

肖晓琳是名医生，又是九三学社的成员。几年来，她积极参与九三学社组织的东城区春秋两季的社区义诊服务，参加在西城区为老年人送医送药活动，参加怀柔等远郊区县送医志愿服务。

专栏：和韧、肖晓琳志愿服务活动感言

在中国共产党诞生90周年，辛亥革命100周年时，来故居参观的有全国各地的旅游者、港澳同胞、台湾同胞、学生、机关干部、少年儿童。有些单位是配合革命传统教育参观，港澳台同胞是怀着对宋庆龄的崇敬心情参观。在这个时期，讲解宋庆龄的生平就更有特殊的意义。

宋庆龄名誉主席爱祖国、爱人民、爱和平。在她的身上，既有身为国母的高贵典雅，又有着中华民族儿女的朴实无华。她对信仰始终如一，为理想顽强拼搏的崇高境界，给予了我们在中华民族伟大复兴征途上的精神力量。宋庆龄伟大的精神境界和高贵的品质，感动着每一个参观者，特别是青少年。我们的精神和心灵都受到洗礼和净化。这些，都让我们志愿者感到十分欣慰。

10年多来，作为一名普通的北京西城志愿者，努力把志愿服务当作自己生活的一部分，在别人需要帮助的时候“搭把手”，自己的心灵和精神境界也得到了升华。

志愿服务是每一个社会成员都可以参与的一项公益事业，只要大家都积极参与，我们这个社会将会更加稳定、进步与和谐。我们愿意在今后的志愿者工作中努力做出更优异的成绩。

第四节　常志复

——生命不息、志愿不止

常志复出生于1942年1月，家住北京市西城区西四北六条5号里院。从1956年起开始参加志愿服务，主要服务项目领域包括慈善捐款、志愿服务、无偿献血、环境保护、友好援建、公益传播、文体服务。

图9-4　常志复

常志复从小就乐善好施，上中学就知道用手电在假期到影院为迟到的观众找座位，在课余时间参加学校气象服务队的气象预报。参加工作后，常志复踊跃参与植树、献血、学雷锋、“三姐妹一帮一”等活动。1982年，她离京支援湖北，使得产品的实物质量从原来的30%提高到80%，居省里的中等水平。1983年粘胶丝和醋酸丝交织的“闪色绫”被评为省纺织产品三等奖；1984年“合纤纺毛花呢”在全省实物评比中获优秀产品奖；1985年绿影壁牌“合纤仿毛人字呢”被评为省优秀产品；1986年“丝绵绫”获省优秀新产品“金鹤奖”。论文《涤丝纺静电毛丝的处理》刊登在权威杂志《江苏丝绸》1987年第4期上。5年多后转战河北，夜以继日地工作，使产品质量始终稳居98%以上，各项管理水平得到提高。1989年，“避暑山庄”壁挂织锦获省优秀新产品奖，1990年获省科学技术进步奖。《浅谈建立以工序质量为主题的质量保证体系》和《质量品种效益年的思考》获1991年承德市纺织工程协会、纺织工业局优秀论文一等奖。她为丝绸事业的技术工作、质量管理、产品开发做出了巨大贡献，获得了襄樊市政协委员、两地先进工作者优秀共产党员等称号。1997年退休回到北京。

常志复在退休后实现了自己“专职”志愿者的夙愿。帮盲人过马路、购物，为邻里收邮件、衣服，扫积雪。参加央视及各地方电视台、广播电台直播或录制节目。到密云、宣内南堂、圆明园、海南三亚植绿化林，在北京地区共植树28棵，在湖北和河北共植树38棵，捐树苗22棵。2007年后海的一名落水者在岸边生命垂危无人问津，路过的常志复迅速报警，医护人员赶到说：“立即送医院抢救，晚几分钟就没救了。”2012年毛主席纪念堂志愿服务过程中施救一名83岁的陕西老人。2015年在北京马拉松赛服务中施救一名肌肉痉挛的运动员。还有两起车祸的老人，因常志复报警得到了及时救治，媒体也做了相关报道。她还为汶川、党的生日、爱在西城、国旗博物馆、希望工程等捐款。6 年中为灾区贫困地捐衣被 167 件，书 289 册，文具生活用品 282 件。为在建的奥运博物馆捐献奥运志愿者服装、书籍、资料、证书、光盘等 232 件，为国家体育博物馆捐服装、证书、光盘等 20 件。受委派和邀请赴化大、交大、公大、首师大、北体大等 10 余所高校及中小学、机关团体、社区、监狱进行志愿服务、微笑圈的含义等内容宣讲 70 余场。参加“地球一小时”、红十字会、全民健身、节护水、消费维权等数不尽的公益活动。

2001 年申奥成功后，65 岁的她从零起步顶着严寒酷暑四处奔走学习急救知识、英语、手语，强化奥运文明礼仪历史文化知识并通过迎奥运，五一、十一、元旦、春节服务周，好运北京测试赛等志愿者招募服务积累经验。她的表现感动了评委，让她在 1 万多名报名者中脱颖而出，成为可口可乐北京地区 10 名火炬手之一。前期实践让第一时间成为北京奥运会志愿者的她在奥运会残奥会期间如鱼得水地服务了 90 天、720 小时。同时接受了数十家中外媒体的采访，把中国人民的精神风貌、热情好客、志愿者的风采展现在全世界面前，获得好评不断。先后获得了北京市委市政府奥组委颁发的奥运会、残奥会先进个人称号，还与另三位志愿者代表陪同刘琦、陆浩两位领导为志愿者主题雕塑揭幕。作为志愿者的代表与全国劳模、道德楷模一起在汶川抗震救灾展览的揭幕式上受到中央领导李长春的接见和鼓励。

奥运会后她先后服务于禁毒、节水护水、国庆 60 周年、国庆 65 周年、马拉松博览会及北京马拉松赛、上海世博会北京馆、武博会、春运暑运、春节庙会、地坛书市、第二届北京奥运城市体育文化节、毛主席纪念堂、西城区志愿服务中心窗口、大爱三江为青海雪灾募集棉衣被等志愿活动，还成了抱娃义工。到目前为止，常志复一共参与 30 余个团队以及 80 多个志愿服务项目，累计服务时间超过 20120. 5 小时。

常志复 2008 年相继获得北京十大志愿者提名奖、西城志愿奥运好榜样和十大公益人物之一、西城区妇联颁发的学习型优秀志愿者称号。2009 年获得共青团北京市委两节送温暖突出贡献奖。在 2011 年的毛主席纪念堂服务中，她以对毛主席的无限敬仰与深深的眷恋为主席站岗，为人民服务，受到毛主席纪念堂管理局领导及志愿者组织的肯定，并获得毛主席纪念堂志愿服务项目的“志愿者之星”称号。2010 年、2011 年、2015 年、2016 年、2017 年五次被评为北京马拉松赛事服务优秀志愿者。2012 年至 2014 年连续三年被评为中国互联网大会优秀志愿者。2013 年被评为第九届北京国际园林博览会十大卓越志愿者。2014 年被评

为“春运伴你行”的优秀慈善义工。2014 年被评为迎接 APEC 精彩北京人文明有理乘客之星。2015 年被评为北京首批五星级志愿者和中国好网民流行语和故事获奖者。2016 年被评为世界月季洲际大会优秀志愿者。2015 年至 2017 年被评为北京平安地铁优秀志愿者。2017 年 5 月完成遗体捐献程序，活着做志愿，逝去遗体做奉献，兑现做永远志愿者的诺言。

专栏：志愿服务心得

家庭影响、传统教育、学习雷锋、毛主席的为人民服务思想，铸就了现在的我。无数次的志愿服务和公益活动让我对人生有了新的感悟，“奉献、友爱、互助、进步”与中华传统美德和北京精神是契合的。我想说：“生命不息、志愿不止，让有限的生命无限地为人民服务，为和谐北京、世界城市的建设贡献自己的一分力量。”

志愿服务就在身边。常志复用行动兑现着做永远的志愿者的承诺。她说：“心愿是志愿的开始，感恩是志愿的动力，奉献是志愿的根本。”“我会为信念坚守至永远！”

第五节　于志泉

——用生命传递雷锋精神

在北京的出租车司机中，有这样一支队伍，34 名的哥的姐来自不同的出租车公司，他们全是党员，有的还是“的士之星”。他们以雷锋为榜样，传承“为人民服务”精神，组成了“北京的士雷锋车队”。义务为出现故障的出租车和私家车免费拖车、带聋哑儿童参观鸟巢和水立方、为汶川地震灾区捐款……于志泉不仅是其中一员，还是车队的“顶梁柱”。他曾荣获全国十大见义勇为好司机、首都的士英雄等荣誉称号，2012 年获评西城区十大志愿者。

于志泉，出生于 1961 年 7 月，原是一名普通的出租车司机，在于志泉 6 年的出租司机经历中，他开着出租车穿过京城大街小巷，路见不平、出手相助……凭着一副热心肠和一身好功夫，这位持有国际八卦掌三段证书的“武林高手”留下不少充满传奇色彩的故事。

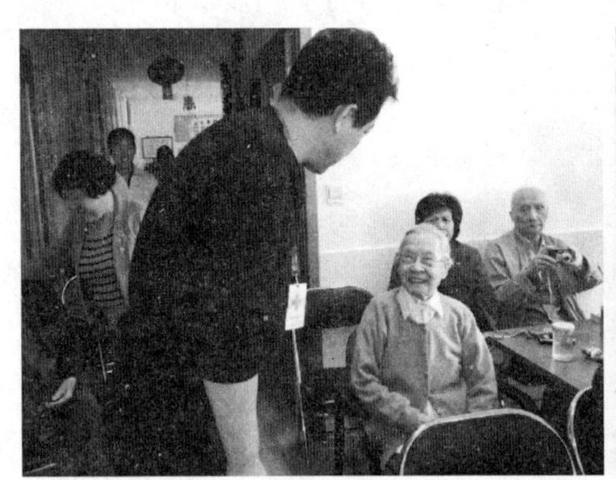

图 9-5　于志泉

他在来广营附近发现路旁一辆汽车发生交通事故，司机重伤，不仅将司机送到附近医院，还垫付了医药费；端午节的晚上，在航天桥下看到两名醉酒的男青年暴打一名出租司机，他独自一人将两人制服；在运营途中碰上三个外国人打车，其中一个表情痛苦，说了句“Hospital”（医院），于志泉意识到问题严重，立即将乘客送往医院，这位突发急症的美国游客得到了及时救治……于志泉说：“我在参加雷锋车队的公益活动后，切身感受到，能为别人服务，能帮助到别人，就是一种享受，会让人快乐。”

2008 年 12 月 4 日，一个惊天噩耗传来，于志泉被确诊肾癌晚期。受疾病影响，于志泉最终不得已离开了热爱的工作岗位提前退休。长期处在病痛中的他不仅没有沮丧，反而以“北京市红十字基金会癌症救助网”爱心大使和“希望之光红十字会志愿服务队”队长的身份向大家积极传递着“雷锋精神”。“车是不能开了，但还可以做很多事。”于志泉笑着说。

2010 年 12 月 5 日，在西城区委区政府、展览路街道工委办事处及相关部门的大力支持下，成立了由于志泉同志为队长的“希望之光红十字会志愿者服务队”。世界志愿者日这天，20 余名志愿者在红十字会徽下庄严宣誓，成为了西城区红十字会“希望之光”志愿服务队的一员。

怀着满腔的热情，他一边与病魔进行斗争，一边开展志愿者服务工作。他带领的“希望之光”志愿服务队采取定点服务、集中服务、分散服务和电话热线服务相结合的方式，深入到医院病房、患者家中以及社区居民中积极开展心理安抚、病友关怀等社会公益活动。依靠爱心逐渐走进了与他有着相同经历的、被病魔折磨的人们的生活中，从心理、生理等诸多方面给予积极辅导和帮助，使患者重新树立战胜疾病的坚定信念。

为使志愿服务活动持续长久地开展下去，他们先后在展览路敬老院、牛街敬老院、颐寿轩敬老院、北京市金钟监狱建立了志愿服务基地。3 年多来，他们坚持开展了“天使圆梦”行动，为大病患儿送去了无微不至的关心，并帮助 11 名白血病患儿圆了梦；连续三年开展了“夏日送清凉，冬日送温暖”敬老助老活动，与 37 名空巢老人建立了帮扶联系；连续 2 年开展了“春风送温馨，助残圆心梦”活动，帮助博爱康复医院的 24 名残疾朋友圆了拥抱北京春天的梦想。2012 年 4 月，他们与北京市金钟监狱联合开启了“敬民同筑爱心之旅，携手点亮希望之光”帮教之路，积极与在押人员进行心理疏导与沟通，与 41 名服刑人员建立了书信联系，并走访看望了因各种原因长时间没有去监狱探视的 6 个家庭，并将 6 个服刑人员的家庭情况以及家人的寄语用视频的形式录制成光盘带进监狱让服刑人员观看，使他们在服役期间认罪伏法、积极改造，在改造的同时感受到社会大家庭的温暖，感受到社会并没有抛弃他们，帮助在押人员树立回归社会后成为有用之才的决心。他们的这一做法得到了国家司法部和北京市监狱管理局的高度赞扬。

2012 年初，于志泉带领着全队成员与北京金钟监狱携手展开了对监狱在押人员的一系列帮教活动，“希望之光”红十字志愿服务队现有队员 58 名，由来自各行各业的热心人道公益事业的志愿者们组成，他们主要着眼于服务社区，开展病友关怀、心理疏导、帮残助困等服务活动。始终秉承和传播“人道、博爱、奉献”的红十字精神，通过行动感召更多爱心人士加入志愿服务工作，共同推进西城区红十字事业发展，为创造城市美好生活、建设世界城市示范区贡献力量。

“以前开车的时候，我就觉得帮助别人才能让整个人生更有价值。生病以后，更加感觉时间流逝的速度在加快，所以希望自己能为别人做更多的事。”于志泉真诚地说。在他眼中，关爱对于一个需要帮助的人来说，不仅仅是温暖，更是希望。无论大事小情他都当成事业来做。也因此于志泉被评为“全国十大见义勇为好司机”“中国红十字总会优秀志愿者”“中国好人榜好人”“首都精神文明建设奖”“北京社会好人”“北京市身边雷锋先进个人”“2017 北京榜样月榜样”等荣誉称号。

改变一个人、一种思想，并非是一朝一夕的事，生命不息，爱心永续。在志愿服务的道路上，于志泉带领着“希望之光”红十字志愿者服务队的成员们，从点滴做起，脚踏实地，有决心、有信心将志愿服务的事业长久坚持下去！

第六节 王新锋

——一路有你，用热心诚心服务乘客

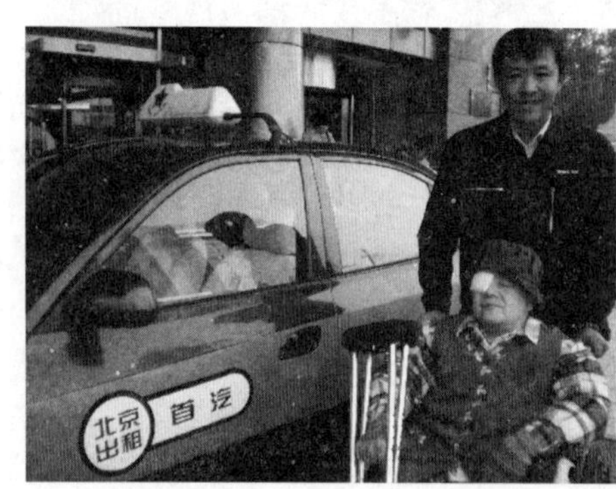

图9-6 王新锋

王新锋是北京首汽集团第四运营分公司二队出租车驾驶员，2005年以来，他坚持为老年人和残疾人乘客义务劳动，还带动“新锋班”多次参加社会公益、扶老助残献爱心、军民互助等活动，展示了首汽的哥“真心为宾客”的精神。多年来，他坚持以热心、诚心、耐心为乘客服务，多次获得乘客表扬。

一、用热心诚心服务乘客

在王新锋的车上，始终放着个小本儿，上面记的不是每天拉了多少人，赚了多少钱，而是记着每天需要义务接送老人的家庭住址——从2005年开始到现在，他一直在做的就是每天抽时间去接送那些行动不便的老人或者空巢老人到医院看病。

王新锋开始这么做是在2005年。那年，王新锋刚刚踏入出租行业。一天，他在友谊医院拉了一对刚看完病的老人。老人上车后，眼睛直盯着计价器看，碰到拥堵的时候，老人甚至要求下车步行回家。王新锋见状，便停了计价器，说要

把老人免费送回家。面对王新锋的义举，老人很是感动，下车时要给王新锋钱，可是被他拒绝了。

从那之后，王新锋在外开出租时，格外留意身边的老人和残疾人。同时，他还给自己立了一个规矩：凡是碰到老年人独自打车，就不收车钱，遇到残疾人或者严重病患也是免费。

几年来，王新锋免费接送的老人不计其数，有的在房山，有的在通州，王新锋义无反顾地接送这些老人。面对王新锋这种敬老爱老的公益善行，有些老人坚持要给王新锋车钱；对这些，王新锋坚辞不受，而有些老人却以“不收以后就不坐你车了”的理由“相逼”，王新锋便收下了钱。这些钱不会装进他的腰包，而是装在一个放在出租车后备厢里的筒子里，每攒一些，遇到比较合适的公益项目，王新锋会以“北京老人”的名义把这些钱捐出去。

王新锋长期照顾的一位80岁老人特意到首汽四分公司送来了锦旗和感谢信，感谢首汽培养出优秀的司机，感谢王新锋长期以来为老人提供服务，每天披星戴月，始终坚持数月如一日，不计报酬往返于家与医院之间。她感激地说：“你们首汽司机真是好样的!”

如今，王新锋义务免费接送老人的善举，已经坚持了12年，这些善举也在感动着与他接触的每个人。对此，王新锋说：“虽然我们开出租是为了挣钱糊口，可遇到需要帮助的人我们就多伸一把手，多帮一下。”

二、好班长一人带班组扬帆

为更进一步发挥爱的传递作用，他利用业余时间自发组织、号召本队司机，成立了“新锋班”，2011年3月20日，以王新锋为班长，以敬老、爱老、助老为活动宗旨的“新锋班”正式成立。

2011年中秋前夕，王新锋带着全班队员，一大早就赶到密云县不老屯镇兵马营村，为村里6名百岁老人送去中秋月饼、米、油等生活用品及节日礼品，和老人们聊家常，帮老人打扫卫生、整理家务。看到老人脸上绽放出的笑容，队员们也体会到奉献的快乐。

除了敬老爱老，“新锋班”还积极参加其他公益活动。在“我与国旗零距离，军民共建鱼水情”活动中，“新锋班”不仅出色地完成了爱心服务，还接受了一次爱国主义教育。

2011年9月24日当天，“新锋班”来到天安门国旗护卫队驻地，参观了部队训练和生活。之后车队载着50多名官兵到长城、十三陵游览。在返程路上遇到堵车，此时距离降旗时间已经很近。车上几名战士有些担心地说，如果再这样堵车，就下车跑回天安门。这一幕深深感动了“新锋班”。王新锋说：“从国旗班身上，我们体会到了如何构建和谐班组，以及忠于国家、忠于岗位的精神和高度的责任感。”2012 年 3 月 5 日学雷锋，“新锋班”全体来到北京市红十字会血液中心，开展“学雷锋献热血，首汽的哥在行动”活动，为无偿献血的志愿者提供免费用车服务。2015 年西城区一位 80 多岁的老人来到重庆卫视《这一刻对你说》栏目组，讲述了王新锋多年来的爱心帮扶故事。

他带领的“新锋班”利用业余时间，多次开展扶老助残献爱心活动，积极参与社会公益，获得北京市出租行业“志愿公益服务组织工作先进集体”称号，并被首都精神文明办评为“身边雷锋团队”。多年来，王新锋的先进事迹受到了广大群众的好评和社会的认可，先后获得“首都精神文明建设奖”“全国五一劳动奖章”“北京市扶残助残先进个人”“全国青年志愿者优秀个人”等荣誉称号。

第七节　谭道亮

——居民勤务兵，贴心好书记

图 9－7　谭道亮

谭道亮是西交民巷社区党委书记兼居委会主任。入职十多年来，他牢记“为人民服务”的宗旨，舍小家、顾大家，把全部精力投入到社区安全稳定工作中，他不仅是一名社区带头人，而且是一名优秀治安志愿者。西交民巷社区先后获得首都非典型肺炎先进集体、区级创建学习型社区先进单位称号，2008 年获得平安奥运工作先进集体称号，2009 年获得先进社会组织称号，2010 年被评为消防安全先进社区、区文明社区、安全生产先进单位，2011 荣获北京市孝老、敬老、爱老等荣誉称号。从 2008 年至今，年年被评为“平安社区”；谭道亮多次被评为区级精神文明建设先进个人、社会治安先进个人、优秀社区工作者等，在首都纪念综治 20 周年荣获“治安志愿者标兵”荣誉称号。

西交民巷社区位于天安门广场和人民大会堂西侧、中南海南侧，所辖街巷 19 条，面积约 0.36 平方千米。社区现有本市户籍居民 3415 户、8892 人，常住户籍居民 2150 户、4206 人，流动人口 238 户、1682 人。特殊的地理位置决定了社区呈现出重大政治活动多、重点守护目标多、政治中心区任务多、平房居民院落多、地区旅游人员流量大的特点，维稳任务十分艰巨。

作为社区带头人，谭道亮始终把工作延伸到社区的每一个角落，提高了和谐社区凝聚力；作为治安志愿者，他始终把平安建设放在首位，把平安社区建设落到了实处，在社区形成居委会干部包街巷胡同，党员志愿者和骨干包院到户和个人，构建起 300 人参加的志愿者信息员巡控网络。每月组织一次治安隐患排查，分析、总结社区不稳定因素，研究解决办法，随时发现问题随时解决，架起了社区网络联系的桥梁，做到了治安隐患有人管、突发性事件有人报告的治安防范工作体系。

谭道亮同志既是一名社区负责人，又是一名社区安全稳定信息员，深知自己肩上责任重大，要通过自己的努力使整个社区犹如一个大家庭，大家都能心往一处想、劲往一处使。在工作中严格按照区、街道相关要求，全面掌握所辖楼门院落各种基本情况，发现各种不稳定的苗头及时上报相关部门进行处理，将影响稳定的隐患消灭在萌芽状态。另外，依托社区推行的楼门院落“一图一表一册”微网格管理模式，加强对周边情况信息的掌握，做到“全面感知、全面响应”，同时根据不同的楼门院落特点，进行分类定级、分类管理、分类服务。所谓“一图一表一册”，即对每一个平房院落绘制平面图，并在图上标注院落各种信息，包括院落里每个房间的位置，房间里居住人员的家庭情况、姓名、类别、公共设施位置等各种情况，并以列表的形式，将各种信息详尽展示出来，做到人、地、事、物、组织一目了然。绘制“一图一表一册”有助于掌握所居住院落的各项基本情况，对新增的陌生人员第一时间掌握，可疑情况第一时间发现并上报相关部门进行处理。流动人口由于具有流动性大、不可预知性强的特点，一直是安全稳定信息员重点关注的一个群体。实际工作中要求每位安全稳定信息员对本院落的外来人口掌握得一清二楚，了解其生活起居特点、工作单位、工作性质。针对散落在街边胡同的小店小铺经常更换的人员，更要及时督促他们办理暂住证。

楼门院长及社区积极分子组成的安全稳定信息员队伍是维护社区安全稳定的重要力量。谭道亮和社区骨干经常提醒大家时刻牢记“见到陌生人多想一想，多看一眼，多问一声，多走一步”，并积极提倡“三声维稳法”，即邻里安全提醒一声，遇到疑点问一声，发现问题报告一声。要求安全稳定信息员将院落内所发生的人员往来、户籍变化、难点热点问题看在眼里，记在心间，及时将各种矛盾纠纷上报社区，同时协助社区积极稳妥化解各类矛盾，维护社区的安全稳定。正是有了这样一支过硬的安全稳定信息员队伍，在遇到某些突发状况时，总能及时感知、快速解决。

除了日常生活中留心观察、发现问题及时上报外，谭道亮还以安全稳定信息员的身份，在重大保卫时期发挥了积极的作用。在历年的“两会”期间，他多次发现可疑人员，同时与执勤人员一起制止了多起事件，防止了事态的扩大。

维护稳定工作是一项长期而艰巨的任务，谭道亮多次表示要带领社区骨干和广大安全稳定信息员有决心、有信心、有勇气、有干劲，积极当好公安机关发现可疑人、可疑事、可疑物的眼睛，做好党和政府维护社会稳定的助手。在社区工作中他发挥楼门院长、社区内部安保力量、治安志愿者、消防巡逻队、处突小分队的作用，收集采纳各种渠道获取问题情况，商讨研判问题产生的原因和解决的措施办法。他十分清楚社区工作重点是社区管理和社区服务，所以，他充分发挥工作在基层、服务于人民群众的优势，以认真负责的态度、深入细致的作风、扎实有效的做法，为营造良好、平安、优美、和谐、稳定的社会环境，为维护稳定默默奉献着自己的一分力量。

参考文献

［1］北京市教委：《北京市中小学养成教育三年行动计划（2017～2019）》，京教基一〔2017〕14号。

［2］首都精神文明办：《北京市“十三五”时期精神文明建设规划》。

［3］北京市西城区精神文明办：《德耀西城，榜样力量》，2016年。

［4］北京市西城区精神文明办：《西城区“三关爱”志愿服务活动纪实（光碟）》，2017年。

［5］北京市西城区精神文明办：《西城区首都文明单位创建评选工作手册》，2017年。

［6］北京市西城区精神文明办：《文明铸就辉煌，创建助推梦想》，2014年。

［7］北京市西城区志愿者联合会：《第三届“西城十大志愿者”“西城区明星志愿服务团队（组织）”“西城区优秀志愿服务项目”评选材料》，2014年。

［8］北京市西城区综治办：《最美西城大妈》，2016年。

［9］北京市志愿服务联合会：《泉源》，人民出版社2015年版。

［10］北京市志愿者协会：《北京志愿服务模式研究》，北京出版社2009年版。

［11］北京志愿服务发展研究会：《中国志愿服务大辞典》，中国大百科全书出版社2014年版。

［12］共青团北京市委员会：《强基固本，创新发展》，中国传媒大学出版社2017年版。

［13］共青团北京市西城区委：《关于印发〈关于广泛开展街巷文明劝导志愿服务活动的意见〉》，西精建办〔2017〕4号。

［14］共青团广州市委员会：《广州蓝皮书：广州志愿服务发展报告》，社会科学文献出版社2014年版。

[15] 广州市慈善服务中心：《广州市公益慈善事业发展报告（2016）》，中国社会出版社 2016 年版。

[16] 国务院：《志愿服务条例》，https：//baike. so. com/doc/25749312 - 268827 86. html。

[17] 李小鲁、魏国华：《志愿之城：广州志愿服务实践与理论创新研究》，广东教育出版社 2014 年版。

[18] 民政部社会工作司：《志愿者管理手册》，中国社会出版社 2014 年版。

[19] 北京市西城区精神文明办：《西城区“十三五”时期精神文明建设规划》。

[20] 北京市西城区统计局：《西城区 2017 年统计年鉴》。

[21] 杨团：《慈善蓝皮书：中国慈善发展报告（2017）》，社会科学文献出版社 2017 年版。

[22] 张湘涛：《中外志愿服务比较研究》，湖南人民出版社 2015 年版。

[23] 张永新、良警宇：《文化志愿服务蓝皮书：中国文化志愿服务发展报告》，社会科学文献出版社 2016 年版。

[24] 北京市西城区人民政府：《北京市西城区国民经济和社会发展第十三个五年规划纲要》。

[25] 北京市西城区人民政府：《关于深化北京市社会治理体制改革的意见》。

[26] 中共北京市西城区委：《北京市西城区“十三五”时期社会治理规划》。

[27] 中共北京市西城区委：《关于制定北京市西城区国民经济和社会发展第十三个五年规划的建议》。

[28] 中共北京市西城区委：《西城区志愿服务工作体制机制改革的意见》，京西办发〔2016〕4 号。

[29] 中国志愿服务联合会：《中国志愿服务发展报告》，社会科学文献出版社 2017 年版。

[30] 中央组织部、共青团中央：《关于加强新形势下基层党建带团建工作的意见》。

后　记

得益于独特的地理位置和人文环境，西城区志愿服务具有久远的历史传统。为了深入了解西城区志愿服务的发展现状，全面总结西城区志愿服务发展过程中的创新和亮点，加快推动西城区志愿服务的理论转化，在西城区委、区政府领导下，北京市西城区志愿服务联合会与国内领先的志愿服务机构和众泽益志愿服务中心组成联合课题组，共同开展“北京市西城区志愿服务发展模式研究”课题。作为课题重要成果之一，《志愿至美——北京市西城区志愿服务发展模式研究》一书，不仅是西城区现阶段开展志愿服务的总结，更是规划未来志愿服务事业长远发展的重要参考。

为了完成书稿的写作，在西城团区委的支持下，联合课题组查阅了自改革开放以来有关西城区开展学雷锋志愿服务的大量历史资料，调研走访了西城区志愿服务有关主管部门、部分委办局、多个街道、优秀志愿者代表和优秀社会组织代表，详细了解了西城志愿服务的发展现状。西城区志愿者的善行让我们深有感触，西城区志愿服务有着坚韧的生命力，总有感人的故事发生，从未停止过创新和发展。

本书分为三部分，共计九章，编撰出版工作历时半年左右。联合课题组从文献回顾、资料整理、数据查找、框架设计，到报告的撰写，每一环节都反复思考，认真规划，最终从西城区志愿服务的文化创新、制度创新、实践创新等多个维度总结提炼出西城区志愿服务的发展模式。此外，本书第三部分还选取了西城区志愿服务方面的优秀组织、优秀项目和优秀志愿者，编辑形成了西城区志愿服务优秀案例集，为西城区志愿服务组织提供实用性的参考。

本书在编写过程中得到了北京市志愿服务联合会、西城区综治办、西城区委社会工委、西城区文明办、西城区民政局、西城区教委、西城区卫计委、部分街道等单位提供的工作支持！感谢西城区优秀志愿服务组织和优秀志愿者代表提供的资料和数据！感谢经济管理出版社为本书的编辑出版付出的辛勤劳动！